21世纪
美国主流文化思想研究

傅洁琳◎著

中国社会科学出版社

图书在版编目(CIP)数据

21世纪美国主流文化思想研究/傅洁琳著. —北京：中国社会科学出版社，2016.9

ISBN 978 - 7 - 5161 - 8546 - 9

Ⅰ.①2…　Ⅱ.①傅…　Ⅲ.①文化思想—研究—美国—21世纪

Ⅳ.①G171.2

中国版本图书馆CIP数据核字(2016)第158490号

出 版 人	赵剑英
责任编辑	郭晓鸿
特约编辑	席建海
责任校对	张依婧
责任印制	戴　宽

出　　版	中国社会科学出版社
社　　址	北京鼓楼西大街甲158号
邮　　编	100720
网　　址	http://www.csspw.cn
发 行 部	010 - 84083685
门 市 部	010 - 84029450
经　　销	新华书店及其他书店

印　　刷	北京君升印刷有限公司
装　　订	廊坊市广阳区广增装订厂
版　　次	2016年9月第1版
印　　次	2016年9月第1次印刷

开　　本	710×1000　1/16
印　　张	18
插　　页	2
字　　数	278千字
定　　价	66.00元

目　　录

序　言

　　21 世纪美国文化思想界十分兴盛，不仅产生了一些文学作品、哲理著作、影视作品，同时也产生了各种经济商品，例如新思维系列讲座、冥想音乐、心灵电影等，这些最常见于特定的网络商店、市集、医学心理治疗门诊、各种替代疗法咨询室、各种工作坊，以及各种杂志、刊物、学院的开设，比如《新时代杂志》、整合学院、觉醒学院、静心中心等。坦率地讲，本书稿最初是对美国新时代运动进行研究的，但是在写作过程中发现，该书稿已经极大超越了新时代运动的范畴，更全面地在美国主流文化思想方面做了深入的探讨和论述，所以后来就变更了标题，在更广泛的思想文化场域进行思想探索。

　　21 世纪美国文化思想发展趋势主要涉及人类生命意识转化运动，只要是关于生命意识的新思维、新观念，所有关系到人类意识的进化的思想、人物、事件、研究，都属于美国 21 世纪主流文化思想发展的范畴。当然，所谓"新"，就如同中国古代成汤说的："苟日新，日日新，又日新。"真理从来就无所谓新旧，只是追求真理的方式和路径有了新的变化，有了新的起色，有了新的进步。

　　21 世纪美国主流文化思想者大多不推崇传统的东西，而将一切的思想构成称为新的东西，甚至很少使用思想这个词，而是大多采用意识、精神意识、精神宇宙等词语，物质世界的一切，开始被认为是第二位的东西，只有生命意识、心灵意识被疗愈，才会开始新的人生，也会带来相应的物质愿望的实现。

　　过去的 20 世纪被认为是一个科学物质发达的世纪，人们在科学、经济、物质需求上有了巨大的进步。人类社会历史发展到了 21 世纪，美国文化思想基本的发展趋势是一种从心出发的精神理念，各个层面的健康和疗愈，席卷了 21 世纪的文化思想。这里的"心灵"概念，不是传统物质世界的肉团心，而是一种形而上的意识层次，是无形无相遍及一切的生命存在。从这个角度来说，人的健康是心灵的健康情况，它导致了肉体健康的结果。所以，21 世纪新的健康理念不仅仅是传统的肉体健康的理念，根本上，是心灵健康的理念。人的外在肉体发生病变，是可以治疗或者加以转化的，但是精神与心灵的疾病，是更加要重视的生命变异。能够治疗心灵疾病的唯一有效方法，就是道德良知，这是不容置疑的。这是每一个世界上的人类都需要知道的最重要的事件。《与神对话》里面说："如果你没有走进内心世界，你就会一事无成。"① 这是一句耐人寻味的话。

所以说，21 世纪美国主流文化思想发展趋势所涉及的某些理念，和传统文化价值体系相联系，又有不同，很大程度上是一种有关个人、有关灵性、有关超物质的存在。以往不能被接受的各种神秘思想，逐渐变得越来越正常。当然，由于科学发现、量子力学和现代心理学的发展，很多文化思想理念不是僵化和绝对的，而是不断更新发展的。

在这个世俗世界，任何事件的发生都会有正负力量的交锋存在。我们避开负面的评价、负面的信息，来正面合理地探讨 21 世纪美国主流文化思想，因为或许在探索研究的时刻，生命意识能够得到启发，进入我们宁静喜悦的生命存在状态。21 世纪美国主流文化基本上没有自己的组织结构，去中心化，没有教主，没有统一的宣言，力图抛弃所有的物质形式，解构和指出物质世界虚幻不实的幻象。无论如何，人类都是在走向自己的终极家园和期望到达真理之地的路途中前进。

21 世纪美国主流文化思想包含了非中心化的社会文化思潮，是运用于日常生活和平凡的生命活动的思想文化潮流，它基本上包含了两种思维取向，一种是完全摒弃世俗生活和功名利禄，隐遁于都市乡下；另一种是勇于面对现实生活的丰富，不但不认为金钱是对灵性的障碍，反而完全认可自己生命的富足、安康、喜乐、幸福，不再挣扎于世俗生活的物质匮乏，

---

① ［美］尼尔·唐纳德·沃尔什：《与神对话Ⅰ》，李继宏译，上海书店出版社 2013 年版，第 55 页。

过着健康、美丽、自由、和谐的生活。

这些文化思想包含了成功哲学①在内，长青哲学②（Perennial philoso-phy）也占一定比重。因为美国 21 世纪的思维运作方式主要是意识的转换、观念的更新，只有创造性的思维模式和创造性思想的运作，人的成功才会到达预定境界。创造成为人世间一切事物构成的中心力量，人与神的合一是一切生命意识的至高境界。这是人们意识多层次进化觉醒的生命成长运动。

早在 20 世纪之初，查尔斯·哈奈尔就在他的书《硅谷禁书》中引用了韦尔特默先生的一段话："人类所参与的最近的一场战斗，如今正在继续。这不是一场大炮和利剑的战斗，而是一场观念的冲突。它不是破坏性的，而是建设性的。它不是一场毁灭之战，而是一场完成之战。"③ 这段话先见性地说明了全球 21 世纪文化思想的发展趋向。

这里要特别注意"战争"的异乎寻常的运用。在 21 世纪的新时代，高端的战争不可能是杀伤性武器的显现，不会是战争狂人的病态发作，整个人类已经在竭力呼唤和平、珍爱生命。特别是有的国家无限制的军备武装是 21 世纪最大的虚幻妄想。人类的幸福与和平，是不可能建立在军事霸权主义的基础之上的，终有一天，相关的参与人员会发现生命的真实意义，开始逃避和转变军事武器的杀伤性发展方向。这些战争武器，将会渐渐失去威胁的效力，在关键的时刻失去效力。因为尽管人类的工具理

---

① 成功哲学，是指美国著名成功学大师拿破仑·希尔在 20 世纪前期采访到钢铁大王安德鲁·卡耐基，在卡耐基的引荐帮助下，拿破仑·希尔 25 年间采访了爱迪生、洛克菲勒、福特、罗斯福等五百多位社会精英，涉及商业、科技、金融、政治、工业等行业，创建了成功哲学。他的主要作品包括《思考致富》《成功规律》（八卷）等。他是美国精神的代表之一，影响了威尔逊、罗斯福两位美国总统，也影响了世界上无数渴求致富与成功的人。其他的成功哲学家有戴尔·卡耐基、安东尼·罗宾等。

② 长青哲学，是指人类有史以来的神秘体验论哲学，它涉及人与神合一的神秘生命体验，是对道、梵、以太、基督、神、佛的理解和体悟，它涵盖了社会学、宗教学、哲学、人类学、艺术学等，美国心理学家马斯洛对此有独到的见解；美国整合理论倡导者肯·威尔伯在《意识光谱》《恩宠与勇气》中对此都有深入的研究探讨，他认为长青哲学不是一种思辨哲学，而是一种对人类意识境界的体悟，是一种对人类意识状态的全面研究。（见《意识光谱》，杜伟华、苏健译，万卷出版社 2011 年版，第 16 页）中国北大学者张祥龙在《感受大海的潮汐》一文（载于《西方神秘体验论哲学经典》的总序中对此进行过阐述）。

③ ［美］查尔斯·哈奈尔：《硅谷禁书》，新世界出版社 2013 年版，第 156 页。

性和科学头脑已经达到极为高级的程度，但是，谁也不能是用现代战争毁灭人类的狂人。正常而圆满的人，会为人类的共同繁荣和福祉奉献自己的力量。

阿什利·卡特说："我拒绝接受所谓中国所得即是我们所是的零和思维，因为还有一种情形，叫作共赢。美国与中国不是盟友，但我们不必成为对手。强有力且具建设性的美中关系对全球安全与繁荣而言至关重要。"卡特说："由于我们两国可以继续竞争与合作，我们的关系将依然复杂，只是，我们同样相信，有机会加强理解，减少风险。"卡特本人将致力于更多更广泛的中美建立互信措施。再平衡将有利于创造激励措施和条件，鼓励中国按照主要的国际秩序的规则行事。[①] 这是现实政治的演示。

从人类精神层面来讲，可能会在思想意识中发作的现实战争，终将消弭在人类生命品质整体提高的层面。生命内在的和平意识，终将带来现实和平的实现。如此说来，能够操纵现实战争的必定是智慧显达的高层人物，他们生命的高尚转化，是这个世界和平伟大的关键动力。思想是行动的先在图纸。思想之战，就是灵性之战，人类思想意识的进化发展势在必行，有识之士，都在做最为坚定的努力。

既然人类的集体无意识可以发生作用，人类有史以来一直深受集体无意识的影响，那么在 21 世纪，人类便开始积极运用集体无意识，来推进和撒播积极、和平、觉醒、爱的信心。运用生命潜意识的训练和演习，创造美好的人生，创造美好的新世界。每个人类个体，都要向人间撒播爱、和平、富足的种子，尽到生命伟大的责任。那些吸引力法则的论证、宇宙第一因果法则的张扬，就是为创造美好新世界而重新登上时代的舞台，人类如此走向和平，慧剑高悬，脱壳重生。这是 21 世纪人类伟大的信念整体爆发，是众志成城的人类发展新机遇，必将引导人类走向光明伟大的新未来。

查尔斯·哈奈尔特别强调了思想在人类生命成长过程中的巨大作用。他说："正如因果相循，先有'因'后有'果'一样，思想也先于行动，并预先决定了行动。每个人都必须有意识地、自觉地利用这一法则，我们

---

① 参见《既非盟友也非对手》，《齐鲁晚报》2015 年 4 月 8 日第 A32 版。

不能不利用它，只能选择如何利用它。"① 这样，人类思想意识变成人类行为的先行动力，思想成为世界创造性力量的内在原因。哈奈尔的精辟阐述对美国 21 世纪主流文化思想的发展起到了重大的思想启蒙作用。

概括来说，以往 20 世纪美国文化思想的发展更多在于经济、科技、文化、人际关系、心理科学领域的拓展，主要涉及物质层面的进步和开拓。到了 21 世纪，美国文化思想发展的社会风潮在于心灵成长，在于性灵方面的解脱，在于重新回忆起自己生命本来之源，也就是生命的力量之源，那种永生的生存境界。如果仅仅执着于物质的增长和功名利禄，很有可能是灵性贫穷的可怜人。若不利用合理现实的生命、身体、财富，在此世找不到生命之源，所有的东西终会变现成世间的大玩具。当人们的老、病、死之人生大病来到时，所有人间钱财、物质所有，都要撒手失掉。得到的越多，失去的越多，人生近乎一个彻底的白日梦。

人类"进化的过程当然是一直进行的。但现在这个过程出现了新的转折点。它转到了新的方向。现在你们开始意识到你们正在进化。你们不仅知道你们正在进化，而且也明白是如何在进化。现在你们明白你们的实在正得以被创造的大过程。从前你们只是进化的旁观者。现在，你们是有意识的参与者。越来越多的人意识到精神是一种强大的力量，它们与万事万物有着不可分割的关系，它们的真实身份是有灵性的生命。越来越多的人生活在灵性空间里，实践各种让他们心想事成、如愿以偿的法则。这是一场真正的进化革命，因为现在越来越多的人正在有意识地创造你们的经验，直接表达你们的真实身份，并快速展现你们的真实身份"②。

21 世纪美国的哲学界、思想界，最有生机的领域是身心灵生命科学的研究和宗教探索，认知心理学教育已经成为世界范畴的显学。在世界范畴内，人的精神层面主要分为四大领域。

第一，在西方，基督教文化观念持续发展；在东方，基督教文化也开始越来越兴盛。基督教作为一个完善的宗教体系，满足了人们的心灵需

---

① ［美］查尔斯·哈奈尔:《硅谷禁书》，新世界出版社 2013 年版，第 37 页。

② ［美］尼尔·唐纳德·沃尔什:《与神对话Ⅲ》，李继宏译，上海书店出版社 2011 年版，第 322 页。

要，也为人类精神意识的发展提供了良好的灵性平台。基督教在西方世界基本成为一种普遍被接受的思想方式和社会生活方式，周日到附近教会敬拜上帝，成为生活中一种无可非议的常态，也是一种社会交往的特定形式。教会生活不参与政治活动，只是强调《圣经》学习和敬拜、唱诵圣歌等精神活动。人们在教会中身心自然放松下来，相互问候礼敬成为一种自然习俗。人们在崇拜上帝的时候，获得了心灵的平安和灵性的增长。

基督教信仰的发展，已经成为某些人心灵的支柱，很多人在其中找到了心灵的满足和生命的优雅从容。尽管21世纪美国思想文化界学者们大多认为宗教信仰在西方已经式微，很多人自然地选择了生活中不要宗教和神的指导。然而，很少有西方人内心完全没有神的影子，神的概念不仅是宗教信仰所阐扬的，而且是一种人类集体无意识的投影。

特别是在西方，基督教已经成为一种生活方式，各街区的基督教社团里大多数人都参加每周一次的固定礼拜仪式。宗教是人类意识进化的先行功课和促进者，它在人类意识的演变和发展过程中越来越珍重，越来越虔敬，并接近人性的本质，接近神性本质。

从这个意义上讲，人们的内在精神生活需要基督教的虔敬和净化，基督教的正面力量是显而易见的，否定基督教的存在是不可能的。当然，历代世俗的基督教常常导致纷争与不和，与神圣的基督信仰是有区别的。沃尔什在《明日之神》中写道："因为你们所相信的神不是真的。你们所相信的神是臆造出来的。它是你们凭空创造的神，与终极实相毫无关系。"①这里提到的终极实相，就是真理，就是"道"的存在。《圣经》里说，在神圣的基督信仰里面，耶稣是神的儿子，是真理，是道路。

第二，在东方，佛教修行、佛教的弘法利生，也越来越多地波及西方，成为21世纪的思想时尚和文化风潮，成为一种巨大的潜在的生命力量。东方大众文化虽然与佛教没有什么显在的联系，但是来源于集体无意识的民族情结，却往往蕴含了佛教文化的质素。佛教和基督教一样，并不涉及世俗政治生活，信众们感恩和平的修行环境，拥护政府的规章制度、法律法规，这是佛教界人士的基本心态。他们无意于世界的纷争，只是追求心灵的和谐。

---

① ［美］尼尔·唐纳德·沃尔什：《明日之神》，赵恒译，中信出版社2011年版，第5页。

他们的世界着眼于灵性世界，"无净"是修行的要求之一。"双手合十"成为东方文化中最普遍、最彻底的真诚祝愿与问候，这个手势几乎是东方日常高贵生活的最高礼节。佛珠的佩戴也几乎成为一个美善的宣言和吉祥符号，向宇宙吁求并宣说着平安护佑的伟大力量，呈现感恩、感谢的生命状态。

佛教修行信众里面主要有以下三类人。

第一类人，因为面对社会的压力、经济的压力，或者生活中出现一些波折，为了寻求平安发财，开始进入佛庙烧香磕头，祈求平安发财，这些人大多主要生活在世界的物质层面。

第二类人，福报比较大的人，他们到寺庙、高僧那里，供养、礼拜、参访，寻找生命的答案。因为在他们发财、成功的过程中意识到有些来自非物质的奇迹力量，所以时机到了，自然会到佛教界寻找此世界、他世界的高贵精神生活。

第三类人，在佛教典籍里，在灵性层面找寻生命的真意，寻找自己的身份认同。我是谁？我从哪里来？我为什么会待在这里？

自我的身份认同成为 21 世纪迫切需要完成的生命课题。只有找到真实的身份，才能和真实的能量之源连接，生命之树才能长青。这也是西方长青哲学需要解决的问题。这些人正在走向真正的灵性世界的探索之路。

总而言之，很多人在佛教里得到生命净化和灵性的增长，虽然真正开悟见性的人很少，离生命大成就的成佛境界，是十分遥远的。除了少数高僧、大法师，他们有着神秘高深的修行境界，其他大众修行还是停留在膜拜、作意、求顺利、求财富的阶段。这个阶段离灵性发展要求很遥远，当然也是很美善的，是人们高层次的精神享受。

第三，伊斯兰教的重要存在，以及其他各种宗教的和谐共在。伊斯兰教是人类历史上最重要的宗教之一。通过穆罕默德这一伟大的教父，将真主的真理，凝聚在这些信仰者的内心。缪义尔说："这件奇迹发生之前，要想在世界上找到一个比阿拉伯人更涣散的民族，是很困难的。有一个人站起来，借着他自己的人格和他所宣称的上帝的引导，居然实现了一件不可能的事——就是把这些好战的因素统统联合起来。"①

----

① 《古兰经》，马坚译，中国社会科学出版社 2003 年版，第 8 页。

赫什斐尔说："野蛮的阿拉伯人，由伊斯兰教迅速地跨入文明的境遇，其开化之速，是同等级的任何民族所不及的。"① 阿拉伯文明和宗教和谐发展，是这个世界安全因素的一个关键。爱的观念永远适用，对抗永远是最无奈的应对举动。不战而屈人之兵，是最高的军事原则，也是最高的生活原则，是最高精神原则。征战双方，伤害均等，挫折均等，没有人会真正意义上从对立斗争中得到平安和快乐。

"真主或许在你们和你们所仇视的人之间造化友谊，真主是全能的，真主是至赦的，是至慈的。"② 仁慈和爱是这个宇宙的法则，人类必须永远站在这个立场上，向世界发送善、美、爱的信息。这件事情上，没有任何条件，只能如此，别无选择。天地之间，只有爱是没有条件的。当然，这并不代表放弃一切正当的权利，政治军事上的现实操作有时是必要的行为，这种行为往往伴随着化解争端的信念。

第四，21 世纪美国新时代文化思想③的发展和勃兴。不管这些新时代的弄潮儿是否承认 21 世纪美国新时代文化思想的新发展，甚至有的人并不明确表示自己是 21 世纪美国文化思想创作者，但是人类终于用各种方式在灵性领域和生命本身的境界里广泛探索。

总之，在 21 世纪美国主流文化思想哲学领域，似乎是象牙塔般的严密逻辑大厦，将逐渐开始对大众日常文化全然开放。那些终日不见大众的哲学流派和思想大师，从苏格拉底、柏拉图、托马斯·阿奎那、黑格尔、康德、海德格尔、尼采、荣格、弗洛伊德等人的理论开始，出现了一个新时代的哲学研究生机。21 世纪美国文化思想的发展方向在于：从灵性的角

---

① 《古兰经》，马坚译，中国社会科学出版社 2003 年版，第 9 页。

② 同上书，第 416 页。

③ 美国有很多研究新时代运动和神秘主义哲学以及西方密宗、哲学与超心理学的学者，逐渐形成一种研究生命意识的社会风潮。保罗·希里斯认为：从整体来说，研究新时代运动是很幸运的，但是在对他人描述自己的新时代经验时会发生相当的困难。有三个方面的文献资料体系（the body of literature）已经显示出来：一是葛吉夫的第四道体系；二是奥修（Bhagwan Shree Rajneesh, 1931—1990）的静心理念和他的门徒的研讨活动；三是卢克·莱因哈特（Luke Rhinehart），他的《最伟大的书》《掷骰子的人》等八部书，国内没有翻译，他认为机遇巧合就是上帝的礼物，机遇（the chance）本身就是上帝存在的呈现，等等。本书只涉及葛吉夫的第四道体系。参见 Poul Heelas, *The New Age Movement: The Celebration of the Self and the Serialization of Modernity*, 1996, Blackwell Publishers Inc. USA, p. 9。除此之外，不可忽略的重要的新时代运动的重要人物——印度的克里希那穆提，因为本书探讨范畴所限，不准备涉及。

度，从思想文化的角度，人们开始了新时代的超意识的哲学表达。

只有从灵性的角度出发，才能真正与这些伟大的哲学家沟通和理解，思想永远是多方位或者双向的。当我们理解了他们，也理解了我们身处的宇宙，我们的生命历程就又上了一个阶梯。新的时代，人们开始领悟到一种全新的生命飨宴。

根据前面所述，世界范围内宗教文化思想发展这四个领域之间的关系是十分复杂的。这里加以简短梳理。

第一，那些仅仅执着于基督教的信众，其信仰坚定，效果显著，将佛教视为拜偶像，将一切基督教之外的东西全然排斥，这种信仰的坚定力，十分令人钦佩，受洗、礼拜等宗教仪式非常庄严，都具有异乎寻常的重要生命意义。上帝在他们心中，耶稣在他们的生命里，一切都非常美好自在，生命恒常被祝福着。每周的礼拜和学习，沟通伟大的信息和能量，生命变得充实而有意义。因为神与他们同在。这是令人赞赏的生命状态，很多基督徒可以有很高的灵性生活，通往天堂的路就在他们的生命里。在基督教生活里，祷告，是人神沟通的桥梁，是生命的呼吸。

第二，那些佛教上师、信众也是人类觉醒的巨大力量，只要信仰坚定，就不必左右摇摆，安下心来，打坐、修行、供养、敬拜，诸种行为都是圣洁的行为，都是走向灵性修行的必然道路。灵性世界向所有的人类全然敞开，没有分别。佛教的敬拜也不是在拜偶像，而是敬拜真理的一种通俗形式。所以从来就没有诅咒存在。所谓敬拜偶像，佛教也是排斥的，任何的偶像崇拜，都是与佛法完全相背离的。信众到佛庙礼拜的是佛，佛不是偶像，而是真理的象征。

佛是存于内而形于外的伟大力量，与偶像崇拜完全不是一回事。所以，没有一个东方人会认为自己是到寺庙参拜偶像，而是去拜佛。仅仅把拜佛当作拜偶像的想法，也是佛教信众理解不了的。这是宗教之间的语言分歧，没有什么实际意义。所以，有些宗教之间的指责，只是因为相互不了解，某些人一知半解，一叶障目。形式上的拜偶像是人生大戏，这样的演出，也同样是灵性进步的前奏，却付出了沉重的生命代价。

既然人类全然纯洁无罪，爱和宽恕波及一切生命，佛教信众也都是纯洁无罪的。不管他们在梦想着什么，如何梦想，开悟觉醒的伟大进化之路在指引着他们。在这个时代，越来越多的人，在佛教里开悟觉醒，成为人天之师。就像那些以往的时代一样，释迦牟尼成佛之后，一定还有很多前佛后佛重叠化身隐蔽而来，当然，这些人都是因地佛，不是果地佛。[①]

所以，在未来世界文化思想发展中，佛教修行具有非比寻常的意义。生命里，那些诸佛菩萨以及佛教上师从未远离，他们对信众的照应和祝福，从未停息。只要信仰坚定，一切都没有问题，开悟见性、生命的意识进化只是迟早的事情。

第三，无论人类意识进化到什么层次，对伊斯兰教以及其他任何宗教内心的理解和认可，是很重要的。这是一种无条件的爱、无条件的理解、无条件的信任。如果是真理，就必然平安胜利。人类只有这样一个出路。单单靠人的物质世界力量，我们解决不了人类的高端战争问题，人类只有同时诉诸向生命内在发展的精神力量，在人类心灵意识的根本层面上，和谐共赢。

未来美国思想文化的发展趋势在于：人们的意识觉醒程度比任何的时代都更高，人类迎来新的发展机遇。除了世界的物质存在，生命意识中内在心念的交流非常重要。所有的事件都不是物质世界简单的发生，而是在另外的灵性空间里，一切都发生了。基于这样的原则，我们的力量就体现在"爱和宽恕"这种内心表情。只有在这个意义上，宗教的存在才是有意义的，而且，美国 21 世纪文化思想的灵性理念有益于人类整体意识的进化。

无论他是谁，无论他相信什么宗教，无论他表现怎样，他都是我们的兄弟，我们有着共同的人类的面孔，人类守望相助，共同鼓舞着内心升起的伟大信念。在形而上境界里，我们在内心将他人看作自己的灵性家庭的一员，理解其他族群作为民族生存的苦痛，并以内心真诚的爱来回应和对话。外在的和平是内心和平的投射，和平的世界只有在真诚交流、平等理解的平台上才会发生。信念是这个世界奇迹发生的动力。只能是爱和宽恕，人类别无选择。只有在宽恕和理解的基础上，才会有进一步有益的人类活动。

---

① 从佛家角度说，每个人都有佛性，都是具有开悟觉醒可能性的因地佛。在人类现实生活思想理念里，这种观念并不普遍，存在着很多思维误区和灵性歧途。所以此处也是笼统而说，因为这个问题阐述起来十分复杂。果地佛是像佛祖释迦牟尼一样，未来的果地佛是弥勒佛。

第四，21 世纪美国新时代文化思想的发展，新思维的产生。美国文化思想界的人们常常标榜自己处于宗教之外，按照新时代文化思想的理念，心灵意识没有内外，既然是整体的意识进化运动，就没有什么东西可以在生命的心灵意识之外。当然，历史上的世俗宗教不在探讨之列，因为世俗宗教是世间颠倒梦想的一部分，可以称为宗教迷信。当代人们日常宗教生活形式已经变化，宗教几乎是人们精神生活的一种表达方式，是轻松愉快、相互祝福的，已经与令人恐惧的宗教迷信不可等同而语。

世间所有的宗教基本都是好的，除非假的宗教。假的宗教很多，是谋生赚钱的另类世俗形式。真正的宗教，是具有伟大的意义的。它是人类清洁信念，行善平安的正常精神活动。所有宗教冲突，仅仅不过是人类自己世俗世界观的冲突。真正的宗教，绝对没有冲突，是一种决然的宁静、和谐、爱。所谓宗教冲突，从一个至高的角度说，是人类可怜的生命呼救，是绝望的呐喊和求助，是应该被宽恕、被怜悯、被转化的。爱是一切的关键。

本书一直提到"灵性世界"的概念。所谓灵性世界，就是人类的心灵意识世界，人们看不见，摸不着，是人们须臾不可分离的超物质存在。世俗世界有内外之别，精神世界、灵性世界没有内外之分。灵性世界大而无外，小而无内，一切尽在其中。创造，是生命意志的表达，也是生命之源的流泻。人类是被祝福的，人类被最伟大的力量深爱着。

人类的诞生就在神的祝福里，在神的怀抱里，每个人，最初都是赤子婴儿，当然这是从物质层面来说的。最后也必将进化、重生为灵性光明境界的赤子、婴儿，再次回到生命之源，回归于最伟大的力量。所以，无论哪个表达层面的新的思想文化潮流，无论哪些人物写作，都是珍贵的生命发展的历程，因为在本体生命的寂然大海里，所有的人类都紧紧相融、深深相爱。

"生活的意义，不在于抵达任何地方——而在于发现你在哪里，向来在哪里，已经在哪里。你永远处在纯粹创造的时刻中。因此生活的意义就是创造——创造出你的身份和本质，然后去经验它。"[①]

---

① ［美］尼尔·唐纳德·沃尔什：《与神对话》，李继宏译，上海书店出版社 2013 年版，第134 页。

21 世纪美国的哲学思想，开始渐渐发展成为成功哲学、长青哲学或者咨询哲学①等各种哲学理论的整合，甚至可以说是一种生命科学的聚合，是一种生命诗学。生命以诗的形式展现，其中蕴含了美好可变的多重质素，那就是人类必须共同富裕，具有清醒、宁静、喜悦的坚定信心。

在美国 21 世纪主流文化思想发展中，有一股标新立异的力量是新时代运动。其主要内容颇为诡异，存在很多对人类特异精神现象的追踪和痴迷。这些早先的诡异奇幻的方式和内容渐渐发生变化，一些形式更为粗犷，在《星际穿越》（*Interstellar*，2014）等里面，成为科幻题材的艺术作品。这些只是精神世界的迷途幻境，娱乐而已。

新时代运动最初可追溯至 1875 年白里夫斯基（Helena Petrovna Blavatsky）和 1920 年庇利（Alice Ann Bailey）的通神学会社。通神学会社主张取消基督教、犹太教和伊斯兰教的人为界限，促进世界上的宗教共同发展。这些研究者声称他们是受到灵体直接的启示和引导，强调自我神性的进化，以及一元的新时代社会秩序。

新时代运动的参与者不认为要取消什么宗教，也无意于建立新的宗教，而是尊重所有的宗教。他们主张对个体生命信仰更为真诚的追求。至于通神学会等灵性组织和活动，已经基本结束。这些都是人类新时代早期的灵性生命探索和训练，也可以被看作是美国未来文化思想发展和心灵意识发生转变进化的前奏。从另外一个角度说，没有这些灵性世界的早期探索，就可能没有 21 世纪美国主流文化思想的成熟发展。所以，人类任何的稚嫩的精神之路的脚印，都是珍贵的前行准备，无可非议，这些只具有灵性启发作用。新时代运动某些极为奇异的层面宣示了另类的人间幻境，是错误的。任何时候，人类都要相信宇宙的伟大力量，要将虔敬、清净、仁

---

① 咨询哲学（Philosophical Counseling），也称为"哲学咨询"。20 世纪 70 年代在西方兴起，波及全球，在北美影响最大。它以哲学理论和方法为个人和企业组织解决生命中出现的困惑和工作中出现的困难，主张运用思想意识的方法来疗愈人们的身心疾病，回答现实生命的基本问题，解决现实工作中出现的利益纠葛，基本愿望是现实生活的顺利成功。这是一种运用哲学理论解决生命问题和运作现实物质利益的、适宜于大众领受的哲学实践（Philosophical Practices），也称为实践哲学。德国哲学家基德·阿肯巴哈（Gerd Achenbach，也译为阿申巴赫）被认为是领军人物。咨询哲学起源于柏拉图、苏格拉底、孔子式的东西方结合的哲学实践，是一种连接高深的哲学思想与大众日常生活的生命实践。它与新时代运动的相关理念非常契合，那些新时代咨询工作室、研讨会的开设，也可以称为"咨询哲学"的现实运用，两者在一些基本问题上并无二致。

爱视为高贵品行。

《明日之神》一书谈到 21 世纪美国主流文化的新灵性原则时说道："它可以是任何东西，但绝对不可以是宗教。如果是那样，我宁可你们把那些书付之一烛，将它们永远忘得干干净净。这些书籍具有巨大价值——但必须是作为人类成员的个体体验。以此为前提，它们的价值不可估量。若使它们变成某种灵性表达新形式的'神圣源泉'，那它们将变得危险。"①这里提到的"新灵性原则"，是美国 21 世纪主流文化领域的重要理念之一，也将是未来美国文化思想中持续彰显的理念之一，它从来都不是僵化不变的，而是创造发展的。"新灵性是一个开放的而非封闭的系统，它一直在扩展，一直在成为它即将成为的样子，而且从他们本身，从他们身体力行新灵性的人所积累的经验出发，它成为它自己的源泉。"②没有什么意识理念是一成不变的，变化和发展是世界创造性理念的物质呈现。

美国 21 世纪主流文化思想理念是一个变化发展的过程，而不是一个封闭系统的组织行为，是成就人类生命的进化发展过程之一。它常常以个体经验为出发点，这些人类个体经验似乎常常有所不同，当然，这种不同只是事件的表象。

21 世纪美国主流文化思想的蔓延并非要取代所有宗教，并非要完成宗教信仰一统化。可以肯定地说，不管是基督教还是佛教，甚至伊斯兰教等，都是具有进步意义的。当然，世俗化的宗教除外。世俗化的宗教是人类的迷信和愚昧精神发作，是某些人利用宗教教理制造的幻象，恐吓人类，控制民众思想，以达到政治或物质利益的属世目的，甚至仅仅是为表达人类潜在的极度嫉妒和傲慢。这种世俗宗教与真正的宗教思想完全沾不上边，它本身就具有反宗教、反社会的性质。

21 世纪美国主流文化是一种包罗万象、五味杂陈的状态，它新生的力量和值得研究的层面主要是：以个人生命自我成长为基础的意识进步，它常常不体现为任何的群体、团体、教宗等事件，不改变任何人的宗教立场，而是注重更为放松愉快的新的人生历程。这种思想旨在将人类从旧有

---

① ［美］尼尔·唐纳德·沃尔什：《明日之神》，赵恒译，中信出版社 2011 年版，第 167 页。
② 同上书，第 166 页。

的观念和恐惧中解放出来，创造这个世界新的生命内涵，并逐步带来人类预期成功的理想效果。

进一步讲，21 世纪美国文化思想中有一些思想理念与当代巴哈伊教①有相似之处。相异之处在于，21 世纪美国主流文化思想的精神价值超越了宗教这种人类精神的承载形式，是人类在一切精神领域和空间维次展开的全面灵性觉醒运动。

乔布斯曾经这样谈道："我愿意用我所有的科技去换取和苏格拉底相处的一个下午。"这句网络上流传的乔布斯十大经典语录之八令人感叹。苏格拉底有什么呢？只有人生大智慧。而乔布斯的任何一个科技产品都是不可思议的出色作品。英雄所见略同，只有杰出的眼目，才能认出杰出的事物和杰出的人物。乔布斯也一样渴望真理，渴望苏格拉底的智慧，渴望真正的世间出世间都杰出无憾，可惜他没有机缘遇到苏格拉底。

与苏格拉底一样智慧的哲学家康德在《实践理性批判》中说："如果我们追问在创造世界中上帝的最后目的，我们不得举出在世界中有理性的存在者的幸福，而必须举出至善，后者在那些存在者那个愿望之上，还加了一个条件，即配享有幸福这个条件。也就是这同一些理性存在者的德行，唯有它才包含着他们能够据以希望从一个智慧的创造者手中分得幸福

---

① 巴哈伊信仰（旧译大同教）由巴哈欧拉创立于 19 世纪中叶的伊朗。巴哈伊教创始人为伊朗人米尔扎·侯赛因·阿里·努里（Mirza-Husayn-Ali-Nuri，1817—1892），被称为"巴哈欧拉"（Bahá'u'lláh），意为"上帝之荣耀"，由此产生巴哈伊教的教名。根据巴哈伊的教训，宗教的历史是神差遣先知，对人类进行教化的进化过程。神派遣列代圣使亚伯拉罕、摩西、佛陀、琐罗亚斯德、基督、穆罕默德和巴孛。巴哈欧拉是其中最新的一位。巴哈欧拉认为全人类同是一族。思想界认为，巴哈伊宗教的著述言论是满足人类现阶段的最新精神启示体系，因为人类目前正处于走向灵性成熟的新阶段，巴哈伊宗教恰好满足了人类这样的生命需要。巴哈伊宗教的最高宗旨是创建一种新的世界文明，真正实现人类大同。其基本教义可概括为"上帝唯一""宗教同源"以及"人类一体"。"巴哈伊"是指接受巴哈伊信仰并按其准则生活的人，他们在提升和完善自身的同时也竭尽所能地促进他人及社会的福祉。巴哈伊信仰在世界各大宗教中最为年轻，在新兴宗教里发展得也最快。目前，巴哈伊分布于全世界 235 个国家和地区的 2100 多个种族和部落。1935 年，清华大学校长曹云祥开始翻译巴哈伊教经典时，认为其社会主张与中国传统儒家思想的"世界大同"理想相通，故此将其翻译为"大同教"。这个名字一直沿用到 20 世纪 90 年代初期，1991 年正式更名为"巴哈伊教"。巴哈伊教约于 1924 年由美国的罗德女士传至中国广州，并在某种程度上得到孙中山先生的认同。当时，巴哈伊教又名"巴海运动"。约在 1930 年 9 月底，巴哈伊教传至中国香港、澳门地区。资料参见 http：//baike. baidu. com/view/110280. htm；http：//zhidao. baidu. com/question/6054251。

的尺度。

因为智慧从理论上来看意味着至善的知识，而从实践来看意味着意志对至善的适应性，所以我们不能赋予一个最高的独立智慧以某种仅仅建立在善意上的目的。

因为善意这一结果（在有理性的存在者的幸福方面的结果），我们只有在与创造者的神圣性协调一致这个限制条件下，才能思考为与本源的至善相适合的。所以那些把创造的目的建立在上帝的荣耀中的人，也许是最好的表达。

因为最使上帝荣耀的莫过于这个世界最可尊重的东西：

敬重上帝的命令，遵循上帝的法则交付给我们的神圣任务，如果他的宏伟部署达到以相适应的幸福来使这样一个美好的秩序得以圆满完成的话。"① 康德在这段话里面阐述了以下信息：

第一，配享有幸福的条件，就是德行。

第二，只有本真的至善，才是上帝荣耀的最好表达。

第三，智慧是至善的知识，也是至善的意志。

第四，幸福是上帝圆满完成创造目的而配备的。

第五，神圣的任务，是一个宇宙美好的秩序。

康德这些观点完全与 21 世纪心灵性原则、新文化理念一致，这说明21 世纪美国主流文化思想并没有偏差，只是人类千百年来的神圣愿望，在科学的助力之下，终于开始有了新的发展机遇。苏格拉底、康德、黑格尔等，都是这一思想的先期预演者和理论贡献者。

曾经是美国文化精神界的重要人物之一，古老夏威夷疗法传承治疗师莫娜说："神性给我们生命这个礼物，而生命的意义在于：清理、清理、清理，然后找到你自己的香格里拉。"② 这里的清理，就是采用古老夏威夷疗法净化身心的方法，这是一个持续一生的心理动作或思维。清理是人身必要的步骤，即使开悟见性的人，适当的净化生命的念头还是要有的，只要活在这个世界上，净化身心就是一个持续性的生命理念。清理什么

---

① ［德］康德：《实践理性批判》，邓晓芒译，人民出版社 2003 年版，第 178—179 页。
② ［美］乔·维泰利、修·蓝博士：《零极限》，宋馨蓉译，华夏出版社 2009 年版，第 147 页。

呢？清理生命中经常发作的过去的记忆，包括存留于潜意识底层的集体无意识。当清理生命的记忆最后达到"零极限"的状态，就能知道老子、苏格拉底的生命智慧状态。这也就是佛教讲的"自净其意，是诸佛教"。一切宗教的形式不同，根本就是一个：清净，或者纯洁，就是"零极限"。

近年来，人们常常感叹诸多时代精英人物的英年早逝。人生就是这样，肉体生命是虚幻的大玩具，有一天失去了，就两手空空，一切只是早晚的事情。只要没有开悟见性，没有达到生命的涅槃寂静，任何的人生事件都是昙花一现。因此，21 世纪美国文化思想的倡导者们将会从人类至高境界出发，进行哲学与生命本真的探索。这种探索不是从这个俗世出发的，不是现实世界的生存手段，但是会惠及人类的现存生命活动。

可以说，21 世纪美国主流文化思想的最高理念应该是：人类被神性呼唤与唤醒，人类发生意识转化和自救运动，越来越多的人得到生命的恩典和礼物，获得爱、宽恕、自由、喜乐。因为只有内在生命醒悟，才会知道本来就物我一如，人我一体。这样就不再有作为有生命、有肉体的人的内心悲伤和眼泪，也没有了对终极死亡和失败的恐惧。嫉妒、怨恨、苦毒、疾病、死亡等做人的生命魔咒渐渐被全部解除，生命进入喜悦而深度寂静的状态。

21 世纪美国主流文化思想家们会常常自称"新思维"，或者"新灵性""新境界"等，强调与传统世俗文化思想的全然了断。因为人类几千年来，生老病死、战争灾难、地震洪水、朝不保夕、生离死别、环境污染、人心变异，这一切人类境遇，这些事件的无预兆发生，令人类内心极度恐惧、怨愤，几乎形成了强烈的集体无意识：看来传统文化解决不了什么问题，只有新的思维、新的观念，才能祛除人们来自命运的诅咒。到底上帝在哪里？科学在干什么？救救人类。人类一定能够另有出路，一定有新的境界。人类的心灵生命意识，一定会有真正的喜悦，一定会有真正的救恩。

如此看来，21 世纪美国文化思想发展演化的现象将不是传统文化的复归，而是传统文化的超越，是人类意识进化的新契机。其实，从人类终极本质讲，历史是不存在的，所谓传统与非传统、新与旧只是这个物质世界的概念，所谓新思想、新思维早就蕴含在传统文化思想里。这个"新"，是宇宙的新契机，人类的新机缘，人类几千年的生命进化，即将迎来人类意识整体进化的新春天。人类有一天终于可以知道：自己的生命早已经被祝福，自己的生命早已经被关爱，自己的生命早已经充满喜悦；自己的生命再也没有恐惧，再也没有泪水，再也没有漫漫长夜。这个梦想，只有从人类个体生命秘密本身才能解决。意识空间的生命科学，是属于人类整体生命意识演进的科学办法。

在 21 世纪，美国主流文化思想内容主要涉及灵性、替代疗法、心理治疗、绿色生态环保、量子力学、能量灌注、光能量传递、心灵觉醒、神秘主义等，包含多个学科，哲学、人类学、文化学、神学、心理学、超心理学、物理学、量子力学、生物学、医学、地球生态等，被公认的主要代表作是《奇迹课程》《与神对话》和《塞莱斯廷预言》等，也包括赛斯书系、伊曼纽书系、欧林书系、约书亚书系等灵性传导书系，"光工作者"，"大天使系列"等新异名词。

21 世纪美国主流文化思想主要是在尊重诸种宗教的合理性基础上，寻求人类共同的思想发展道路。这里面没有政治的颠覆、政权的利用、宗教的建立等。它仅仅涉及生命个体的成长，它超越了人的政治需求、社会需求，回到个体的内心来寻找拯救自我的力量。当代社会的发展，要回归内心的圆满，重塑个体生命心灵的力量，才会给地球带来希望。楼越盖越高，土地开发越来越全面，经济和技术越来越发达，人成了消费与享受的生物体，但是灵魂需要皈依和释放，生命需要寻求出路，身体与精神需要彻底疗愈。生命科学的发展、量子力学的研究、生命全息技术、盖亚假说、舒曼波的发现、爱因斯坦的相对论等研究所带来的科学理念，21 世纪新的生命科学研究的热潮，给未来美国文化发展提供了科学进步的理论依据。

美国全球问题专家欧文·拉兹洛（Ervin Laszlo）认为："提升人类的精神和意识，是整个人类大家庭中每个成员都应参与的头等大事。"[①] 在美国的一些企业和公司常常设有每日半小时的静心、祷告活动，电台、教

----

① ［美］欧文·拉兹洛：《全球脑的量子跃进》，刘钢等译，金城出版社 2010 年版，第 167 页。

会、民间组织、静心中心、觉醒学院都可以提供代祷和精神指导。精神满足感已经成为人们生命追求的重要层面，各大学研究机构对生命的灵性研究越来越深入，精神发展和意识的觉醒成为美国 21 世纪思想文化界普遍出现的社会现象。

美国小说家威廉·格拉斯顿（Willian Gladstone）的小说《12》中主人公麦克斯说道："其实所有人类都一样。当成为单个人的时候，其实他们都睡着了。所以他们也可以真正地醒来。为了地球的发展，只有一两个人醒来是不够的，这就是为什么你们所有人都必须加入进来的原因。你们中的每个人都拥有'一'的能量。就像喀巴拉和其他古代科学所认为的那样，创世的时刻，就是'一'分裂成无限个体的时刻。在这个层面上，你们每个人和所有事物都是'一'。"①

这里谈到的"一"就是"道"的临界状态，是无限的合一的显现，是天人合一的生命境界，也是生命个体"零极限"状态的前奏。人类生命的解脱和成就是所有 21 世纪美国文化思想界小说、理论哲学著作的主题，也是当代人类进化发展、更新、演化的主题。人类从来就没有放弃对终极价值的思考和探索，西方文化哲学界苏格拉底、柏拉图、奥古斯丁、黑格尔等，东方的老子、庄子等人早就提到诸多证悟本真的现象。终极真理只有一个，自古如是，没有差别。

美国著名系统哲学家、广义相对论和全球问题专家欧文·拉兹洛认为：人类的转变已经开始了。一种新的潮流趋势已经开始在我们之中传播：越来越多的人由于认识到他们统一的重要性，而受到启发参与进来。人类社区②碎片化和人与自然的分离在人类历史上不过是一首间奏曲而已，这首间奏曲现在就要结束了。我们正在恢复我们之间的统一，但不是要恢复到人类前文化和意识中，而是超越碎片化的、以自我为中心的传统文化，它主导我们人类已经两千年之久了。③

这里要特别指出的是：所谓人类意识空间去碎片化，就是全人类的生

---

① ［美］威廉·格拉斯顿：《12》，石一枫、洪琰译，新世界出版社 2010 年版，第 234 页。
② 这种人类社区，是指全球不同的社会国家。它们处于不同的地理方位和精神层面。
③ 参见［美］欧文·拉兹洛《全球脑的量子跃进》，刘钢等译，金城出版社 2010 年版，第 100 页。笔者对此处译文有所修改。

命境界的统一和认同，不是一场侵略，不是在地理上、政权上消灭国家，更绝对不是希特勒式的全球化军国主义推动，不是物质领域的粗浅变更，而是在生命心灵层面，将人类认取为同一生物物种，有着人类的共同面孔，共同有着生存的苦痛和生命本质的迷失，惺惺相惜，相爱相助，共同走向人类光明、富足、喜悦的明天。这是人类共同的大乌托邦，是人类生生世世都愿意进入的生命灵性探索领域。

21 世纪美国文化思想的传导，"将会形成一种由自由人组成的世界合作的行进，依次作为人类最终目标，因为这些自由人有能力代表人类这个物种。现在是该行动的时候了，是作出最后决定的时候了。倘若我们中关键的多数，能够找回过去的经验，并实现我们先前统一的现实，我们就将采取行动，然后我们便充满信心地等待那一刻的到来。来自我们这个物种最深层的直觉所传播出来的讯息告诉我们，我们可以在这一关键条件和指标下达到我们的终极目的，这种愿望并非遥不可及。它是我们这个物种根深蒂固的自身生命防卫意识，也是人类自身觉悟的内在力量全面运行的结果。它既是我们人类因祸得福的标志，也是我们自己本来就拥有的特殊荣誉，那就是我们具有为地球上人类和万物造福的不可推卸的责任。"①

这里提到的所谓自由人，就是觉悟人类生命实相的人。开悟见性的经验，使个体生命意识发生量子跃进，可能因此引发全球人类生命意识的进化和跃进，从而将人类一体相连的整体性把握为宇宙中人类的唯一真相，那么，人类的守望相助或许就不会遥远。

正如美国未来学家戴维·霍尔在《大转折时代》一书中所说："本书第一版就预测了人类意识将出现进化。现在的情况表明这次进化远比我们想象的更美妙、更有意义。大多数人通常具有的集体意识似乎比一个世纪前人们梦想和早期设想的集体意识更伟大。它确实是一次超乎想象的伟大进化。究其本质而言，这次进化对人类的改造是一百年来其他任何事物都无法匹敌的。"②

---

① ［美］欧文·拉兹洛：《全球脑的量子跃进》，刘钢等译，金城出版社 2010 年版，第 100—101 页。笔者对此处译文有所修改。

② ［美］戴维·霍尔：《大转折时代》，熊祥译，中信出版社 2013 年版，第 279 页。

笔者在对 21 世纪美国文化思想探索研究的基础上，完成了本书对 21 世纪美国文化思想发展的初步研究。[①]

本书逻辑顺序如下。

首先介绍美国 21 世纪主流文化思想的基本时代背景及主要理念，随后列举美国 21 世纪文化思想主要代表人物，简要列举介绍了一些作家作品。

接下来，笔者将纲领性作品《塞莱斯廷预言》（*The Celestine Prophecy*）重点加以分析，对美国未来文化思想发展的趋势作深入的探讨。因为《塞莱斯廷预言》十分精到重要，特别是书中论及的九个预言，加上后来改编的《圣境预言书》电影里的第十个预言，本书尽可能都加以引述，以便呈现全貌。

将理查·德巴赫的三部作品《海鸥乔纳森》《心念的奇迹》《朋友》作为 21 世纪美国新文化思想哲理小说作品案例加以全面分析。随后着重分析了将会影响美国未来文化思想发展的重要作家作品：《与神对话》《奇迹课程》《无量之网》等。

最后，总结性地将人们最关心的话题，未来人们最关心的话题"健康与疗愈"作为最后一章结束全书。

---

① 特别说明：本书主要采用中文翻译书籍资料，便于中国读者查阅研读。这些引述摘录因为语言翻译的关系，笔者在很多处在不改变本来意思的基础上参照英语原文，做了某些修改，有些也还是用了引号。笔者在此着重加以说明，敬请谅解。美国 21 世纪重要文化思想著作在中国大陆近年有极大的销售热潮，所需要的资料基本都可以找到。

第一章　美国21世纪文化思想产生的理论背景

21世纪美国文化思想的变迁可以追溯到19世纪末20世纪初。世界范围内的战争和动荡，人们面临着困苦的生活，精神和肉体都受到多重伤害，怎样走出自我的樊篱，来到广阔的空间，享有人的自由和幸福，成为人们心底的呐喊。在这样的现实背景下，产生了美国新的文化思想的萌芽。

早在21世纪之初，美国著名作家查尔斯·哈奈尔的成名作《硅谷禁书》（*The Master KeySystem*）引起了广泛的反响，后来哈奈尔又出版了《精神化学》（*Mental Chemistry*）一书，对后来的美国主流文化思想的发展产生了很大的影响。哈奈尔认为："思想的力量虽然产生于人类娇嫩的大脑中，但它却是迄今为止现存的最强大力量，它甚至可以无坚不摧、战无不胜；它使其他所有的力量臣服于自己，按自己的意愿去运行。拥有了思想的力量，就等于拥有了取之不尽、用之不竭的宝库的钥匙。而这种知识直到最近才被少数人拥有，它将成为这些人在人群中脱颖而出的宝贵优势。那些富有想象力，富有远见的人将会把这一思想引向建设性的、创造性的通道；他们会鼓励培养冒险精神；他们会唤醒、发展、引导创造性本能。在这种情况下，世界此前从来没有经历过的产业复兴将在不久的将来展示于世人的面前。"① 这个产业复兴，就预言了21世纪美国主流文化思想的运行和发展。

再者，美国兼容并包的意识形态空间，吸引了全球很多国家新思想持有者的到来。因此，21世纪美国主流文化思想的发展，特别是美国新时代

---

① ［美］查尔斯·哈奈尔：《硅谷禁书》，新世界出版社2013年版，第98页。

思想的发展与蔓延，是全球性具有典型意义的生命意识形态现象。21 世纪美国文化思想的成熟呈现，是对整体人类文明发展和生命意识进化的重要贡献。21 世纪的主流文化思想建立在众多历史伟人的生命奉献的基础上，是人类梦想正在实现的伟大道路。

实际上，人类文明史上众多的伟大思想家都对人类意识的觉醒，起了先行预言和理论预备的作用，21 世纪人类意识的觉醒内涵，在柏拉图、亚里士多德、康德、黑格尔的书籍里都有重要的记载。例如，康德认为，在宇宙目的秩序当中，人以及与他一起的理性持有者，就是宇宙本真生命自在的目的本身，而不是手段。因为人是道德律的主体，因而无论是从人性来说，还是从神圣的存在者来说，人都是神圣的，因为人作为自由意志，其普遍法则与宇宙秩序是一致的。当然，这一阐述建立在人是在道德律的基础上生存的精神状态。[①] 如果违背了道德律，就相当于违背了宇宙秩序的原则，就陷入了世俗争斗、烦恼、恐惧等负面能量的陷阱。所以，21 世纪，人类借助科学手段，更快捷严谨地顺从道德至善，顺从宇宙整体合一的法则，就走上了神圣的追寻真理的道路，这是人类的希望和正确出路。

第一节　爱默生与整体性原则

追溯 21 世纪美国文化思想的主要源头，我们不能不注意到拉尔夫·瓦尔多·爱默生，他被称为"美国精神"的塑造者之一。在爱默生的重要作品《生活的准则》一书里，作者探讨了人类如何对待命运，实现理想，寻求人类精神与物质世界的和谐。人们无力解决时代问题和现实政治问题，只能改变自己。人类的自我生命意识要求成长和改变，要求真正地认识自我和实现自我。这种生命向内转的思维趋势，深深地影响了后来的戴尔·卡耐基、拿破仑·希尔等人。爱默生说："人类有更为强大的创造力量，思想的启示使我们走出被奴役而进入自由。我们公正地评价我们自己，我

---

① 参见［德］康德《实践理性批判》，邓晓芒译，人民出版社 2003 年版，第 152 页。

们重生，而且我们会再一次重生，如此重复许多次。"①

思想是这个世界人类最伟大的创造力，它是构造人类命运的本质力量。那种能够使人们不断重生的力量，来源于对自己的坚定信心，也就是那种足可移动山岳的生命信念。爱默生对中国传统文化非常重视，所以他的思想大多来自东西方传统文化的交融合流。可以说，美国21世纪新的文化思想中的很多理念，几乎都能在爱默生的作品中找到痕迹。

一　吸引力法则

在爱默生的《生活的准则》一书里，他首先提出了吸引力法则是宇宙的法则，坚定的意志力是人类获得成功的伟大力量。爱默生说："事实上，谁能为人类的力量做一个界定呢？有人能借助他们强大的吸引力来带动他们的国家，甚至整个人类的活动。这样的人的吸引力如此强劲，大到可以吸收物质和自然的能量，而且，不管他们出现在哪里，都能组织起巨大的力量，但我们要问，这就是人类最终的目标吗？……耕耘者睿智且勇于行，这就是人所追寻的目标。"② 中国有句古话，物以类聚，人以群分。同类的人因为生命频率相同，所以产生了一定的凝聚力。所以，改变生命个体的思想理念非常重要。吸引力法则被后来的学者们阐释为最为核心的人生理念，它导致了一切事件的发生和演变。

二　整体性的原则是21世纪美国文化思想的重要理念

人是一个整体，万物是一个整体。人类分离的现象只是一个物质外表，而心灵意识本身却连为一体，无二无别。若没有整体性原则，就没有美国21世纪思想文化现象的存在。爱默生在作品《生活的准则》中提到整体性的观点时说，智者发现心灵全知全能——在无穷无尽的奋斗和攀登中，任何变化都是整体的变化。

因为人是处于整体之中的存在，所以善待他人就是善待自己。《与神对话》的作者唐纳德·沃尔什在书中谈到，我们一直与神同在，现在就生

---

① ［美］拉尔夫·瓦尔多·爱默生：《生活的准则》，史士本、牛雅芳译，安徽教育出版社2008年版，第20页。

② 同上书，第27页。

活在天堂里。换句话说，神从来就没有离开我们，神就在我们的生命里，只是我们不知道。这里的"神"的概念，不是宗教的神的概念，而是代表着一种伟大的宇宙力量。它是看不见、摸不着的，但是真实存在。也就是说，天地间的浩然正气是永远存在的。可以说，积极的人生态度和良好的思维习惯，使人在遇到苦难和考验时，能够坚定地相信挫折是短暂的，一切肯定都会好起来。爱默生在《生活的准则》中谈道："一个老医师曾教导说，精神、勇气，对于生命而言，就像动脉里的血液一样重要。"① 生命的意义在于坚强的信念、勇气等精神因素，无论外在物质环境多么艰苦，坚强的精神信念都是生命不可或缺的重要力量。

三 宇宙中的因果法则

爱默生探讨成功者心理动向时，认为所有成功者都有一个共同点——他们都是信仰因果规律的人。他们相信，自始至终，事物的发展都是凭规律，而不是偶然的运气。这种对因果规律、对人类的生存法则、对"无中生有"创造性理念的信仰，贯彻在人类所有有价值的、富有创造性的想法之中，并且制约着这些可能的成功者的每一次努力。创造的力量常常就体现在"无中生有"的想象力里面。

在爱默生的观念里，特别强调因果规律。这种因果规律的概念是非常深厚的。它不仅指人们的行为及所造成的因果，而且也具有超出世俗的智慧，即基于信仰的"无中生有"的因果。创造，就是要达到"无中生有"的效果。但是，"无中生有"，是制造，不是创造。人造卫星上天了，是人类创造力量的显现；高楼大厦平地而起，也是人类创造性能力的体现。种在人类生命意识与思想里的因的种子，总是可以产生现实物质的果报，这是美国 21 世纪文化思想之所以能够蓬勃发展的一个重要原因。

耶稣说，你怎样对待别人，别人就会怎样对待你。这句话的浅层意思是因果关系，深层意思是"人我一体"，爱他人就是爱自己。这种理念也是《与神对话》《零极限》《奇迹课程》所传达的理念。耶稣又说，我所

---

① ［美］拉尔夫·瓦尔多·爱默生：《生活的准则》，史士本、牛雅芳译，安徽教育出版社 2008 年版，第 28 页。

做的你们都能做到，只是你们不知道。这看来是一句普通的话，其中包含了《圣经》最伟大的创造性力量。只要与神性相连，人类可以创造性地做成很多宏大的事情。这个神性，不是怪异的神秘存在，而是生命正气能量的一种表达。这是采用了宗教名词，表达人类生命伟大现象的一种方式。

四　思想的运行，本身就是能量的重组，即将促成现实物质事件的发生

佛家认为"一切唯心造"；唯物主义者会认为这是唯心主义在作祟，是美国新时代出现的特异灵性思想；基督教说，保守你的心，因为人一生的果效是由心发出的。我们说，想象力、思想的运行，本身就是人发出的生命信息波，是一种高级物质能量，是不可忽略的物质存在。

甚至可以打个比方：想象力是人类隐形的翅膀，它带着人们的意识飞翔。生命中的事件就是有意无意想象出来的结果。心念导致人们的行动和命运构成。所以，美国 21 世纪文化思想的理念和探讨就涉及多维度空间存在、能量的转化、灵界的生命、实相存在、内心的小孩等特殊概念，这是人类新的思想维度广泛开发和利用的结果，也是人类进化不可避免的历史进程，所以 21 世纪美国文化思想具有不可忽略的时代价值和深刻的进化意义。

五　爱默生提供了关于财富的正面形象

在古希腊文明以后的文化观念里，人们大多认为金钱是万恶之源，传统文化批判金钱原则对人类的腐蚀和毒化作用。美国著名作家马克·吐温就在自己的作品《百万英镑》中写了人在金钱面前的百样丑态。有些普通人有时很少有正确的金钱观念和财富观念，他们仇恨金钱，仇恨富有者的财富。穷困的人从来没有想到自己也是一个正常的人，也应该有富裕的生活，有平安幸福的感觉。他们总是挣扎在金钱匮乏的生命困境里。

爱默生辩证地谈到真正的理财是一种高层次的财富观的体现。不但要节俭，而且要在满足正常生活需要以后，进行不断的投资，进一步创造财

富。这是充满智慧的财富意识，把钱财积聚体现在精神满足与思想创造方面，而不是仅仅在于物质的自我满足。通过自身财富力量的增强，感受到自身生命成长与成熟的快乐，体验到自己生命的伟大活力，以及由此带来的生命的深度喜悦。这种生命状态的呈现，表明我们已经踏上了一条通往最高精神境界的光明大道。①

后来的 21 世纪新思想文化的先驱人物华莱士·华斯特在《失落的致富经典》里就更为坦率地讲出了金钱的秘密：如果你是正常人，就必定会有致富的欲望。华莱士认为，人们必须告别旧时代遗留下来的观点：冥冥之中存在一种让人们安贫乐道，或者导致人变得贫穷的神秘力量。不可否认的是，一个人如果不富有，就不可能过上真正美好的生活。一个人如果没有足够的金钱，就没有办法将才华和灵性发挥到最高境界。② 唯有致富，才能使生命实现完整；把致富视为首要任务，不仅正确，而且值得赞许③。当然，必须特别注意，人的过分贪婪及生命全部用来追求物质财富则是误区，是可怜的失败。

孔子说颜回一箪食一瓢饮而不改其乐，因此，后世人们就称赞颜回是有道德的贤人，把这种现象看作是有高度修行理念的表现。中国的儒家观念似乎与华莱士的观念并不一致，君子不器，无商不奸，所以中国古代文人雅士内心深处似乎对金钱颇有微词。美国精神的代表性人物洛克菲勒曾经对他的儿子说："我的儿子，享有特权而毫无力量的人是废物，受过教育而毫无影响的人是一堆一文不值的垃圾。找到自己的路，上帝就会帮你。"④ 这段话令人心灵颇为震撼。

因此，我们研究 21 世纪美国文化思想，也是了解学习一个人如何致富、成功、喜悦的思想运动，这种文化思想张扬了人类固有的生命权力，唤醒了人类沉睡的潜在力量，将创造性作为人们精神世界的最高理念。

---

① 参见 ［美］拉尔夫·瓦尔多·爱默生《生活的准则》，史士本、牛雅芳译，安徽教育出版社 2008 年版，第 28 页。

② ［美］华莱士·华斯特：《失落的致富经典》，高博译，天津教育出版社 2008 年版，第 1 页。

③ 同上书，第 26 页。

④ ［美］洛克菲勒：《洛克菲勒给他的儿子的 38 封信》，宿奕铭编译，中国华侨出版社 2013 年版，第 14 页。

　　21 世纪美国文化思想的延展不是偶然的突发事件，而是人类生命思想发展的需要，也是时代的呼唤，它将自柏拉图以来的西方智慧与东方文化圣贤思想全部加以涵盖，体现了新的时代人们对于生命事件和生命过程的智慧理解。早在 20 世纪初，查尔斯·哈奈尔就认识到："一切力量的源泉，就像所有的弱点一样，都来自内心。一切成功的秘密，也像所有的失败那样来自内心。一切成长皆源于内心的展现。从所有的自然物看来，这一点非常明显。每一种植物、每一只动物、每一个人都是这个法则活生生的例证，人类各个时代的错误之处就在于愚昧地到外界去寻找力量或者能力。"①

　　人类心灵生命的呼唤，是美国 21 世纪文化思想持续高温延展的重要原因。因为尽管新闻媒体每日热衷传播大量负面消息，昭示着这个世界如此充满灾难、动荡、凶恶，但是人们还是享有现代化便捷的生活，物质生活也相对丰富。人们看待苦难的眼光已经变化了，这些负面报道有时似乎只是轻松生活的一个简单话题。只要不是当事人，人们依然笑谈高歌，超越这个世界生存中恶的袭击。人类要生存发展的愿望超越了一切的灾难预警。或者说，人们大多超越了物质需求的谋生层次，需要心灵的舒缓。人们热切盼望和深切需要自己身体与精神的高效疗愈。

　　人类原本是命运的产物，因为人类心灵的力量和灵性的觉醒，命运成为可以改变的一种存在。人们能否过上幸福生活并享有好的命运，是一门生命思想意识的科学。爱默生也谈到这个问题，他说，一个人如何克服从他的祖先们那里继承的遗传因子呢？② 这是一个很有深度的问题。只有认识到祖先遗传因素的作用，从而在精神上超越它，才能够获得解放和进步，开始逃离命运的罗网。

　　人类的很多现实事件、相貌身材、性格心理都来自祖宗遗传。除了极个别人之外，所谓祖先，就是特指看不见的阴性隐蔽的力量。它常常植根于人类的这一世生命之中。人类生命要超越生命链条上的物质精神传承，必须要有信念坚定、不畏艰苦、诚恳踏实、善良有德行等优秀品质。其实，世界上

---

　　① ［美］查尔斯·哈奈尔：《硅谷禁书》，宏峰、益群译，长江出版社 2014 年版，第 268 页。
　　② ［美］拉尔夫·瓦尔多·爱默生：《生活的准则》，史士本、牛雅芳译，安徽教育出版社 2008 年版，第 72 页。

能够超越祖宗遗传的很少。即使开悟见性，只要还有肉身存在，祖宗遗传倾向会常常发作。这就是人类寻求真理的艰难之路，是世世代代人类艰苦努力的一次新飞跃。21 世纪的思想理念在于超越祖宗遗传，全然走向人类生命的大觉醒。这个梦想的实现在于部分个体的觉醒，从而同化更多的人类，依靠累积新世界集体无意识的造作方法，走向光明的未来。

从某种角度说，21 世纪美国的文化思想大致可以追溯到 20 世纪 70 年代。1968 年，世界范围的学生运动在法国各大学发生，波及世界很多国家，学生们游行、示威、集会，没有人知道这些学生们到底想要什么。在他们看来，文化艺术是暴力，政治是暴力，一切都是暴力。这成为解构和重构思想文化的外在动因，知识界开始冷静下来，大学各种学科的疆域也开始扩展和演变。一部分知识分子厌倦了以往极度世俗的社会生存方式，开始探索生命中新的心灵意识空间，寻求人类生命的真正合理的出路。

例如，《奇迹课程》的海伦·舒曼教授的同事，纽约哥伦比亚大学医学院医疗心理系主管比尔·赛弗教授（Dr. Bill Thetford），突然极度厌倦明争暗斗的学术环境和生命状态，他向同事宣布：人类肯定会有另外的出路。这种宣言是一个新时代的呼吁，是一个新时代的开始。它明确开启了人类新的世界、新的时代，那就是人类意识空间的转换与追寻，人类生命的重建。

可以说，20 世纪 70 年代是美国非常重要的时期。人们成功地对外太空进行探索，寻找人类空间之外的生命形式和太空友伴，也同时在思想文化界产生了新的探索动力，人类愿意探索生命的秘密，对人类神奇的生命与灵性成长现象产生巨大的好奇，并几乎演化成为一种风潮。这自然带动了文化产业的迅速发展，使经济效益与心灵探索处于内在平衡状态。

《塞莱斯廷预言》中也写到一种新文化的出现。精神领域的心灵导师，因为追求的真理和肩负的使命，不再适合在普通的寻常工作岗位上，而是需要比较轻松愉悦的环境，从事创造性的指导和服务，人们会为此支付比较高的金钱报酬。在 21 世纪，人们用精神知识提供帮助，会增加收入，使这些具有大智慧的人不需要再深陷于日常俗务。① 他们已经超越了普通的

---

① ［美］詹姆斯·莱德菲尔德：《塞莱斯廷预言》，李永平译，中国城市出版社 2010 年版，第 311 页。

人生境界，人生中的一切自有丰富的预备。这种灵性探索，不再是民间不见经传的小人物谋生的把戏，而是一些知识分子在大学、研究所、咨询室、工作坊等进行的学术研究以及精神指导，他们探索形而上空间、炼金术、神秘主义，甚至展开对古代巫术的研究。

1960 年夏天，美国人类学家卡洛斯·卡斯塔尼在研究所读书期间，在桑迪亚纳州边境小镇的一个公交车站，巧遇结识雅基族老人、印第安巫师唐望，开始了长达三十多年的心灵秘境之路，重新开启了他对生命内在力量的全新理解。洛斯·卡斯塔尼所写作的唐望书系，从《唐望的教诲》《解离的真实》《伊斯特兰之旅》到《做梦的艺术》共九本书，以其新异奇特的故事叙述，曲折奇幻的写作手法，成为美国心灵成长领域的重要开拓性作品，影响了欧美一代人的文化思维。

从此，偶然相遇的一个人、一件事，往往开拓了新的生命意识的探险这种模式成为美国 21 世纪前后小说、电影等作品的基本套路，例如美国电影《星际迷航》开始广泛探讨人类新的生命空间，关注人类意识的多层次扩展。美国学术界有些人进行炼金术的研究，灵性学已经是美国知名大学哲学研究所的学术方向，整个人类期望发现生命真正的秘密。所有这一类书都十分畅销，成为风靡全球的 21 世纪大众文化思想消费的产品。比如哲理小说《深夜在加油站遇到苏格拉底》，在世界各国十分畅销。当然，这个苏格拉底，不是古希腊的那个苏格拉底，而是具有同样智慧的加油工，一个疑似古苏格拉底化身的人。当然，到底是不是苏格拉底并不重要，重要的是人们开始踏上灵魂苏醒之路的过程。

人们相信偶然性的机遇往往是改变生命方向的最佳时机。笔者对新历史主义与文化诗学的领军人物、哈佛大学教授格林布拉特进行研究的时候，总是注意到他十分重视自己生命中的偶然性事件[①]。特别是 1975 年他应邀出席 UCLA 的一次学术会议之后，他得到了一些历史资料，是一些 16 世纪前后的航海日志、游记、英国殖民情况记载等，因此而改变了他的学术道路。他的新历史主义与文化诗学研究独树一帜，具有广泛的世界性影响。后来，格林布拉特从加州大学伯克利分校调到哈佛大学，成为知名教

---

① 参见傅洁琳《格林布拉特文化思想研究》，中国社会科学出版社 2015 年版。

授。他的种种生命经历非常契合美国 21 世纪思想界所倡导的一些成功理念。时代的特点对每个身处其中的人都是影响巨大的，它渗透了社会的各个角落，特别是敏锐的学术界精英。

无论如何，美国 21 世纪文化思想是渗透在美国各个学术领域的一些生命基本因素。在没有确切意识和组织号召的基础上，甚至在某种无意识的状态下，人们来到一个新的世界、一个新的平台，开始促进人类意识的深度觉醒，开悟见性已经不是个别人的神奇行为，更不是那种类似于中国禅宗深山古寺里的个别佛教出家人行为。由于当代多媒体信息传输迅速，城市心灵讲座与各种心灵工作坊大量开办，越来越多的人渴望找到自己的本质生命，也就是那个真正的生命主人公。人们越来越清楚地看见了世界的戏剧化效果和虚幻的假象，逐步开始寻求身体与心灵的疗愈，确立人类自己身份的认同。这应该是人类的宿命，是美国 21 世纪新时代的祝福，更是人类历史的大势所趋。

其实，这个时期也产生了一些消极的思想潮流，2012 年的人类大毁灭预言，甚至曲解援用诺查丹玛斯预言。这些预言引起人们心理意识中的恐慌，又怂恿了一些人因为智慧匮乏带来的及时行乐的生活信念。当然，很多人积极寻求生命的出路，寻求超越地球毁灭的人生出路，从某一个特殊的角度催化了人们对 21 世纪新的文化思想的强烈需求。真富贵人是解脱生死的主人，是拥有大智慧的人，而不再是生命的奴隶。

人类永远都不会是孤独的，人类早就已经得到了永恒的祝福。不管有多少苦，不管有多少艰难的路，真理会引领人类从低级的生命意识状态向高级的生命意识状态进化，人类存有的一切内心痼疾，都将会被悄悄疗愈。

第二节　量子力学和盖亚假说对生命意识的影响

科学的新发现，不断更新着人类对世界的物质观念，也必然对精神意识的观念产生重要的影响。现代科学发现了物质是由原子、原子核、中子、质子、夸克（Quark）、电子、μ 子等基本粒子构成，在科学家看来，物质的内部结构正如同洋葱的存在形式一样，可以层层剥开。

20 世纪前 50 年，量子力学的发现带来了新的科学革命，引起了人们对人类生命意识的革命性思索。迪帕克·乔普拉是美国 21 世纪文化思想的重要代表性人物之一。他在《完美健康》里阐述了人体量子学理论，将人类生命的真相与身体健康的理念结合起来，以量子力学的理论加以整合，将传统医学推向一个新的生命意识境界。在《完美健康》一书中，迪帕克·乔普拉指出："目前 40% 的美国人都会定期接受非传统医学治疗，可见他们的健康观念已经超出了传统的人体唯物论，超过三分之二的医学院也已增设替代和补充医学课程。"①

所谓非传统医学治疗就涉及人类生命意识演进的问题。传统医疗基本处于被动医治的状态，只是暂时缓解疾病的症状。一种病治愈了，另一种病可能又演生出来。特别是一些慢性病、绝症等，传统治疗方法几乎不能彻底解决。疾病的真正根源是生命意念的呈现和表达，从生命内在意识上着手，有时往往产生奇迹般的医疗效果。迪帕克·乔普拉认为，只有从心灵意识着手，才能使人类疾病从根本上得到医治。21 世纪，不仅仅是一个物质生活丰富、资讯发达的新时代，更是人类意识进化的新时代。

那么，量子力学究竟怎样影响了美国 21 世纪文化思想的发展？两者之间究竟有什么关联？量子力学是现代物理学的新发现。物理学家认为，构成自然界的基本粒子不是原子、分子，而是比最小的原子还小亿万倍的量子。量子是构成物质与能量的最基本单位，在量子状态下，物质和能量是相互转化的。在量子状态下，因为能量的出现，产生了物质结构的转化，这种转化现象就是现实生活中人们难以理解的奇迹事件。

宇宙是一个宏大的量子能量场，万事万物都具有无限的能量发送，在这样的情况下，人的意识就构成了人体能量发射场的基本指挥塔，当人的意识有效运作时，人体结构会发生相应的变化，特别是在一定的信念力之下，一些人体绝症不药而愈。或者修行证悟的大修行人，思维意识能量非常强大，会造成肉体结构的演变，身体越来越健康，精力越来越充沛，看

---

① ［美］狄帕克·乔普拉：《完美健康》，耿丹译，天津教育出版社 2010 年版，第 2 页。

起来很年轻。

因为人体是能量最大的聚合单位,远远超过一个手机的信号功能。当人的意识方向不再杂乱无章,而是有序流动的时候,就会产生巨大的能量,所以奇迹就会成为这种大修行人生活的常态。这种人体能量的产生,是因为接通了生命的能量之源,就像主耶稣基督一样,他总是避开众人向天父祷告。耶稣基督接受了来自天父的能量,创造了生命的奇迹。

量子力学影响了美国 21 世纪文化思想的全面发展。美国 21 世纪文化思想发展中的大多参与者相信自身能量振动的频率与宇宙的振动频率配合起来,能够达到意识创造的目的,"心想事成"就是这样的原理造成的。"造成这种威力爆发的就是量子原则,它揭示了自然界在某种微妙的状态下确实拥有无比巨大的潜能、势能。黑暗空洞的星际空间看上去是真空的,但却容纳着近乎无法想象的巨大隐藏能量,足以保证空间每个角落里恒星的正常运转,只有在被称为'虚能'的量子发生'跳跃式振动'时,星际空间才会爆发出热量、光能以及其他形式的可见性辐射。"① 以此看来,只要处于量子能量场中,就能够产生惊人的创造力。对于人体来说,只要处于宁静有序的意识状态,离开各种心念的芜杂冲撞,离开了内心正负力量征战的战场,将生命意识有序集中起来,达到寂寥的生命状态,"量子原则"就会自动实现所有意愿。这个状态就是人的开悟见性后得道、成道的状态。那种证悟实相的生命状态,是更高级的生命意识状态。

"内在的宁静是我们达到'量子人体'状态的关键,它不是混乱的,而是有序的;它有形、有意、有过程,就像我们的肉体一样。请不要把身体看成细胞、组织和器官的结合体,而要从量子的角度把它看成宁静的、流动的生命智慧,在各种推动力的作用下,不断沸腾,从而创造、支配直到演变成你的身体。在量子状态下,生命的秘密就在于:主观意念的波动可以改变你的身体。"②

所谓生命智慧,就是那个能够和生命之源连接起来的智慧力量,它是创造一切的宇宙间最重要的力量。生命智慧,就是人类生命的创造力。这

---

① [美] 狄帕克·乔普拉:《完美健康》,耿丹译,天津教育出版社 2010 年版,第 11 页。
② 同上书,第 13 页。

种智慧不但可以治愈病症，而且会运作一切自然的能量，达成生命的愿望。最成功的生命智慧的显现是《圣经》故事中记载了耶稣行走在水面上，他的意识纯净无比，毫无重量，肉体轻如羽毛，在水上如履平地。

因此，所谓大成就，就是证悟空性，再进一步，真空生妙有，然后，人就能够心想事成。所以，生命的智慧和创造性就在于：处于成就者的大光明境界。当然，首先要求做到在生命境界里抛弃世间所有意识、念头，因为背负着这些想法也就是所谓沉重的肉身，是走不动的。所以，大智若愚是不简单的。耶稣说，富人进天堂，就如同骆驼穿针眼。这里不要理解错了，不是要人们穷困，而是要人们心意单纯。钱在哪里，心在哪里，人心守护在钱财那里，怎么会到天堂那里去呢？如果有很多钱，又不以钱为意，不把钱放在心上，就两全其美。

将量子理论和生命意识的进化联系起来，就要有突破性思维。21 世纪美国文化思想尤为强调突破性思维的重要性。新的时代、新的思维、新的人生境界、新的生命状态，这就是突破性思维，突破了以往的传统文化、思维、生命观的种种限制，创造多空间生命体验和经历。人生的历险和大成就即是：创造未知的完美的自己。这是人生最伟大的历险，也是人生最伟大的奉献。

盖亚假说（Gaia hypothesis）是由英国大气学家洛伍洛克（James Lovelock）于 20 世纪中期提出的。后来，经过他和美国生物学家马古利斯（Lynn Margulis）共同推进，逐渐受到西方科学界的重视，并对人们的地球观产生着越来越大的影响。

盖亚假说认为，地球是一个活的生命体（an organism），地球各部分相互联系，共同维护生命存在。这是全新的地球理论。同时，宇宙也被认为是最大的生命体，东方人甚至把太极八卦图看成是宇宙生命体最初诞生的图谱。无论如何，这些都带来人类意识的新进展，21 世纪美国文化思想正是在这种突破性思维理念的基础上产生的。人类是宇宙生命中的最智慧的存在物，人类生命隐含了无穷的能量和发展前景，甚至像《塞莱斯预言》里描写的，一些人物因为进化程度很高，瞬间变成透明体，若隐若现，直至消失。这些现象在道教、佛教、瑜伽修行里并不罕见。

所谓人类奇迹，人类超越性的生命现象，是美国 21 世纪文化思想发展中人类探索和心仪的重点。人生百年，人的世俗生命是短暂的，没有人愿意无条件听凭老、病、死的折磨，所以，生命意识的进化成为人们当下关注的焦点，特别是这些西方人对东方文化的神秘主义以及禅修、瑜伽修炼的单纯信任，更有利于生命意识的高层次演进。这些人力图寻找一条人类整体突破的新时代之路，这是美国 21 世纪主流文化思想风生水起的心理背景。可以说，美国 21 世纪文化思想，是全人类的精神财富的一部分，是东西方文明演化的非常重要的事件。

盖亚假说给我们的启发就是，人也可以像地球母亲一样，创造自己的生存空间，同时创造自己的身体存在。在每一个生命的当下，创造一个全新的自己。现代医学证实，人体每七年就全部更新一次，也就是说，七年后的你与七年前的你，不是同一个生命存在体。哪个是我？我在哪里？这是一个人生命中的重要挑战。因此个体身份的认同，是一个创造性的理念，也是生命存在的一个坐标系。人是没有其他身份的，除了那个本真的存在，那个不可说的生命之源，其他的身份都是假的。当生命意识体验到佛教所说的"大地平沉，虚空粉碎"的时候，人的生命个体本真身份就清明大白。但是此时，已经永远没有了个体身份，也从此没有了个体自我的历史，所以，这个问题几乎是一个充满悖论的伪命题。

美国著名作家格雷格·布雷登的《无量之网》，是美国 21 世纪文化思想发展中重要的作品之一，他在作品中将量子理论和宇宙生物场、生命全息学说结合起来，纳入自己的灵性认识体系，提出了一些颇有价值的哲学思想。量子生物学家和物理学家的实验给人类灵性生命的体悟，提供了科学的洞见，也就是说，灵性世界意识的进化、人类生命的个体觉醒、人类生命状态的能量模式与科学理论的研究基本一致，生命科学为人类生命的精神性特征作出的研究，具有十分重要的人类进化的意义。

量子力学主要是由德国物理学家马克斯·普朗克（Max Karl Ernst Ludwig Planck, 1858—1947）研究提出的。1900 年，马克斯·普朗克发现了能量量子，引入一个普朗克常数，认为能量只能以不可分的能量元素（即量子）的形式向外辐射，称为量子假说。马克斯·普朗克因为对物理学的进展做出重要的贡献，1918 年获得诺贝尔物理学奖。量子力学的发展被认为是 20 世纪乃至人类生命发展史上最重要的科学发现，其重要性并不比爱因斯坦的相对论逊色。

在爱因斯坦的计算中，广义相对论和量子场论互相之间并不统一，所以如果想要二者观点不再矛盾，必须要有一个更大的理论框架才行。爱因斯坦的研究没有完成就匆匆去世。1984年，加来道雄和其他几名科学家提出了"超弦理论"，称原本我们认为构成物质的粒子并不存在，存在的只是弦在超级空间中的运动；各种不同的粒子只不过是弦的不同震动模式而已；自然界所发生的一切相互作用包括物质和能量，都可以用弦的分裂和结合来理解。"超弦理论"对当代物理学和人类意识能量的研究产生了很大的影响。"超弦理论"意味着宇宙能量流布可能性最终得到科学的支持。

另外一个对人类意识转变产生重大影响的科学事件是：全息图技术的发明。它是由英国伦敦帝国科技学院的匈牙利裔物理学家丹尼斯·加伯（Dennis Gabor, 1900—1979）于1948年发明的，后于1971年获诺贝尔物理学奖。全息论的核心思想是，宇宙是一个不可分割的、各部分之间紧密关联的整体，任何一个部分都包含整体的信息。全息理论很好地解释了超距作用的原理。人与人之间心念的交流是超越物质空间的，它会瞬间抵达，这用生命全息技术可以得到解释。这样看来，精神意识并非毫无科学根据的迷信，而是客观存在的物质能量，正是在一个至高的平台上，精神和物质合一，精神和物质发生了某种内在转化，这样人间奇迹就产生了。当然，这是生命意识高端的境界，是耶稣、老子、佛陀等伟大的圣者、成道者所处的日常生命境界。

1980年，美国著名量子生物学家大卫·约瑟夫·波姆（David Joseph Bohm）的作品《全体和内隐序》，将量子理论和全息技术结合起来，对人类意识的进化具有重要的意义。事实上，波姆在发展全息技术前已对佛教华严宗理论有了非常深的造诣，其全息理论正是《华严经》"于一微尘中，悉见诸世界"的科学体现。

根据大卫·波姆宇宙全息理论，他认为，内隐秩序必然被扩展到一个高维度的现实空间，这个高维度空间原则上是一个不可分割的整体，包含了整个具有其全部"场"和"粒子"的整体宇宙。生命意识在多维空间的运作能量是无限的。在波姆所构想的宇宙本体论图景中，宇宙的隐秩序，因为被某种因素激发而展开和投影为三维物质世界①的显秩序，这种物质显秩序又不断卷入宇宙中的隐秩序。

这种激发宇宙隐秩序的因素，可能是人的心灵意识的情绪、信念、祈祷等运作。我们肉眼可见的三维现实物质世界的独立个体，实际上是更高维度空间整体的一个投影，我们由于不能理解更高维度的整体性而误以为我们所看到的一个个人或物是独立的个体。我们可以用大卫·波姆的理论②来把握量子跃迁与 EPR 关联③等量子力学现象，也可以以此解释宇宙的演化和人类意识等一系列科学与哲学难题。由此可以看出，21 世纪美国主流文化思想发展是在科学发现的基础上勃发的一种哲学思想流动，它不仅具有科学的论证基础，也有人类几千年古老生命意识的秘密基础。美国著名作者内维尔·戈达德（Neville Goddard）的《觉知的力量》（*The Power of Awareness*）于 1952 年出版，对 21 世纪美国文化思想的发展起了一定的影响。

量子物理学家马克斯·普朗克在《物质的本质》一书中说："所有的物质形式和存在都是一种力量所致，是它引发了原子微粒的震动，也是它维系着整个原子系统的聚合存在。我们不需假设，在这股力量的背后存在着一个具有意识和智慧的心智。这股心智是所有物质的母体。"④ 换句话说，所谓宇宙的心智，或者自然的心智，就是"道"的能量之源，是生命的活水之源。科学的论证不能超越人类生命的最高机制，不能超越"道"体，一切都在"道"的体系里面，没有例外。

在科学的迅速发展之后，人类意识的进化也来到了一个新的起点，人类的生命自由再也不是乌托邦的现实幻想，而是某些人已经证实了的生命存在状态。"人类享有一个由两部分组成的自由：一是关于时空领域中的

---

① 这里的三维现实世界就是指我们这个世界。其他世界都不是三维的。这就从科学的角度肯定了多维空间的存在。大卫·波姆的宇宙全息理论运用科学理论极为深刻地揭示了人类生命存在的多维度空间原理，对于人类生命意识进化具有无可争辩的重要意义。

② 从 1960 年起，大卫·波姆开始转向科学哲学的探索，他开始进行圣运动（Holomovement）也译为"全运动"的哲学理论研究。他把圣运动的隐秩序，视作包括量子现象在内的一切自然现象的发生源。大卫·波姆隐秩序的哲学理念的形成，是大卫·波姆对世界的重大贡献。

③ 参见 http://www.360doc.com/content/12/0304/03/84590_191501244.shtml。

④ 转引自［美］格雷格·布雷登《无量之网》，胡尧译，华夏出版社 2013 年版，第 60 页。

能量流，以及穿越场域的'信息流'的自由选择的权利；二是对于两者的反应能力。"① 自由选择能量的权力运行，以及对能量的感应和反应，是人类高层次的生命状态，只有在人类离开烦恼的情况下才可能产生。

这就是说，改变世界的进步力量，可能是由具有高能量品质的少数智慧之人达成的，这是一个不争的事实。这种人不仅能够发送高质量的生命意识能量，而且能够接受宇宙能量的注入。佛教将这种现象称为"加持"。因为按照人类的比例，开悟觉醒的人是少数的。但是按照人类历史的发展，新时代越来越多的人觉醒，尽管还是极少数人，已经十分了不起了，他们所带来的高级物质能量的辐射，已经无法忽视。这也是未来美国乃至世界的人们、那些当代的新哲学思想的宣扬者们，他们的热诚愿望之所在。人类需要越来越多的人得道觉醒，进入高能量的心灵意识状态，也是进入新的更高级的生命存在空间。这是美国新时代人类向终极的更高维次空间探索整体移民的新思维。

21 世纪，人类更加注重向地球外的空间发展，人类空间环境的变化向生命科学提出了新的挑战，也为生命科学的发展提供了机遇。新的时代，人类将要离开地球，进一步探索月球及其他太阳系的天体。这就要求人在地球外各种环境中能够长期生活和工作，空间医学必须有重大突破，解决长期在地外空间所遇到的宇航员骨质疏松、肌肉萎缩和免疫功能变化等生理学难题。

同时，由于人类向地球外开拓生命活动空间的现实，因为人类生命还受控于生态系统，这就要求现代生命科学能够提供一个不需要外界补给而使人类能在其中长期生活的环境。这些问题亟待在 21 世纪未来一些岁月里逐步得到解决，其中，空间生理学问题有可能利用中医和中药的方法取得某些重大突破。②

概括说来，21 世纪人类科学的发展给人们意识的进化提供了科学的依据，美国 21 世纪新的文化思想理念为人类的进步发展提供了极为难得的机遇和新的维度空间，也为生命科学提供了新的思路。正如唐纳德·沃尔什

---

① ［美］欧文·拉兹洛：《全球脑的量子跃进》，刘钢等译，金城出版社 2010 年版，第 141 页。

② http://zhidao.baidu.com/question/342885173.

在《明日之神》中所说，只有改变了人的思想，才能说在争取为人类的和平与和谐的斗争中，取得了胜利。只有人们认识到世界上发生的问题从根本上说不是军事问题，不是政治问题，不是经济问题，而是人类的灵性问题。只有在这个心灵性成长的基础上，人类才能开始有希望的生活。在未来社会，所有事物的一体化，包括神与人类的一体化，是新的灵性的根本原则，这非常重要。这种理念将会在全球范围内覆盖各国的政治制度，人们会逐渐适应这个新的信念。

第二章　美国21世纪文化思想界
关注的思想与实相

　　美国21世纪文化思想界有一种核心理念，就是宇宙的一元论。这种理论超越了物质世界与精神世界二元化的传统观念。所以，美国21世纪文化思想界的基点根本就不是这个世俗世界，而是一种超越世俗世界的努力。这要求想要实现目标的人掌握成功的法则和技术。不管是对身体健康的需求、精神的疗愈，还是拥有金钱的致富欲望、喜悦的心境，等等，都需要美国21世纪文化思想发展的参与者放下生命意识的挣扎，超越竞争的力量，持有对生命中伟大力量的坚定信念。生命个体必须拥有强大的精神力量，一种无可争辩的意志力，那就是与生命内在的神秘本真力量的合一。正如中国古语所说，"天将降大任于斯人也，必先苦其心志，劳其筋骨，饿其体肤，空乏其身，行拂乱其所为，所以动心忍性，曾益其所不能"。[①]

　　"天将降大任于斯人也"，用21世纪美国主流文化思想的语言来解释，就是指那些担当重大人类使命的人，也就是促进人类生命进化的一些人。这段话指明了参与人类意识进化会面临的诸多极端生命考验。其实，这种人的生命存在，已经不是个人的生命存在，而是一种天意的加被和显现。尽管有生命奇异的高端转化的考验，但心里往往有一种坚定的力量在清明地存在着，让一切都向好的方向转化。

　　这种生命内在神秘力量，指向类似于中国人一直在阐述的生命的"天人合一"境界。华莱士称其为"无形体"，露易丝·海等人称其为"内心

---

① 参见《孟子·告子下》。

小孩",佛教称之为"如来藏",基督教称之为"圣父、圣子、圣灵"三位一体,奇迹课程称之为"基督意识",修·蓝博士称其为"神性智慧"。这基本都是生命之"道"的象征性称呼。

成功哲学思潮是运用生命原理创造成功人生的一种思想潮流,它涉及意识的运作和生命的转化,在人生成功的同时也打造了生命意识的成功,所以成功哲学本身就是美国21世纪文化思想的重要组成部分。尽管有些成功学理念还处于这个物质空间的运作中,所以有时遭到某些抨击,但是成功哲学的基本理念是没有错误的,与21世纪美国主流文化思想理念基本一致。

美国21世纪文化思想界成功学运行理念是很重要的,那就是掌握人类的意识、潜意识、超意识、心灵意识的运用原则。真正的成功、精神与身体的健康疗愈,肯定会出现某些"心想事成"的物质效果。看似庸俗的俗世界和永生不灭的本真世界是一不是二,这种求索与研讨之路会伴随人们的一生。

第一节　生命的无形体

生命的无形体,也被美国21世纪文化思想界广泛称为"内心小孩",这两个概念基本指涉同一个本真存在,也就是作为自己内在本性的力量之源。这种指代以一种隐蔽的形式,提供了一个近乎明确的意象。根据量子理论和全息学说,生命的无形体,就是事物本源的一个无形的代表者,是一种化现,或者一个想象性的称呼:内心小孩。

这一名词的理论源头在美国简单地可以追溯到20世纪初。华莱士·华特斯是《失落的致富经典》的作者,该书出版于1910年。华莱士认为,万物都是由事物表象背后的伟大力量创造的,这种力量来自无形体。他特别强调指出:"世界上有一种有智慧的存在体存在,而万物都由该存在体创造。当该存在体处于原始状态时,能渗透、弥漫并充斥整个宇宙。该存在体的任何一个意念,都能透过意念的形象创造出实体事物。人们可以在意念之中描绘事物,并传达到无形存在体,然后创造出人们想象中的事物。"① 这种宇宙一元论观念是：一即万物，万物即一，与来自东方的传统文化以及佛教学说非常一致。这种无形存在体的说法，也有人称其为创造天地的上帝、太一、"道"等，虽然名称不同，但内涵基本一致。这种理念是一种高级的修行理念和生命状态，能够心想事成，或者在人生中尽量达成自己的目的，是人类的高级生命状态，倡导这种生命理念是非常积极的。

"无形存在体即是一切，存在于一切之中，存在于你身上，是一种有意识的生命体。作为一种有意识的生命体，同所有生命智慧一样，渴望能够更完美地呈现生命，每种生命体都会持续扩展生命，因为只有增强生命自身，才可以继续生存，这就是生命法则。"②

这就是说，人能够在追求幸福生活的同时，与人生命的本质相合一，与生命的实相相合一。这是佛教开悟者，或者宗教修行成道者的境界。美国当代的电视媒体、畅销书籍，都在说"你行的""你可以""你能够富足和成功""这是你圆满的基础""这是你天赋的权利"。华莱士认为，人不应该为了过上奢侈的生活，或者为了满足肉欲而渴望致富，因为这不是真正完整的生命。人渴望致富的目的，应该是生活吃穿不愁，享受食物并愉悦。因为生命周围充满了美好的事物，人们可以四处游历增长见识，关爱他人，广行善举，传播真理，向宇宙奉献一份自己生命的力量③。如果仅仅为生存利益挣扎；感觉生命的牺牲，感受财务匮乏的生存，这些都是有缺陷的负面生存意识。就像《圣经》里说的，你不用愁吃什么喝什么，地里的百合花也不种也不收，可是所罗门最繁盛的时候也不如它。华莱士甚至在《失落的致富经典》里说，让你富足是造物主的渴望。

华莱士说，要知道，过度的利他主义并不比过度的利己主义更好或更高尚。人们不仅要避免竞争的意识，而且要自然地与无形体相合，就是按照生命创造的原则，不要心急，按照一定的生命原则行事，坚守信心和决心，心怀感激，就不会失败，就一定会成功致富。

我们说，渴望拥有金钱和富有的生活是一种正确的心态，对财富的渴

---

① ［美］华莱士·华特斯：《失落的致富经典》，高博译，天津教育出版社2008年版，第20页。

② 同上书，第23页。

③ 同上书，第26页。

望，就是追求更充实的生命。每一种渴望都是生命无限可能性的表达。当生命呈现无限可能性的时候，就会产生渴望。人渴望金钱的力量和植物渴望成长的力量一样，两种力量都是为了寻求更完美的生命表现而产生的。

这种理论，是让人们在阅读和思考的时候，超越了现实的鄙俗以及竞争的理念。竞争的行为，是这个二元世界的游戏智慧，是暂时好像有用的方法，并非长久之计，是阻碍心灵意识进步的文化行为。只有与富裕成功的理念相合，从而在不知不觉的潜意识里植入了富足的程序，用坚定的信念和果决的行动，呼唤着财务富足状况的到来。这是生命中与神同在，天人合一的境界。"心想事成一点不假。当思想与目标、毅力以及获取物质财富的炽烈欲望结合在一起时，思想具有更强烈的力量。"①

《失落的致富经典》这本书的伟大贡献在于：华莱士说出了生命的实相，指明出了生命的本真境界，他将伟大的生命原理运用于人类致富活动，再次活出生命的高质量存在。在《失落的致富经典》一书中，华莱士并没有谈到自己的开悟见性的成就经历，但是书中关于内在无形体的宣说，肯定是开悟见性的修行人的作为。将生命的能量运作于致富，脱离了一般修行人对开悟见性的执着，以及对人间财富的偏见。不是越穷越有理。华莱士一直在书中强调不是竞争，而是持有利己利他的愿望，才能够达成真正富足的愿望。所以，人世间的那种恶意竞争、损人不利己，是一种愚蠢的短期行为。

无论钱多还是钱少，生命真诚的人，自然是真正的世间富贵人。钱多钱少是在世间生存的问题。关键是个人自己的愿望如何。如果自己生命的潜意识里还是对自己在金钱面前的作为不放心，那么就不要和钱打很多交道。毕竟钱只是身外之物，为钱伤身不值得。能够活出自己本来身份的人，不会成为钱的奴隶，更不会怕钱。只要在钱面前，干干净净，不挣扎闹心，不掩人耳目，无论是谁，无论此人是钱多还是钱少，无论在哪个生存层次，都是生命达观自在的了不起的人。

查尔斯·哈奈尔是这样表述财富这个问题的，"富足的思想只对相似

---

① ［美］拿破仑·希尔：《思考致富》，徐宪江、杨宇译，中国工人出版社 2011 年版，第 51 页。

的思想有反应，这是再明白不过的道理。个人的财富恰恰可以从它的内在看出来。我们发现，内在富足正是吸引外在富足的真正秘密，创造能力则是个人财富的真正来源。正因为如此，一个把自己心思投入到工作中的人，必定会毫无疑问地获得成功"①。

第二节　内心的想象图景

人生就是一种创造，致富和成功由创造的信念和决心所决定。竞争是生命的分裂性状态，只有用创造性的思维，才能真正致富。当然，要想富裕，就不能呼唤和研究贫穷，要超越消极心态的人与环境。"创造性想象力使人类将有限的知识与无穷的智慧进行了直接的沟通。依靠创造性想象力，人类得到预感和灵感；它使一种新的意念传达到人的身上，并沟通了人的潜在智慧与能力。"② 想象力是人类的瑰宝，是人类进步的隐形双翼。积极的想象力是一切成功的先行要素，想象力是生命的创造性达成的第一个步骤。佛教将之称为"作意"。创造性想象力要能够有效地发生作用，要在内心生成想象性图景。人们内心有了生命想象的蓝图和梦想的种子，才会收获生命成熟的果实。

在 21 世纪前后，世界风行的早期具有开拓性的著作中，几乎全部都非常强调想象力的作用，这些文化思想对美国人文思想和社会风气产生了重大的影响。朗达·拜恩（Rhonda Byrne，1951—　　）是澳洲著名电影制片人和知名作家。朗达·拜恩主要写作了《秘密》一书，并将其拍成同名影视作品，具有全球性的巨大影响。特别令人震惊的是：《秘密》电影中展示了美国、英国等历代成功人物系列群像，十分不可思议，具有很强的信息传播力量。《秘密》一书最初写作的灵感和理念，来自 1910 年华莱士·华特斯的《失落的致富经典》，朗达·拜恩将这本书称为"百年古

---

① ［美］查尔斯·哈奈尔：《硅谷禁书》，宏峰、益群译，长江文艺出版社 2014 年版，第 268 页。

② ［美］华莱士·华特斯：《失落的致富经典》，高博译，天津教育出版社 2008 年版，第 53 页。

书"。华莱士的生命理念,在《秘密》以及随后朗达·拜恩的其他两部著作《力量》《魔力》中得到了全面的张扬。《秘密》影响了全球无数人们,全面开启了人们改变生命意识、塑造成功人生的全新理念。

依据量子力学理论和生命全息学说,观看这样的影片,阅读这样的书,本身就完成了来自成功者的高能量传递,对生命的影响非常巨大,甚至可以改变生命中潜意识的消极模式,按照成功者的样式逐步过上富足安乐的生活。所谓人生成功的秘密,那种造成莎士比亚、爱迪生、爱因斯坦做出杰出成就的秘密,就是使用想象力的办法,在内心形成愿景,将人生的愿望视觉化、图景化,通过有毅力的坚持和努力,最后实现愿景。特别是吸引力法则的运用,是成功得以实现的根本法则。人周围的一切都是自己吸引来的。心灵期盼是人生强大的吸引力,它会将自己心里想象的东西吸引到自己身边。正确的想象力,就是选择人生中积极正面的思想意识,怀有富足喜悦的感觉。爱因斯坦说:"想象力就是一切,它是生命将要发生之事的预览。"①

后来,一些研究灵性开悟的人类经验的人,他们不再注意想象力的问题,甚至对此有些犹豫和疑问。曾在《秘密》一剧中担任参演者的乔·维泰利先生,后来参加了古老夏威夷疗法"荷欧波诺波诺大我意识疗法",成为重要的写作者,他和修·蓝博士共同写作的《零极限》非常成功。《零极限》一书中特别提到关于想象力、吸引力法则运用等世间行为的正确与否。这个问题的答案是:这全部都是奉献世界的意识行为,都是正确无误的。其中的差别仅仅在于:生命在不同的思维空间或者不同的意识维度运行,就会有不同的思维运作方式。

想象力、吸引力法则运用与"零极限"的生命原则,都是非常正确有效的人类生命理念。想象力、吸引力法则运用,不仅可以用于开悟之前的世间生存行为,也可以用于达致"零极限"生命状态之后的在世生存行为。两者并不抵触,相互成就,是一个问题的两个层面,缺一不可。只是在开悟之前后的一段时间里,因为开悟者不可避免地执着于自己生命的新鲜经验,也就是暂时执着于一切为"零极限"的生命状态,这时候,想象

---

① [澳] 朗达·拜恩:《秘密》,谢明宪译,中国城市出版社 2013 年版,第 104 页。

力、吸引力法则似乎不再启用。从表面看来，这些思维方式似乎是矛盾的，其实是理解的误会。这是生命处于不同的思维层次所导致的情景。佛经中的两个句子最能代表这两个阶段的区别：第一，缘起性空；第二，"真空生妙有"。"零极限"是缘起性空的至高境界，是圣者境界，缘起性空以后，必然引起相应现实的改变。于是就到了第二步，"真空生妙有"。"真空生妙有"是很高的神圣境界，是神性启用的高智慧境界，是体现最高创造性的生命伟大境界。

开悟的过程，觉醒的过程，都不会一蹴而就。在生命开悟时刻，那种类似高度礼仪和庆典般巨大生命能量冲击之后，生活中的具体过程就成为一种验证。实际的生存也就开始成为一种渐渐走向生命觉醒的呈现。所以，生命离不开想象力和吸引力法则的运用。有时候只是更自然，更不露痕迹，因为这一切神奇的人类法则，早就内置于人类的生命衍化序列之中。想象的图景，早就植根于人的生命。只要生命不再度被人类妄念遮蔽住，愿景会在合适的时机，自然地呈现，这就是"心想事成"，是真正觉醒者的生命状态。

人类的绝大多数，处于众生阶段，生活于开悟见性之前。他们的成功尤其需要借用想象力、吸引力法则等，要在内心发起纯洁执着的想象图景，以换取世间的功名利禄。这是假借神性而进行的世间创造，这是好的。这是生命成长的历程，是学习灵性成长的美好生命阶段。在这种长期追寻的过程中，很有可能会弄假成真，真正从此走向追寻真理的道路，直到导致生命开悟见性的达成，从此进入伟大的灵性开悟者之列。

当然，并不是每一个人运用了吸引力法则，运用了想象的图景，就能成功致富。这里是指有人要求：一早醒来就突然住进自己想要的房子，开着自己想开的车子，和志同道合的朋友交往，光鲜亮丽地出入高级会所。由于各种灵性层次的区别，有些人即使知道了成功的秘密，还是没有办法运用想象力，不能运用好吸引力法则。人们常常没有办法造成想象的图景来达成自己的愿望，内心过于急切，生命意识非常杂乱，甚至根本就没有感恩的心。在这种情况下，生命就不会成功。

于是，有些人就放弃了，继续在原来的世俗生活里生存。当然，他们的生命肯定会在这样的生命意识的练习中有一些进步，但是并未达到预期想象之地，这需要人们有相应合理的心理期待和时间的配合。就如同《圣经》里说，凡事都有定期，天下万物都有定时。生有时，死有时；栽种有时，拔出所栽种的，也有时。

生命的成长并非一朝一夕之事。

有一些人的生命追寻之路会继续延展，他们坚定地寻找更有利的成功途经，通过各种艰辛的旅程，终于达到觉醒自性的生命阶段。生命处于这样的时刻，所谓吸引力法则、想象的图景等，都会成为自动运行的生命状态，再也不是刻意装扮的成功方法。

产生于 20 世纪中后期的《思考致富》是拿破仑·希尔的具有广泛影响力的新思想的著作，对 21 世纪美国新的文化思想具有奠基作用。全书所探讨和使用的理念就是：运用想象力达到"心想事成"的生命成功境界。拿破仑·希尔说："创意是所有财富的出发点，它是想象力的产物。但更重要的是，你要学会运用你的想象力。"① 如果要学会运用想象力，就要创造出想象性的愿景，并持之以恒。

拿破仑·希尔在谈到自己的成功时，他说："'机会'使我幸运地遇到了安德鲁·卡内基，并得到他的鼎力支持。那一次，卡内基在我的心中植入了一个构想，就是将创作成就的原则组织为成功哲学。这二十五年的研究成果使得千万人受益，而且通过运用这一哲学，出现了许多致富的例子。起点其实很简单，那就是任何人都能创造出来的构想。"②

"构想"就是谋划成功富足的生活的生命蓝图，就是那个生命创造性想象的蓝图。所有的创造性行为都是无中生有的奇迹。平地起高楼，人造卫星飞上天空，都是无中生有的人类创造性成果。有时候，也许这个生命蓝图不是一下子就形成的，也不是一下子就能够使自己适应的，但是，经过长期的坚守和持续的努力，终有一天会开花结果，因为种子早就已经种下。在这个过程中，富有创造性的毅力是非常重要的。生命富有毅力的内在核心，就是不管遇到什么生命境遇，都要有持续下去的信念；就是那种能够看到成功愿景的不懈努力。

---

① ［美］拿破仑·希尔：《思考致富》，徐宪江、杨宇编译，中国工人出版社 2011 年版，第 54 页。

② 同上书，第 66 页。

第三章　21 世纪美国文化思想界具有
重大影响力的人物举例

　　美国 21 世纪文化思想来源于 20 世纪初的各种具有积极影响力的思想运动，新的文化思想是在自动发展了相当一段时间之后，似乎是在超越传统文化的基础上逐步风行的。这种美国 21 世纪主流的文化思想不是由某个人或团体倡导和发起的，也不分国界、种族、阶级和职业，更没有统一的教义和组织，是世界各地关注自己生命意义和人类共同命运的某些个体的人，对于自己生命的真理的探索和体悟。

　　21 世纪美国文化思想的宗旨在于：相信宇宙是善良的，人类能够与宇宙万物和谐相处；人类真正的道德是内在的，无分别的，所谓邪恶只因为人类短暂的无知和迷误，并不是人的罪恶所致，因此人类可以通过内在的改变和精神与肉体的全面疗愈，达成一个和谐、充满爱和关怀的世界。人类可以通过爱和理解的方式，回复到生命本真的存在方式，进而从根本上改变生命的存在状态。人类会富有智慧地保护好这个星球，使它在人类整体进化到更高级的存在方式之前不至于毁灭。

　　21 世纪美国文化思想界具有影响力的人物众多，例如写作《与神对话》的作者丹尼·唐纳德·沃尔什；《奇迹课程》的作者海伦·舒曼教授；写作《海鸥乔纳森》的理查德·巴赫；《塞莱斯廷预言》的作者詹姆斯·莱德菲尔德；写作《无量之网》的格雷格·布雷登；等等，因为这些作家和作品非常重要，所以在后面分章叙述。

　　另外还有众多作家，比如，成功哲学的代表者拿破仑·希尔、戴尔·卡耐基；开悟见性的心灵导师阿迪亚香提；构想"钻石途径系列"的阿玛斯（A. H. Almaas）；超个人心理学大师肯·威尔伯、弗雷德·艾伦·沃尔夫

（Fred Alan Wolf）、史蒂芬·鲍安、迪帕克·乔普拉、露易丝·海、修·蓝博士、乔·维泰利；探险印第安巫术的卡洛斯·卡斯塔尼达，等等，这些人物都有不少作品发表，他们在作品中表达了自己对生命本真的探索和体悟，十分难能可贵。因为本书没有办法全面展开阐述，就在下面做一些简单介绍。

第一节　成功哲学的勃兴

成功哲学起源于 20 世纪中后期，延续到 21 世纪，成为一个影响重大的思想流派。华莱士·华特斯（Wallace D. Wattles，1860—1911）被认为是美国 21 世纪文化思想发展的新思想的先驱，是当时新思维（New Thought）的倡导者。华莱士·华特斯认为，人类可以通过改变思维和想法控制自己，进而创造更美好的生活。这种新思维，也可以称为文化创造（Cultural Creative），或者新典范思维（New Paradigm）。

华莱士最重要的作品是《失落的致富经典》（*The Science of Being Great*），其他方面的还有《如何成为卓越的人》《身心健康的学问》，其中《失落的致富经典》是世界性致富经典，对后世的几代美国人有着深刻的影响，特别是对戴尔·卡耐基、拿破仑·希尔、朗达·拜恩、露易丝·海①等人都有着巨大的影响，因为初版时是绿色封面，被亲切地称为"那本小绿书"。

查尔斯·哈尼尔（Charles F. Haanel，1866—1949），主要代表作《硅谷禁书》（*The Master Key System*）、《新心理学》（*The New Psychology*）《精神化学》（*Mentel Chemistry*）、《心灵的秘密》（*The Imazing Secrets of the Yogi*）、《成功秘钥》（*Master Key Arcana*）、《你的秘密》（*A Book About You*），这些书组成《硅谷禁书大合集》。作者查尔斯·哈尼尔是个富商，早年在纽约商业协会担任讲师，这些书 1912 年出版，几周后神秘消失。1933 年再次出现，仅仅几天后就被全面查禁。从此这些书被禁止发行 70

---

① ［美］露易丝·海（Louise L. Hay）是美国 21 世纪文化思想的代表性、开拓性人物，是美国新时代运动的首倡者之一。她被称为"最接近圣人的人"，她的主要著作是《生命的重建》（*You Can Heal Youl Life*）。

多年，到 21 世纪才开始解禁。这些书刚开始由小范围富商阅读，引起了当时纽约商业协会很多人的恐慌，因为他们不想让更多的人知道成功的秘密，这些富商利用职权查禁此书。据说，他的著作后来有很多手抄本，被所有硅谷富豪们阅读过，比尔·盖茨就是因为阅读了他的书籍而退学创业，创造了无与伦比的财富王国。戴尔·卡耐基和拿破仑·希尔都受到查尔斯·哈尼尔著作的深刻影响。

后来 21 世纪美国主要文化思想的发展，是从查尔斯·哈尼尔（Charles F. Haanel）极为重要的著作开始的，这些书包含了 21 世纪美国主流文化思想的几乎所有理念。可以说，作者查尔斯·哈尼尔是生命意识处于高端层次的人。这样的人会通达世间智慧学问、财富、个人生活奇迹而幸福。查尔斯·哈尼尔发现了宇宙意识和吸引力法则，也强调宇宙因果原则的重要性。任何事情，若是没有思想作为蓝图，就不会有成功的出现。查尔斯·哈尼尔极力在著作中强调思想对于成功者的重要性，具有重要的人类意识进化发展的开拓性意义。他说："我们要学习与庞大的宇宙精神保持和谐，与万物保持一致，尽可能准确地掌握思维的基本法则和原理，这将帮助我们有效地改变世界，成就人生。你会发现，周边的环境和我们的际遇会随着我们精神的进步和成长而发生变化。要知道，我们在认识中成长，在行动中焕发激情，在际遇中洞察一切。只有心灵跟随，人生的进步才会永无止境。"[1]

这里，查尔斯·哈尼尔提到"宇宙精神""宇宙意识"，极力强调心灵和思想在人的生命成长中的巨大作用，与 21 世纪美国主流文化思想的发展理念如出一辙。他也发现了想象力在人类生命中的伟大作用，他说："想象力是思想的建设性形态，一切建设性行为，都有想象力作为先导。想象力是光，这道光为我们照亮了一个崭新的思想和经历的世界。"[2] 查尔斯·哈尼尔的崭新思想，带来了旋风般的思想潮流，引发了美国文化思想界对于思想精神力量高度热衷的狂潮。从此以后，成功哲学全然诞生，并有了巨大的影响力。人们在开发潜能，成功地获取财富、健康、幸福的生命之

---

① ［美］查尔斯·哈尼尔（Charles F. Haanel）：《世界上最神奇的 24 堂课》，福源译，中国出版集团现代出版社 2013 年版，第 56 页。

② 同上书，第 72 页。

路上开始了极富价值的探索和追求。

另外，查尔斯·哈尼尔特别关注人类体内的自然力量。其实，这种自然力量就是人类生命中"道"的力量。中国古书中写道："道本冲漠无朕，而实万象森列，无人不具，无人不有。人物未生以前，此物实为之本，人物既生之后，此物又为之根，虽至隐至蔽，而要不可一刻离也，离则万事万物皆瓦裂矣。"① 这里的意思是说人类的生命中蕴含着"道"的本性状态，就是佛家说的人人都有佛性。查尔斯·哈尼尔说："一个人如果能够征服自己体内的自然本性，他就具有了控制整个宇宙的能力。到那时，世间万物都将成为他的奴仆，为他的意志服务。"② 有人提到，第二次世界大战中墨索里尼、希特勒等纳粹分子就是使用此类哲学来为其扩张侵略服务的。这是一个极大的误会。法西斯分子是人类生命大妄念的制造者，而不是人类生命意识的觉醒者。这些战争狂人是人类生命意识的迷失者，是人类生命意志的凌虐者，是一些生命意志处于病态扩张的人。真正的生命有力量的人，是那种顺服自然本性的人，就像比尔·盖茨，他成功、富有、慈善、具有计算机科学的超能力，他建立了真实富有的微软计算机王国。

戴尔·卡耐基（Dale Carnegie，1888—1955），主要代表作是《如何赢取友谊与影响他人》（*How to Win Friends and Influence People*）、《如何停止忧虑开创人生》（*How to Stop Worrying and Start Living*）、《成功有效的团体沟通》（*The Quick and Easy Way to Effective Speaking*）、《人性的弱点》《人性的优点》等。可以说，卡耐基的思维更为切近这个现实世界的生存逻辑，他从现实有效的角度倡导提高人们的生存质量，满足人们对成功富足的需求。他的思想较之后来的《奇迹课程》，有着不同的思维角度，都是难能可贵的。

在这个物质世界上，成功的愿望是每个生命个体的生存欲望，它并没有什么坏的内涵。因为人心的计较，才有了对功名利禄的歌颂或者鄙弃。在生命灵性修行中，在一些宗教理论和灵性指导书里，几乎都将功名利禄视作灵性修行成功之路的极大障碍。实际上，不是成功本身是灵性修行的障碍，而是成功所带来的隐蔽不良的心态变化，是生命内在成长的障碍。

---

① （清）黄元吉：《道德经精义》，中央编译出版社 2014 年版，第 86 页。
② ［美］查尔斯·哈尼尔：《心灵的秘密》，邵炎译，凤凰出版传媒集团凤凰出版社 2011 年版，第 60 页。

厘清成功的正负效应的生命现象是很重要的，我们可以从以下两点来辩证分析这个问题。

第一点：成功可能会带来傲慢。

成功的人往往将个人的成就视为自己才能、好运气的综合表现，进而产生傲慢不恭的心态。中国古语：谋事在人，成事在天。所谓成就，是天时、地利、人和综合而成的结果，个人无法完全据为己有。当生命得以成功之时，感恩一切成就自己的力量，才是在人生成功的路上继续进阶的条件。比如，某君突然获得一个很大的成功，他自觉真的不知道到哪里说感谢，他感到肯定有不可知的伟大力量，所以更加虔敬和感恩。这样对成功如履平地的心态，勤恳的努力以及对生命伟大力量的感恩，将会给他带来更多的成功。

但是通常的情况是：因为在物质世界已经成功富足，生命成就感强大，就不会相信非物质的心灵世界的逻辑。这样的生命最终会流于幻象。可能随着事件的推移，人生成功所带来的功名利禄，逐步遮蔽了生命的本真追寻。有时，人们因为穷困所生的傲慢，因为失败所生的嫉恨，化现出对成功者的鄙夷。释迦牟尼佛是王子出家，因此，按照佛家习俗，如果要成佛，就要抛弃功名利禄，这是断章取义。佛陀的人间示现只是事情的一个方面，不是全貌。伟大佛陀的人生示例在于：那种坚定超越物质生活的决心，那种不懈追寻真理的伟大气度。

在世俗世界，人们很难超越成功，或者很难适应得到功名利禄之后的心态变化，以及生存环境的巨大变化。就像一个暴露在前线的战士，很容易就上了众人追捧祈求的大当。世人的利诱把戏，是钓者的饵钩，是给堕落者预设的陷阱。因为没有人会可怜成功者步履的艰辛，没有人会理解成功者真正生命幸福之所在。人们利用成功者所带来的利益和福利，不再将成功者当成什么正常的人物。正常的人有个人隐私，有生命的成长空间，有安静不喧嚣的生存环境；而成功者往往会成为公众猎取的人物。

所谓木秀于林风必摧之。比如，影视明星的生活就特别奇特，媒体公开炒作他们的绯闻，并不把他们当作平常人来看，而是把他们当作大众娱乐消遣的工具。在某些特殊的时候，只有钱的拉拢、阴谋的收买，将功名者变成世俗的隐在奴隶。如果没有灵性的成熟，没有如履平地的坚定清醒，有一些有成就之人很难超越这种带着彩色光环的生存境遇。特别是有一些成功者因此不再注重内心的生命智慧成长，进而使成功者的生命历程就此徘徊不前。如果没有真正的内心智慧和生命成熟，某些功名利禄只是世间幻影，是无根之花，是黄粱一梦。①

再比如，一些在政界成功的人士，人们大多把他们当作晋升牟利的阶梯，用金钱贿赂腐蚀其生命品质，以至于这些优秀的人开始犯罪，生命走向堕落。没有人会关注他们曾经的成功的光环，没有人同情其生命的遭遇，利用这些人牟利是那些身边的"亲近人"的唯一冲动。如若不清醒，那些如蝇追逐的人，就是隐蔽的持刀杀人的人。因为最后的生命效果是一样的。所以，无论如何，思想是一个人生命保持健康、成功、幸福状态的重要一环。人类生命的成长需要杰出的思想作为其生存土壤。

第二点：究其实质，人生的功名利禄，都是一个化现出来的祝福。

成功是那个懂得创造的人在生命的路途中结下的果实。既然世间所有事情都不是偶然的，是一个久久蕴含发育了的必然。那么，成功也是这样。它必不会是偶然的生存结果。出生于富贵之家与出生于贫困之家，具有同样的必然性。无因之果和无果之因，都是生命的奇迹，只有大成就者如耶稣、佛陀等人才可以达成。因果律是宇宙的自然律，而奇迹的规律，是因为灵性生命层次的提高，意识维度空间的转变，最后心想事成的结果。生命的奇迹超越了自然律，因为坚定的信念，不屈服的努力，纯净的善良。"远见卓识"的存在，本身就是人世间的瑰宝，它是成功的胚芽。说实话，名利不是用来追求的，它是一种生命的副产品，一个生命富贵的自然象征。当生命的喧哗之流寂然下来，成功就会悄然而至。这个回归生命之源的成功，是世间和出世间真正的成功，正如中国古语所说，绝学无为真富贵。

除了自然的成功，还有创造出来的成功，这就是成功哲学产生发展的基础之所在。这就需要遵循成功的法则，改变心灵有缺陷的存在状态，坚

---

① 中国古代成语，出于唐传奇《枕中记》，比喻一场虚幻的梦，主人所有功名成就都是空欢喜一场。

定地行走在追寻终极真理之路上，通过改变事件的因，而结成如意成功的果实。

戴尔·卡耐基的成功系列图书一开始就启动了人类灵性发展的动力，它们并不是浅近通俗的应景之作。卡耐基的思想体系与美国 21 世纪文化思想发展的基本理念完全重合，并无二致。因为真理只有一个，真理不管是穿着什么服装，做了什么扮相，真理还是真理。"多年以前，我很迷惘而彷徨，生活中似乎充满了我无法控制的力量。有一天早晨，我很偶然打开《圣经·新约》，眼光落在一句经文："他派我来，亦和我在一起——天父并未将我遗忘。"从那天以后，我的生活就开始全面改观，对我来说，所有的事情都和以前完全不同。我想我每天都重复运用了这句话。自从第一次看到这句经文以后，我就将它奉为我的座右铭。我与它同行，并从它那里发现力量与和平。对我来说，它是宗教的基础，它使生活变得有价值，它是我生活的金科玉律。"[①] 这段话揭示了戴尔·卡耐基生命成功的秘密。那就是《圣经》里神的话语，是戴尔·卡耐基生命力量之源，是他生命成长的灵粮。他时时温习，从中汲取伟大的力量。戴尔·卡耐基生命持续地与天父的能量之源相连接，逐步转化了自己平淡无奇的生命，最终成就了戴尔·卡耐基成功富足的人生。

在这里，戴尔·卡耐基将自己的生命与圣父、圣子、圣灵连接在一起，无二无别。戴尔·卡耐基因为对无尽的生命之源的伟大力量的呼唤，接受了伟大力量对自己生命的灌注，从而走向人生的成功。戴尔·卡耐基的思想和《奇迹课程》里阐述的思想极为一致。他的成功哲学作品，是美国 21 世纪主流文化思想发展的一个不可分割的部分。其社会影响力不仅波及几届美国总统、将军政要，也使普通民众的心灵意识得到提高，他的成功哲学思想带领无数人走向成功。我们说，太阳底下，没有一件事情与心灵的进化和生命的觉醒没有关系。所以，看似简单的物质事件，其实并不简单，其中包含了多维度空间运行存在的道理。

在卡耐基看来，人不应该为明天忧虑。因为明天自有明天的事情，过

---

① ［美］戴尔·卡耐基：《卡耐基成功之道全书》，政旋主编，沈阳出版社 1995 年版，第 278 页。

好这一天就足够好了；完整的生命就在每个人当下的生活里，就在每天、每时、每刻的生命存在与呈现之中。这样的见解是对《圣经·新约》耶稣话语的重复和再度阐释，看来浅淡，实则蕴含了深刻的哲理。

第二节　拿破仑·希尔的人生实践和成功理念

拿破仑·希尔博士（Napoleon Hill，1883—1969）是 19 世纪末 20 世纪初重要的影响了美国社会的成功哲学家。他的主要代表作品有《世界上最伟大的推销员》《成功法则》《积极心态的力量》，以及与他事业的接班人克里曼特·斯通合作的《人人都能成功》，等等。拿破仑·希尔人生中最重要的事件，是在美国钢铁大王安德鲁·卡耐基①的引荐帮助下，拜访了500 位美国政商界、科学界、金融界最为伟大的成功人士，探寻他们独特的成功秘密。在 20 多年里，拿破仑·希尔先后拜访了福特、罗斯福、洛克菲勒、爱迪生、贝尔等，完成了八卷本的《成功法则》，总结出十七条定律，被认为是铸造富豪的法则，影响了一代代美国人，被称为美国精神的代表之一。安德鲁·卡内基晚年坦诚地说："我一生最大的成就之一，是帮助了希尔完成了他的成功学，这比我的财富更重要。希尔的成功学，是一个经济的哲学，是不同于苏格拉底、柏拉图以及传统西方思想史的哲学体系。它不仅是一个帮助人脱离贫困、实现经济富裕的方法，更是一门帮助人建立完善人格、享受丰富人生的大学问。"②

一　积极的心态是生命的护身符

拿破仑·希尔启动成功哲学的首要原则，是认出个人的隐形护身符，那就是积极心态。护身符的背面则是消极的心态。拿破仑·希尔从心入手，从心灵意识的改进入手，建立自己成功哲学的体系。这也是 21 世纪人类整体生存的基本文化取向。人类物质世界的巨大进步，启发了人类的内

---

① 此处美国钢铁大王安德鲁·卡耐基与成功学大师戴尔·卡耐基是不同的两个人，大众常常混同为一个人。

② ［美］拿破仑·希尔：《成功学全书》，田野主编，经济日报出版社 1997 年版，第 3 页。

在心灵意识。超越物质世界之上的精神世界，成为美国 21 世纪文化思想发展关注的核心。

　　在这个世界上生存，有很多不如意的事情。那么，如何能够在生命的种种困境中依然保持积极的心态，这是人类生命科学的大问题。生命在困难的时候，痛苦和烦恼袭来，这是宇宙的因果法则的运用，是人世间的基本平常的生存状态，这就是"心随境转"，所以人间社会因果循环，世世代代不能出离。也就是中国古语所说的因果轮回，"顺则成人"，人类是善恶交杂的存在，活在烦恼重重的人间社会。但是，到了 21 世纪，人类要过美好的生活，需要"逆则成仙"，让人间的生命逻辑链条发生转向，向生命干净、美好的程序转变。人类生命内涵的创造性理念，就是积极的心态，就是"无中生有"的人生奇迹逻辑。人造卫星上天，平地起高楼，是因为人生命中的创造性，这是"无中生有"的生命理念在科学物质空间的运用。在生命意识的科学空间里面，"无中生有"更会发生全然到位的创造性效果。因为在这个世界意识以及物质空间之内，全部都是生命的创造性理念的运用，也是积极心态的运作展开。因为在生命之"无"的土壤里，我们可以种下福报的种子、良善的种子、爱的种子，到了秋天，收获的是美好良善的爱的食粮。或者可以说，我们种下了爱的树种，在那无爱的土壤里，经历阳光雨露春风秋雨，有一天，这些不起眼的种子长成了参天大树，让人类的世世代代可以纳凉享福。这样世界生命的恶劣程序或者这个世界的恶意诅咒，都变成生命高尚深爱的回报，变成生命富裕美好善良的新的生命运作程序。人类是被祝福的，一旦觉醒，人类的生命力量将是无坚不摧的。因为，在以往的生命时间里面，人们不知道什么样的生命道路可以通向幸福，所以妄作妄为、贪财追利，种种恶行，种种恶果。那么，生命的程序转变一下，人类就可能走向幸福光明的阳关大道。这是可以做到的。只是观察一下现实物质世界，就可以得到很多伟大的信心。电脑、手机的普及使用，是这个世界几十年的事情，这在近代人类社会，是完全不可以想象的。但是，现代科学实现了科学世界的伟大梦想，人类实现了运行信息技术的现代转变。

　　所以，我们说，人类意识的积极转向，是人类生命的大事件，是宇宙不断撒播爱的生命信息的大程序。所有旧世界的壳子，那些人类的错误、恶意的程序、魔鬼的逻辑，都将成为一去不复返的过去，人类终将抛弃老旧的生命程序，不再顺从生命苦闷烦恼的运作方向。坚决地站立，全面更新生命积极的程序。即使全世界很多人在作恶，困难重重，没有关系，让我来种下爱的种子，种下宽恕的种子。这个世界怎么样，无所谓，让我来清净、美好、爱和觉醒。这样的人会多起来，这样的世界会美好起来，这是 21 世纪人类生命意识发展的大方向，因为生命别无选择，这就是"境随心转"的伟大宇宙程序的运作，这也是高贵美好的人类生命程序的启用。这样论证下来，行善积德清净安然，将会成为人类的基本生活模式。既然种瓜得瓜，种豆得豆，为什么不种下爱与奉献的种子，向这个世界作出感恩幸福快乐的姿态，庇佑我们的至爱亲人，福荫我们的子子孙孙？这个时候，我们忘记了曾经的苦，忘记了曾经烦恼的故事，忘记了那些造成困难的人，生命被重新建立，人生重享尊荣，纯洁美好的生命程序已经开启，感恩与爱的软件已经运行，人间就换了新天新地。人类是这样聪明的生命体，这样的大智慧运用是迟早的事情，只要觉醒，生命就会再一次欢颜微笑。

二　集中注意力是成功的关键要素

"集中注意力意味着与宇宙合二为一。你可以清楚地区别平稳与非平稳状态。当你全神贯注时，你不可能愤怒、害怕或陷入冲突之中。当你真正全神贯注时，你肯定会微笑。集中注意力的境界可以用以下词来描述：完整、有生气、丰富、单纯、美丽、优秀、独特、便宜、幽默、真实，它是生命得到愉快和放松的经历，它能使你变得更加可靠、灵敏和开朗。"[①]

拿破仑·希尔认为，集中注意力是一个生命存在的状态，它有异于任何的思想和行动。单纯的存在，就是最大的能量呈现形式，是一个与内在生命空间发生联系的重要方式。每天早晨醒来，这一集中注意力的训练都要定时进行，这启发和唤醒了一天全部的良性能量。在书中，拿破仑·希尔记录了自己与爱迪生的谈话。爱迪生认为，成功的第一要素是：必须具

---

① ［美］拿破仑·希尔：《成功学全书》，田野主编，经济日报出版社 1997 年版，第 292 页。

备能够将身体与心智的能量运用到同一个问题上而不会厌倦的能力。将特定的时间运行在一个方向、一个目的，就会带来成功。活在当下，是成功的关键。

从生命高层次的角度讲，集中注意力就是生命本真力量运行的定力所致。不一定修行就是在那里打坐、炼气，而是在生命的每一个当下，进入纯净安然的生存状态。虽然集中注意力工作学习和生命修行的特殊功课不同，但是非常接近。它往往启用了生命的大智慧，将生命的本真意念运行在某一个目标上。所以，心无杂念、认真工作学习的人，是非常蒙福的，是容易成功的人。散心杂念，做人尚且困难重重，谈何生命高层次境界。

进一步讲，生命必须在一定的定力长期运作之下才会成功到达高端生命境界。这种定力，就是自然地集中注意力在虚无空性中，实现清净自然、生机氤氲的身体能量效果。全然完美地活在当下，当下成就，从而集中意念、无我无人的在世行为，就是生命本身成功的彰显。

集中注意力，是一切现实事件成功的条件，也是生命一时达到高层次境界的条件。勿忘勿助，清静安然，就将生命最纯净的意念集中起来，就无异于生命的原子弹、生命的核电站形成一样。心意单纯，品性洁净，就是最好意义上的集中注意力，就将生命的力量凝聚起来，完成一个生命的大话题，那就是成功。成功就是生命灿若明花的美丽，成功就是心花怒放的顷刻，成功就是生命艳丽祝福的象征。

三　你是一个有生命的新人

拿破仑·希尔在书中谈道："芝加哥大学心理学家米哈利专精于研究满意状态的行为。所谓满意状态的行为是发生在精神高度集中，因心智状态过于专注而忽略了其他无关的事物。运动员有时用'在自己的地盘玩'来形容当他们的表现超出他们的能力，每件事情都很顺利的时候。"① 注意力高度集中，是一种生命创造性定力展现的过程，在这种情况下，生命会产生出人意料的成绩。有的时候，运动员成功地刷新自己的成绩纪录，

_____

① ［美］拿破仑·希尔：《成功学全书》，田野主编，经济日报出版社1997年版，第296页。

神话般超越人类极限，取得高超的人体运动成绩。这是人体科学的杰出验证之一。

拿破仑·希尔认为，成功还来源于合作所产生的惊人力量。合作的力量是加速成功的砝码。因为众志成城，众多良好的能量积聚在一起，就类似生命构成的一座核反应堆。同样，良好的生活习惯是成功的必要条件。这种良好的生活习惯，是将生命良性的信息做了一种习惯式的运行，这样就将美好的品行保留为下意识和潜意识，成就了生命意识的全新的成功境界。

拿破仑·希尔说："你要郑重对自己宣誓说，没有人能阻碍你新生命的成长。今天，你的老皮已经变为尘埃逝去。你要在众人中昂首阔步，不管他们认不认识你，因为今天你是一个有生命的新人。"①

每一个经历过灵魂挣扎的人，每一个渴望获得成功的人，都向往着重生。重生就是将历史还给历史，用新的生命面孔，用全新的自己、全新的力量去经历自己，鼓舞自己。所谓过去的忧伤、曾经的失败，都像那死去的躯壳，完全抛弃消逝了。用"积极的心态"这样一句话，就可以描述重生的实质。重生，就是生命意识的一种转变，它将带来生命的一个成功美好的境界。成功并不仅仅是一个金钱和地位的象征，也主要是一种人生境遇的超越。当人类超越了琐碎的生存状态，进入更高层次的生存空间和意识状态，就是一个具有决定性意义的成功。所以，一切取决于个体人生心态的正负能量的运行。

佛家讲，一切唯心造。心是一切世间事件的出发点和决定性因素。人与人从本质上没有太大的差别，人生中出现了种种巨大差异，是因为心灵的不同层次状态。用通俗的话说，积极的心态，还是消极的心态，是一切事业成败的关键。创造是这个世界的本质因素，而人类创造的力量来自生命之源，它往往显现为心的造化。美国 21 世纪新思想的倡导者们运用正能量、负能量来解释这个现象，这当然是异曲同工，一样成立的。

21 世纪美国文化思想界最重要的理念是：你创造你的生活，经验你的

---

① ［美］拿破仑·希尔：《成功学全书》，田野主编，经济日报出版社 1997 年版，第 491—492 页。

人生，做自己喜爱的事情。这意味着确立自己的本真身份，活出自己的本真身份。没有人会改变你，你自己创造了你自己的生活实相。"激起心中的任何欲望吧，只要它合乎情理，足够强烈，那么'专心'这把魔法钥匙就会帮助你实现。许多学识渊博的科学家要我们相信，通过'专心'这项原则可以帮助我们实现所有深植于内心的欲望。人类所创造的任何东西，最初都是通过欲望在想象中创造出来，然后通过'专心'一致的原则而变成现实。"①

这样，你是一个有生命的新人，你的生命预置了全新的生命程序，就将善良、高尚、美丽、觉醒、和平、爱，都做成了生命阴阳和谐的隐在软件，运行在高贵的生命里。这样，幸福就这样照临你的生命，像那棵站在那里的树，感恩地沉浸在太阳温煦的光里面，汪洋恣肆地成长。

　　四　在生命中悄然运行积极的思维习惯

在拿破仑·希尔《积极心态的力量》一书里，有一段这样的论述："消极待毙的人内心隐藏着自我怀疑和自我失败的习惯，这种习惯是消极习惯长期累积逐渐形成的。像罗伯特一样，把自己想象成一个心目中的成功者的形象，便能驱除这些习惯的阴影。这个形象能激励你做出正确的选择，给你以自信，它可以是一条标语、一幅图画，或者任何别的对你有意义的象征，这些都是人生有效成功的途径。"②

这里要特别提到的是，没有人一开始就具有绝对的自信和积极的心态。越是优秀的人越是有自知之明，这样反倒成为自己心灵的一道障碍。因为从一出生开始，世界对自己就是一道道考验。从学步到语言的学习，都需要父母亲人的多多鼓励。这一般是可以达成的，因为在婴幼儿期父母亲友会对其格外宽容、照顾。

随着孩子渐渐长大，父母亲友们都忙自己的事情了，思想交流越来越少，期望越来越高。人们普遍意识不到孩子生命的灵性成长最为重要，它甚至超出了食物等物质需求。孩子是成长着的小生命，只有无条件的爱是

---

① [美] 拿破仑·希尔：《成功学全书》，田野主编，经济日报出版社 1997 年版，第 406 页。
② [美] 拿破仑·希尔：《积极心态的力量》，张然译，新世界出版社 2011 年版，第 29 页。

生命的生长素。

　　爱是孩子成长最重要的食粮。在现实生活中，很多父母因为自己教育的缺失，不知道怎样教育孩子，因为人类总是都从来没有培训过，就做了父母。有的父母望子成龙、望女成凤，有些时候父母甚至会将自己的伤痛，那种未曾达成的心愿，投射在孩子身上。那种单纯的亲子之爱，孩子生命本身的快乐，都在生活粗糙无意中被忽略了，只剩下父母生命意志的强迫力。

　　智力高的孩子，常常会在幼年就具有很强烈的自卑倾向。越是优秀的孩子，越容易看到自己的不足，越容易看到自己的缺点，也具有深刻的自知之明，往往具有高度的自卑。那些父母（即使有一方也可以）的心态智力条件优越的人，容易突破生存的瓶颈，长大后获得成功生活概率更大。或者，生命中有一个突然的机遇：一本书、一个人，或者一个事件，启发了他的心灵。所以，父母的心态是造就孩子成功的第一个重要因素。美国历史上的总统林肯的继母，培养了他坚定的毅力和积极的心态，为他后来成为总统提供了毋庸置疑的先决条件。

　　还有一种特殊情况。有的人长大之后，在偶然的机会下，生命得到复苏，克服了自己的强烈的自卑心理，也就看到了父母的人生问题。在快速成长时刻，这种对父母曾经无知愚蠢的透视理解，成为人生不可说的巨大隐痛。

　　所以，当21世纪美国主流文化思想发展的代表性作品中著名印第安巫师唐望出现的时候，他认为自己没有历史。他不再提父母。这不是爱的背叛，而是爱的极致。越是清醒，越是会看到父母的人生缺憾，所以，人在青春期叛逆时期，是应该完全得到理解和同情的，父母应该彻底理解孩子心里的苦。人生心灵的战场从来就没有停息硝烟和战火，除非生命开悟见性的时刻到来。即使开悟见性，也会有另一番生命考验。所以美国著名的开悟见性的心灵导师杰德·麦肯纳（Jed McKenna）就写了一本书《灵性的自我开战》，祛魅人们对开悟见性的各种不实见解。所谓生命开悟之后，才会逐渐地深度宽恕，不再计较了。父母的错误、自己的错误、世人的错误，乃至历史的错误、人类的错误，等等，全部都彻底宽恕了，从个体生命心灵内在真的宽恕了，生命灵性空间的战火从此熄灭。所以，中国古语说，聪明反被聪明误。但是，不聪明，又被无知误。大智若愚，就容易被世间人误会。

五 无论怎样，自信心都是人类第一个生命成熟的基本特征

匹夫之勇是因为无知与粗糙而生出的自信，有积极的意义，但是后劲不足，没有大的创造性。有些人越是无知，越是生活中逞强好胜，令人哑口无言。那种强盛催迫他人生命的人，因为盲视自己的无知，是难以造就的。这种人只有等真正的人生打击到来的时候，才可能垂头丧气地寻找生活的出路和机会。

而那些超越自己的羞怯、自卑、消极心态的人，往往在突破这个心理障碍之后，突然发现自己原来是智力极为优秀的创造者。在这样的情况下，成功往往更为坚实和强大。中国古话说："大器晚成，大音希声。"这句话有其至为深刻的哲学意蕴。

话又说回来，拿破仑·希尔有个人生故事，那个叫罗伯特的小男孩，家境非常贫困，他每天都要捡拾煤渣来供家人生火取暖。他的同学都嘲笑他，在上学的路上堵截和攻击他，以此取乐。因为贫穷和缺乏友谊与爱，罗伯特十分羞怯。有一天，他偶然得到一本书，书里描写了与自己同名字的罗伯特勇敢、坚定的生命故事。这孩子蹲在冰冷的厨房里反复阅读，生命受到了深度启发。他开始想象自己像书里面的罗伯特一样，他和书中的罗伯特合二为一，他把自己想象成一个自己心目中的成功者的形象。一种与生俱来的勇敢和自信回到生命里，从此，罗伯特拥有了与那些凌辱他的孩子完全不同的成功人生，他后来富有、自信、成功。

这里谈到中国人与西方人亲子教育的部分见解差别。西方人怀孕生子的时候，有些人的早期胎教是，想象自己肚子里怀育的是个大人物。所谓大人物，不是政治成功的人物，而是生命成功、快乐自信的人。西方人教育孩子更愿意鼓励、亲吻、爱。他们总是说：你很棒，很好。生活中，总是微笑着，看到自己幼小的孩子自己吃饭、自己穿衣，并不多加无益的援手。因为孩子内心自信自己可以处理好日常生活，是个了不起的大人物。

而中国有一些人更多地要求孩子学业最优秀，作业课业都要完成很

好，要上名校。这种期望造就了很多高智商的中国青年人，他们是人类意识演进的希望。要特别注意的是：只有生命快乐自信，孩子才会真正成功，才会有生命幸福的前提。在孩子的早期教育中，中国人习惯呵斥教训，愿意孩子多学习，多考第一。在班级里，有的孩子习惯了自己那个第几十位的名次，是因为没有考好。生命本真的情况是：每一个孩子都是一百分，一分都不少。只是孩子生命需要成长。孩子本身不是那个不满的分数，孩子不是考试名次，孩子就是交由你管理的有生命的新人，你要用爱、宽恕、理解，做他的玩伴，做他生命成长的助力。每一次，都将你的大拇指挑得高高的，或者使用那个胜利的手势，给他加一个爱的赞、鼓励的赞、满意的赞。其实，当犯错误的时候，当情绪不正常的时候，就是孩子缺乏爱的时候，生命在灵性空间里缺乏爱，需求爱，就像一个需要爱的能量灌入的洞。这时候，孩子往往以犯错误、搞怪的形式引起大人的疼爱和注意。父母一定要耐心，用爱的搂抱宽慰孩子受伤的心灵，鼓励孩子渴望成长的信心。因为有时候孩子会不自信，也受到祖先遗传的内在影响，会犯错误，因为他不知道。这个孩子犯错误的过程，就是生命需要阳光雨露，需要爱的滋润，生命要求得到成长超越的过程。每一次，那些小错误犯过之后，就知道这是不对的，生命继续前进。

父母要常常这样说，我的人生里面有你成了我的孩子，我很自豪，我爱你。这样就像凤凰，将满意的翅膀在全世界的眼睛下面做成骄傲的造型，预示和肯定孩子聪明高贵的品性，描绘了孩子光明无限的前程，这一爱的造型将伴随着孩子风雨人生，将生命的爱做了最美好的传递，也做了最美好的生命鼓励。这样生命就得到了最初正确的尊荣，得到适当爱的肯定和鼓励，这是人生重要的起点。当孩子知道自己是多么好，就会顺着好的路走下去。错误还是会犯，但是他会很羞愧，很怕丢人，会愿意走到好的道路上。因为他本来就是那么好，做回本性的真实的自己，内心安宁快乐。

其实，你没有权利呵斥孩子，孩子不是你的私有财产，他是交由你监管的生命责任，你不可以随意呵斥他。你必须全然无私地护佑他，你才会有完整的生命成绩，否则，你的生命就有巨大的缺失。在《圣经》里，儿女是神赐给的产业，你只有诚实管理的权利，没有粗暴侮辱的权利。所以，在欧美，打骂孩子是违法的，要剥夺孩子的监护权，以示惩戒。"棍棒底下出孝子"的传统训诫是错误的，这样容易让孩子过多体会暴力的苦痛，在生命成长的早年就会缺失某种幸福感，甚至也很有可能变成一个喜欢暴力、不肯通融宽恕的人，这是很不好的生命效果。人就是要幸福的、自信的、快乐的、宽恕的，这一点父母从开始就有责任教育给他，从而完成生命福报相继的伟大责任。

对于每个人来说，最好的朋友是生命本身。因为它永无终结，也自然地知道自己的生命出路。所以，生命不需要急功近利，而是必须安静祥和，发挥自己最高的潜能，创造自己最清净美好的生活。每个人都有这个机会，每个人都有这样的能力，这是生命本有的能力，所以，越轻松、越安然，生命之路就会越来越顺利。这样，人们的妄念妄执越来越少，不再努力忙乱地急着阻碍自己的前程，生命喜悦光明的境界就会出现了，这是人类大智慧之所在。人类在地球上的这一期生命结束的时候，不会有审判，不会有定罪，而是会重新选择自己新的生命道路，这样不断进化，最后终于能够回到自己的终极家园。

再者，人生的自信心非常非常重要，自信心是人走向成功的美好人生的最重要的因素。所以，我们一定要学会培养自己的自信心，这样也就能够从本质上培养孩子的自信心。自己非常自信，言传身教就会非常奏效。在每一个困难面前，不肯屈服，而是尽力找出解决问题的方法，把困难解决掉，这是做给孩子看的，因为人有了后代，就要负责任地时时刻刻做着示范。人的坚定高尚的动作、创造光明的信念，往往会无意中传给自己的后代，所以，不管世界怎样，你只要是个人，是由生命组成，就一定要自信坦然。基督教这样表达：因为即使你不够好，你在天上的父亲很好，你从生下来，就是带着被祝福深爱的荣耀。因为只有这样一个本真的生命解释，生命才真正具有了尊严和意义。总之，自信心就是生命成长的阳光，自信心对于生命个体的成功具有不可估量的影响。

六　想象力是人生成功的关键要素

想象力是人生隐形的翅膀，是那个可以载着你去到人生目的地的伟大力量。隐形的翅膀永远伴随着人类的生命。有一天，当越来越多的人类发现了自己的隐形翅膀，人类生命意识的全然转化的时刻就会到来，人类苦痛的终结就会成为无可争辩的事实。

我们上面讲述的人生故事，重要的一点就是：想象力成就了小罗伯特的生命成功。小罗伯特的想象力，连接了宇宙最伟大的力量，成为推动自己生命成功的力量之源。他想象着自己勇敢、坚强、有力量，于是事情就这样成了。那个安徒生童话《卖火柴的小女孩》中的女孩子就是用自己的想象力来使自己得到天堂般的温暖。这一个形象，以它天使般美妙的想象力震撼了人们的心灵，唤醒了人们对贫穷苦难的良知。这种超人类的伟大力量，是安徒生童话得以持续存活的原因。

"我们人类种族正在经历着一场前所未有的蜕变。他的意识在变化，他的直觉在变化，他的价值观和目标也在变化，一个个体接着一个个体，旧的愿望正在被新的取代。安逸和权力不再是激励人们前进的目标了，甚至对于那些生活在贫困里的人也是这样。新的目标是灵性成长，一个新的意识正在千百万人的内心升起，我们认识到自己不仅仅是身体和思想、酶和分子，我们每一个人都不仅仅是宇宙中暂时的存在体。"①

在 21 世纪，人们认取自己生命本来尊贵身份的灵性成长，会成为新的时代潮流，是人类走向美好未来的新机遇。谁在这个方面启蒙得晚了，谁就会失去很多生命成长的机会，落后于时代。幸福必须当下圆满成就，等到未来，就是未知。这一切的成就，想象力在里面发挥了重要的作用。

因为想象力是超越现实的重要力量，是人类可以进步的关键性条件。人们想过美好生活的想象力持续运行，世界也越来越美好。这是从心出发的潜意识创造，是生命得到尊荣，生命得到真诚赞美的第一个重要信息。想象力是生命本能成就的人生草稿，或者说是生命成长的内心有效画面。其实每个人独特的想象力，都蕴含了众多生命灵感隐蔽显现的信息，都不是虚妄的。

那个梦想自己成为名画家的孩子，在早年时代，把画画当作自己生命成长的避风港，依照这样的热爱，他成就了自己成为著名画家的梦想，奇

① ［美］盖瑞·祖卡夫、［美］琳达·弗朗西斯：《灵魂之心——情绪的觉察》，阿光译，华文出版社 2010 年版，第 2 页。

迹伴随着他的人生。因为他把自己生命的能量集中一处，做了生命大智慧的极致发挥。也或许，他在原来，在出生之前，他就携带了累世画画的因子，这一世无师自通，终于成就杰出。没有生命的多期积累，就不会有这一世的巨大成功。小成功有可能，大成功基本上是累世积累而成，这也是人与人之间的灵性差别，世人常常将之称为"天赋"。中国古语说，"书到今生读已迟"。那么今生不读书，就更晚了。这样，人类最恶劣的刺：嫉贤妒能就是一个非常可笑的虚妄。

其实，人们只要灵性距离差一点点，都不会有如此的奇妙境界产生。这种种的生命有效想象力的运行，也是一个福报、德行运行的过程。这是你生命的内在预置程序和运行程序，只是你不知道，你所接受的生命预置程序来自多么伟大的力量。

由小及大，推而广之，这样看来，伟大中国梦的提出，也是中华民族祖祖辈辈的梦想期望之果实，每一个中国人的生命能量都是世界和平繁荣不可忽略的因素，所以，人类整体要进化、要和平生存发展，中华民族的觉醒繁荣势在必行。

这也是西方人接受大量中国青年学生进修学习的美好初衷，也是西方高能量觉醒人士的不可言说的秘密生命画面。中国伟大的成长复兴，在国家隐在运行程序里已经初具规模。这个中国梦，不是虚妄的，而是我们每一个中国人的生命梦想的一部分，是我们每一个中国人生命依托而成功的现实土壤。未来做一个中国人会非常自豪，学会用中国话会预占灵性修行的先机，中国话会成为全球使用的除英语之外的第二大语言。因为中国将会成为具有福报、灵性高度发展、财富满意的国度。这是中华民族文明古国的隐蔽成就，是老祖宗留下的最宝贵的精神财富，是人类生命最彻底的祝福。中国话虽然难学，但是中国字很多本身就像生命祝福的符号一样，传递了生命幸福美好的信息。那些累世积累的智慧能量，生命科学的实践，包括儒家、释家、道家，都将会实实在在成为世界的显学，中国历史终将以最美好的形式在21世纪刷新。

特别是中国的道家内丹学说，是世界范畴的绝学，肯定会有中国人在21世纪人体科学实践获得巨大成功。因为那些《道藏》古文，一般人看不懂，全部是特定的专业术语。这是全世界的瑰宝，是全世界的金矿，是中华民族独有的，也是中国历代祖先的生命祝福。因为中国人若不高端解释，任何非华语人士都不会明白。若不积累福报，普通中国人也不明白。中国话要从小就学才行，中华民族的生命宝藏就在古书经典里，谁也没有办法夺走，成为得道高人，是 21 世纪最有生命科学意义的事情。

21 世纪，这样的高端普及学习已经初现端倪。其实，这一波的 21 世纪美国主流文化思想的启动运行，都是与古老的东方文明息息相关。可以肯定地说，设若去掉中国儒释道因素，去掉禅宗因素，就完全没有今天的美国主流文化思想的兴盛，甚至也没有全球生命意识境界的进深发展。中华民族文明古国的智慧，已经让这些西方国家的众多有识之士受益良多。

古代的中国人：老子、庄子、傅说、姜太公、诸葛亮、吕洞宾、彭祖等，每一个人都是一座生命灵性金库，已经引起全球很多有识之士的关注。古老的中华民族，已经渐渐苏醒。有人说，中国是一只睡狮，中国是一条巨龙。这是中华民族的历史，这是一种良善的比拟。因为中国祖先生命科学成就之后，有些被描写成是骑龙而飞的。所以，龙是中国杰出伟大祖先的坐骑，不是什么别的。中国的属相文明，将人与 12 种动物联系起来，当然也同样与天际星座联系起来，这是一种世俗游戏而已。在 21 世纪，很多信息已经表明，所有历史的这些旧的表现已经过去，因为人类历史行进到 21 世纪，宇宙演变发展的生命新程序是善良、富足、快乐、幸福、无所畏惧。既然畏惧恶意没有什么用处，干脆就超越出来，不再计较，随遇而安。

中国人和其他国家的生命一样，是"道"的传人，是神的儿女。中国人是写《道德经》的老子的传人，恒久受着这些祖先的祝福和提携。伟大的中华民族，是由众多中国人组成的生命组合，是由真实生命组成的宇宙万里长城，这些生命信息，同样昭示着宇宙最伟大的生命进化发展的发源地。这样的生命信心，正在为人类的和平成长喝彩。

21 世纪，将会有一些真实的、美好的中国人出现，生命被共同尊崇，因为人类的尊荣是共在的，中国形象终于有这样的智慧美好。中国人和所有国家的人一样，都是智慧伟大的生命能量库，是伟大高贵生命的显现。

就是这样，人类要首先认取自己的完美健康的本来身份，然后开始新的生命路程。终有一天，错误、违法的事情，有觉悟的人不肯去做，因为不值得去做。好事情都做不完，为什么要浪费精力得不偿失？为什么要做损人不利己的事情？

在21世纪的新时代文化里面，教育的重点将从对事实的教育，开始转向注重对生命尊严的觉知、理解、同情、爱和感恩。生命自身的逻辑，生命内在的启发，超越任何一个高超的教育家的指导。在这个地球上，已经有越来越多的孩子，具有高度的智商、高度的直觉性、极度敏感的灵魂，有的孩童具有天然的生命的高级"临在"感。这种感觉就是一种智慧清净的通达，不再有糊里糊涂的思想障碍，这样，人生的种种机遇自然地出现，形成生命的美好奇迹。在美国，这样的小孩被称为"深蓝孩童"①。

在这场人类进步的进程中，拿破仑·希尔用自己的生命力量诠释了心灵力量对于成功的重要性，起了一个先行的教导性作用。尤其是他的成功学系列书籍的研究写作，以人们感兴趣并能够很快接受的方式，引导了人类心灵进步的先期潮流，对21世纪美国文化思想的发展产生了不可忽视的重要的作用。

第三节　第一潜能开发大师安东尼·罗宾

安东尼·罗宾（Anthony Robbins，1960—　）是当今世界的第一潜能开发大师，他曾经师从成功学之父、NLP创始人约翰·葛瑞德。所谓NLP，就是"神经语法程序学"的英文缩写，即 Neuro-Linguistic Programming，有

---

① 据俄罗斯《真理报》12月8日报道，俄罗斯社会科学院的科学家们称，地球上现在似乎存在一种新的人种——"深蓝孩童"。他们自称有超能力，可以看到灵异现象，能预测将要发生的事情；他们的共同特征是智力很高，直觉性强，非常敏感等；从人体能量摄影的图片中发现，代表精神力的蓝色，在他们身上特别明显，因此被称为"深蓝孩童"。对此，多数科学家不以为然。据古代玛雅方法记载，地球由始到终分为五个太阳纪，分别代表五次浩劫，分别为：洪水浩劫，有人认为是《圣经》所说的"诺亚方舟"；风蛇浩劫，世上的建筑物被风蛇摧毁；火雨浩劫，大地遭受天降火雨之祸；地震浩劫，地球遭受强烈地震的灾祸。这四个浩劫都已经应验，而第五个浩劫就是世界末日，依据玛雅历法推算就是2012年12月22日这一天。这天，太阳和地球形成一条直线，好像箭头一样指向银河系中心。据说，只有那些智力达到"深蓝孩童"水平的人，才能逃脱末日之劫，并预言：孩子们将拯救人类。http://wenwen.sogou.com/z/q132032240.htm。2012年12月22日这一天，笔者在芝加哥城市上空看到无比绚烂的彩霞满天，几乎持续一整天。

人也翻译成 New Life Programming（新生活程序学），就是追求卓越，开发潜力，宁静生活的技术和学问。安东尼·罗宾的主要代表作品有《激发无限的潜力》《唤醒心中的巨人》《巨人的脚步》《一分钟巨人》等，他的 CD 教材长期以来位于个人成长类作品发行量的前列。

安东尼·罗宾的潜能开发和潜能训练建立在积极心态之上，通过训练，将积极的心态变成人自己的第二天性，在一切需要运用的时候，自动出现在生命里。其中，他运用了模仿的方式，将模仿者的生命意义和被模仿的有价值的生命意识合二为一，创造新的生命图景，以此创造出成功的生命境界。

安东尼·罗宾的潜能开发训练主要采用想象力的原则。想象力的原则是人生成功极为重要的因素。想象力就是按照宇宙的因果法则，先在生命的心田里撒播下福报的种子，经过一定时间的成长，到了生命收获的秋天，就会收到生命成长的果实。万物都有定时，从这种心思意念的成长，到物质结果的呈现，需要一定的时间。安东尼·罗宾说："我们一定要牢记一点：人类的想象力远比意志力要强上十倍以上。"①

这是创造新的人生观，是有效选择自己成功美好生活的重要方法。人类生命的潜能之所以能够得到开发运用，最基本的条件就是：人们必须坚定地相信从一开始人类的生命就是被祝福的；相信生命无限广阔的能力发展空间。积极有效地开发生命的潜能，使自己过上自己想要的生活，这是每一个生命对自己的无可推卸的责任。

在《唤醒心中的巨人》（*Awaken the Giant Within*）一书中，安东尼·罗宾写道："一个人的改变和突破，都始于信念的改变。那么，要怎么改变呢？最有效的办法就是把旧有的信念和巨大的痛苦连接起来。要打心底相信旧有的信念不仅是造成你过去和现在痛苦的根源，更会在未来引发痛苦。同时，你必须将快乐和即将采用的新信念联系在一起。这个基本的思维方式要在日常生活中反复练习，久而久之就能改变人生。要记住，过去发生的一切无法改变也无法摒弃，我们能做的不仅是为了获得快乐，而且

① ［美］安东尼·罗宾：《唤醒心中的巨人》，王平译，中国城市出版社 2012 年版，第 351 页。

是为了避开痛苦。只要我们把足够多的痛苦与某事联系起来，就能获得改变。我们之所以坚持某种信念，只不过是不相信它能够带来痛苦，或是觉得这样做会让自己很快乐。"①

这里必须强调的是：将人的旧有的信念和巨大的痛苦联结起来，不但不会改变生命的模式，反而会加深生命的痛苦。因为在生命运作的过程中，又将痛苦的经历重播和加固。痛苦的恫吓，并不能让人们改变信念，不能增加生命的力量，而是会消减生命的力量。因为本来人的生命就已经很痛苦了，人类所经历的惨痛已经足够，不用刻意地将之与旧有的信念连接起来。旧有的信念未必是人生苦难的根源，有些旧的传统信念是好的，是不用改变的。不是信念新旧的问题，不是潜能开发技术的问题，而是生命本质的问题。人类的生命更新，仅仅在于找到自己的本真身份。这个东西在物质世界里找不到，只有在灵性世界里才能找到。

人能够抛弃旧有的信念，只有一个方法，就是与宇宙伟大力量相连接。这可以通过冥想、祷告、打坐、瑜伽或者其他成功哲学提倡的各种方法而达成。旧的信念，是既有的生命存在形式，它已经习惯地拥有强大的生命力。只有得到并长期持有更为强大的信念，才能够改变它。所以，有的时候，成功哲学的理念不是万能的，有些只是部分有效，它需要进一步转化生命意识，需要自我生命意识进一步的拓展进深。这是成功哲学的局限性所在，因为生命意识的进化并不仅仅是成功哲学就能够解决的。

这里可以看到，安东尼·罗宾的意识探讨层次有大部分还仅仅保留在这个物质世界的层次。因为只有与生命神圣的力量之源连接，才会导致人生命的根本改变，这是人类唯一的出路。其他任何方法都是暂时有效，并没有解决根本问题。

现实生命中，有些人开始成功效果很好，但是很快又恢复原貌，似乎一无所获。所以，从根本解决问题，就必须多多累积福报，中国古代的《了凡四训》以及《俞净意公遇灶王记》中就有很好的描述。否则，有一天，佛陀、耶稣站在你面前，你不但不恭敬他，反而捉弄他的愚钝，欺负

① ［美］安东尼·罗宾：《唤醒心中的巨人》，王平译，中国城市出版社 2012 年版，第 66 页。

他的不作为，就像那些罗马人，就像现实生活中那些自我膨胀、居聪明而自傲的人们。

或者说安东尼·罗宾的这些成功训练方法可以解决在这个世界上的一些生存问题，仅仅在这个物质世界层面上是有一点用的。从这个意义上讲，有些评论者不认可成功哲学属于美国 21 世纪主流文化思想，这是有很大道理的。如果不从每个生命个体的心地德行入手，人的努力常常是水中捞月。所以，即使父母、夫妻、子女，都不能替代自己在生命成长中的无怨无悔的付出。佛教讲，公修公得，婆修婆得，是讲个体必须自己觉醒，别人的生命觉醒没有办法告诉你，不是不告诉，而是如人饮水，冷暖自知。所以，佛教讲开悟觉醒的人要恒顺众生，就是在现实中不挣扎、不计较，因为没有其他办法。

释迦牟尼佛当年睹明星而悟道。他知道人人都有佛性，所谓人人都有智慧德相，但是，他不准备去传道。所以，有五百天人请法，这样佛陀就没有入寂灭，而是说法 49 年。神圣的佛陀到底救度了多少人？佛经上写了一个故事，宇宙之间因果自负，佛陀的亲族因为往昔的业障而被灭族。生命的智慧福德力大如佛陀，最后终于没有救得了释迦族。

如果有人不知道，即便是至爱亲人，也不能也没有办法慢慢教会他，只能靠他自己的生命意识的不断前进。这不是礼物，可以轻易赠予亲人朋友。佛不度无缘之人，差那么一点点，也许要再次累世修行。所以，积累良善和气的缘分非常重要。你善待每一个人，也许其中就有一个大成就者，你的福报某一天就可能如潮涌来。人的福报，即使父母儿女，也不能随意浪费。所以，做个温良和善的人非常重要，这是生命的品格，也是个性高贵的生命习惯。

所以，当耶稣的人世间生命成长空间没有到来的时候，33 岁就在十字架上流血而死。耶稣替杀害自己的刽子手向天父祷告说，神啊，宽恕他们，因为他们不知道。不是恩仇的事情，不是哲学的事情，而是耶稣现实存活的时代延迟到来。只要真正的人类整体生命意识进化的时代没有到来，新生的早产儿就会夭折，因为人类喜欢这样做。

当然，这不是说成功哲学没有效果，或者安东尼·罗宾所提供的成功哲学方法有什么过失。而是从哲学的角度，我们对这个问题做一些深入探讨。安东尼·罗宾说："获得真正改变的唯一途径，便是对自己进行重新认定。"①

安东尼·罗宾的这些成功哲学方法，基本上是很积极的现实人生方法，它肯定会引起生命的相应的改变。因为所谓生命的本真存在，不在天边，不在哪一个神秘的角落，就在每个人生命日常的意识运行里面。当人们按照一定的方法进行有意识的生命训练，就可能将积极伟大的力量内化到自己的生命里来，使之潜移默化地变成生命意识的习惯。这样就在灵性空间播下了成功的种子，一段时间之后，就渐渐改变了自己的人生，生命也因此得到刷新。

在美国，演讲对于人生的成功非常重要。安东尼·罗宾对于演讲效果提出了一个"元程序"的理论。就是在思想交流的时候，双方要寻找一个合适的契合点，使一切都合情合理。这个契合点是激发无限潜能的有效手段。那么，要寻找契合点必须依靠元程序。所谓元程序，可以分为很多类，目的是清醒明白地对事件有可靠的把握。

所谓元程序，就是将人间事件运行的原点加以启动。这个原程序来自生命的本来面目，生命的本真身份，但是，世界上有几人能知道？几人能加以运用？21 世纪的时代精英，意味着开悟觉醒的人类成就，是整个世界成长得救的希望。这样的事件会被越来越多的人认识到，这些时代精英的富足、平安的生命现实肯定会如期到来。整个社会都会保护救助这些人存活下去，不会再产生另一个类似耶稣的事件。因为人类的工具理性、科学手段已经达到令神惊讶的程度，人类的高端生命意识成就必然会应运而生。

因为 21 世纪的人类，已经具备极大的福报，现代人使用便捷的现代化信息工具、交通工具、电器工具等。那种没有福报的人，在 21 世纪很难继续生存下去。所以，看起来世界上天灾人祸如此众多。人内在生命必须有敬畏宇宙因果之心，要播种福报，不要忘记对生命做最好的保护奉献，这是人类消灾避难的重要方式。因为已经有很多其他宇宙物质空间的灵性生命，在广大人群中出现，他们带着极为高端的宇宙智商，十

① ［美］安东尼·罗宾：《激发无限的潜能》，杨茂蒙译，中国城市出版社 2012 年版，第 367 页。

分端正美丽的容貌，极为高度的人间使命，在平常生活中学习、生活、生命成长。

安东尼·罗宾的成功学指导者认为，事情成功的第一种元程序涉及趋于做某事或避免做某事。第二种元程序是判断事件的参照标准是内部还是外部。第三种是对自身关注还是对他人关注。第四种是求同还是求异。第五种元程序是如何说服他人。第六种是在可能性与必然性之间的比较，等等。将这些元程序尽可能整合在一起，涉及适度的思想沟通和心理平衡等。这些都是现实操作的方法归纳，不涉及灵性修行的高端成就。

安东尼·罗宾认为："我所指的潜能不是奴役他人的权力，亦不是对人评头论足、指手画脚的特权。我从不鼓励人们为这样的权力奔走，因为在我眼里，权力转瞬即逝。潜能则是一个永恒的东西。你设立自己的愿景，抑或由人为你安排；你做着自己乐意的事，抑或是局限在别人为你设计的轨道上。潜能改变自己的生活，践行自己愿景的能力，是掌控万物而非受其驱使。真正的潜能追求大同，而非个人私欲，是敏感地发现人们的需求并努力加以填补。这是一种驾驭自身的能力，有了这种能力，实现梦想仅仅是水到渠成的事。"①

在安东尼·罗宾看来，每个人要快乐成功，有三件事非常重要：一是把自己当作领袖看待；二是要正面看待周围的事物；三是把愿景变为事实。要实现愿景，必须先改变自己的状态。这三点里面最重要的一点是：每个人都要把自己当作领袖看待。这是一个很特别的建议。这是在灵性精神空间的事情，是个体的自我确认和鼓励，如此更优秀更美好。这不是现实政治的事情，在现实中，能够做政治国家领袖的人物，是天地间特别的事件，非常不得了，一定是有相应的福报和生命机缘，所以颇有独特的威势。

安东尼·罗宾的见解与中国的谦虚之道看起来有所差异。美国人做胎教的时候，就要求母亲把自己肚子里的宝宝看作大人物，对他不仅人格上尊重礼貌，精神上也要鼓励支持，从而将自信和自尊从胎儿时期就帮助他

---

① ［美］安东尼·罗宾：《激发无限的潜能》，杨茂蒙译，中国城市出版社 2012 年版，第 15 页。

建立起来，这一点非常值得我们学习。胎儿是生命的萌芽，我们是生命的幼苗，我们需要生命的生长，我们永远都需要成长。中国的谦虚之道也有很大的道理，这样将谦谨虚怀当作生命成长的无限发展空间。这两种理论是一个问题的两面，既要谦虚，又要将自己看作伟大人物。因为要做大人物，所以更谦虚，因为大人物都这样，他们根本不会斤斤计较，因为伟大的愿景招引着他们，因为自己生命的状态和品质，自己是清楚的。东西方文化思想的结合，就是一个完美的宇宙意识的呈现状态。

安东尼·罗宾注重思辨，将成功学理论讲得有些复杂，但是，他的潜能开发思想，成功地影响了一些人的生命状态，使他们开始重新组织自己的思想和行为，使很多人意识到要从生命根本潜能出发，培养人的成功的心理习惯；注重积极良好心态的巨大潜在力量，从而创造出成功的人生境界。

第四节　伊曼纽书系和欧林书系

灵性导师伊曼纽·斯威登堡（Emmanuel Swedenborg，1688—1772）据说化现为某种声音传达讯息，由派特·罗德迦斯（Pat Rodegast）与朱蒂丝·史丹顿（Judith Stanton）记录[1]，目前译成中文的书有三本：《宇宙逍遥游》（*Emmanuel's Book：A Manual for Living Comfortably in the Cosmos*）、《超越恐惧选择爱》（*Emmanuel's Book II：The Choice for Love*）、《你就是人间天使》（*Emmanuel's Book III：What Is an Angel Doing Here*），在中国港台地区发行。

《宇宙逍遥游》的绪论中写道："无可讳言的，这是本充满宗教情操的书。但他所谓的神或上主，不是具象的赏善罚恶的判官，而是宇宙的大能，至善的大爱，我们灵魂的本源，我们心灵的本身。他一再强调我们每个灵魂都是神。他不讲派别、崇拜或仪式，只说：'相信每个人之内的上主就是终极的宗教。''自我实现就是实现了神。'谈到宗教上所谓人

---

[1]　此书前言部分提到这种传导不是附体形式，而是在双方都很清醒的情况下发生的。

的堕落——离开了乐园，离开了神，他说：'人怎么能离开神呢？他就是神。'他说：'神性不能覆盖住人性，它就是人性。'"① 这些见解是十分有价值的，斯威登堡用谈话结束了人神分离的痛苦，将人带到当下安然寂静的生命喜悦之处，使人获得重生的信赖之感。

这里提到的伊曼纽·斯威登堡，出生于瑞典斯德哥尔摩，是著名哲学家、科学家、神学家。他极为博学，对生物学、机械学、宇宙学都有很多准确的预见，后来他成为灵异神秘学家、基督教神学家，一生出版了 150本书，影响很大的有《正信的基督教》《天堂的奥秘》《天堂与地狱》《灵界记闻录》等，他预知自己的离世时间，在那个预知的时辰安然离世，他的一生是个人灵性生命真实存在的典型例证，所以美国 21 世纪文化思想的某些作者就将他作为自己作品的传导人。

伊曼纽·斯威登堡生前曾具有一定的神通力，引起大众轰动。他在众人面前看到远方城市斯德哥尔摩突然发生的火灾，预见瑞典王后的过往私密事件，准确预知自己的离世时间，等等。其实，这些特异能力是每个人生来都有的能力，只是因为世俗世界的妄知妄见，掩盖了这人生命本来的能力。在世界上生活着的人，因为身体的局限，预见到的事件是有限的。

追踪伊曼纽·斯威登堡的生命历程可以发现，在五十多岁之后的生命时间里，他生活在与一般人不同的生命维度空间，具有平常人不能想到的生命体验。这个人是一个类似耶稣的人，是个生命有高度成就的人。只是因为他的时代没有适时到来，所以，还是有很多人不知道他的生命存在。耶稣是人类的救主，所以，他的形象深入人心，代代相传。

斯威登堡认为，如果一个人能全神贯注于一个更大又更广的光谱，就会完全觉知，自己正与基督耶稣手拉手地行走。这种意象将会经常地遍及自己所有的日常活动。这是具有震撼性的理念，因为你顿悟了耶稣是你的兄弟，他就在你的生命里，一直在见证和陪伴你。

进一步讲，伊曼纽·斯威登堡认为上帝是不可描述的，因为上帝既是

---

① ［美］派特·罗德迦斯、朱蒂丝·史丹顿：《宇宙逍遥游》（绪论），王季庆译，方智出版社1994 年版。

实体又是形式，上帝的本质是精神的太阳，上帝的温暖是爱，上帝的智慧是光明，上帝是圣爱、智慧、行动三位一体。宇宙创造是持续进行的，人类全都同时存在于许多实相里。

斯威登堡认为，宇宙每一事物都属于一个序列，每一高级序列都是低级序列发展进化的目的，宇宙的创造活动最后是通过人的创造来完成的。这些思想都是与21世纪美国主流文化思想的基本理念一致的。

欧林（Orin）书系是美国著名灵性传导师珊娜雅·罗曼（Sanaya Roman）传达的高灵信息，目的是要人们生活在喜悦之中，灵性得到苏醒和成长。欧林是一个宇宙中的光体形式。欧林自称因为人类处于转化和觉醒的重大转折时期，他来帮助人类的意识进化。他说到，人类的资源和能量是无限的，他启发人们对金钱观念的新见解。他要人们正面理解金钱，教导人们应该如何吸引金钱。这些理念非常吸引当代人的眼目。

纵览美国21世纪文化思想的基本理念，不管涉及什么大天使和高能量，内涵都是一致的。珊娜雅·罗曼不是附体，她处于清醒的状态，将欧林的信息透过录音课程、欧林音乐、书籍和"光体开启课程"流传给世人，她写有《喜悦之道》《个人觉醒的力量》《灵性成长》《灵魂之爱》《创造金钱》《开启光体》等书，在中国港台地区发行。

珊娜雅·罗曼（Sanaya Roman）写的《个人觉醒的力量——增强心灵感知与能量运作的能力》（*Personal Power Through Awareness：A Guidebook for Sensitive People*）这本书有一段话："每一个人，每一件事，都提供了你清净能量、演化自己以移入更高境界的机会。永远不要忘记，你们拥有一切最伟大的力量和疗愈自己的能力。"[①] 在这本书里，写出了一些具有巨大力量的宇宙现实，的确令人震惊。它说："从宇宙心智接收信息很容易，你只要想接收就可以了。讯息可能透过朋友或书本给你，也许你会听见或看见什么，它也可能以新想法的形式出现。当你变得更沉静，进入放松的状态并平静你的心思，你会更容易导引它。重要的是认出它已经到来，透过你的意志和意图连接它，会强化你对自己创造能力的信任。"[②] 这样生命

---

① http://www.360doc.com/content/13/1117/21/14675328_330070475.shtml.
② 同上。

就被引导，就同宇宙的伟大力量连接，生命就渐渐会被"圣化"。这本书也解释了关于目前人世间的诸多灵性现象。它说："有很多以肉身生活在地球，或是存在于其他世界的崇高大师和灵性导师，会提供指引；许多不再轮回而帮忙维持爱与和平焦点的高等灵魂，也提供个人的指导。它们被称为指导灵，因为它们帮助人类维持更高的愿景，并协助任何呼请的人。不管你是否能够觉察你的指导灵，你们都有指导灵。你的指导灵用很多不同的方法传送信息给你，有你正在找寻的答案和想要的资料，他们一直都有讯息送给你。"①

这样看来，每个人的生命都是神奇的，都是可以走向自在成功的个体，都是以生命之光为本质的肉体显现。欧林书系提到的指导灵的存在，是人们意识境界的一个新发现。指导灵的存在不是以迷信的形式出现的，而是一个自然而然的高级生命状态。我们每一个人都有无限的发展潜力和伟大的生命发展空间，我们是这个宇宙具有创造性的生命体。

人的生存并非眼见那么简单，生命指导灵的存在，就是人们一直以来忽略的现象。中国把这种现象叫作"头上三尺有神明"。因为生命本身的妄自挣扎，忽略了生命很多重要现象的存在，很多重大的生命能力没有发挥出来。世界上的人们只是过着无意识的低层次肉体生活，高层次的心灵精神生活只有少数人才意识到和领悟到。所以，生命资源的开发应该是 21世纪一个重大的人类意识进化课题。同时，生命科学以前所未有的姿态开始了它的重大人类进程。精神空间的开发与探索已经全面展开，人的精神生命的探索、开发和利用，具有更加无限的发展前景。

欧林书系全面传达了一个共同的讯息："宇宙是友善的、无限丰裕的，发生在我们身上的一切都是为了我们的成长。我们可以喜悦地接纳生活，不用苦苦挣扎来获得想要的一切，人们各种物质生活愿望的实现，都可以轻松地得到。"②

在《创造金钱》一书中，珊娜雅·罗曼说："新事物，就是圆满自足的生命方式，需要一段时间才会到来。目标越大，路程就会越长，所需的

---

① http：//www.360doc.com/content/13/1117/21/14675328_ 330070475.shtml.

② http：//www.success001.com/b/1oulin.htm.

时间可能要更久。不要很快放弃目标，时间到了，才能得到自己所想要的东西。因为从自己的现状到自己想变成的样子，这当中有一定的步骤必须进行，有一些事件必须发生。人可以使用有意识的努力来加速这个过程。当在等待某种事实时候，要坚实自己的信赖，培养自己的勇气，学着如何采取接受指引的步骤及行动。"① 这里珊娜雅·罗曼说的话非常重要。从人的祷告，到事件的潜移默化，起码需要 5 分钟的时间，反复的现实实验都常常是这样。所以人们必须学会耐心地等待和适当地沉默，这种个人生命意识随时清净祷告非常重要。祷告是生命的呼吸，祷告是生命随时的更新，祷告就是吁求伟大神圣的力量。祷告是护佑生命平安的最重要的事情，人人都不能忘记。人们要随时吁求伟大的力量，为世界做出自己应有的贡献。不是生命有多么高尚，不是生命有多么造作，而这就是生命的本能，是别无选择的最佳选择。因此，对别人好一点，记着别人的好，自己就舒服多了，就不会那么痛苦。那个佛教的《心经》的"波罗蜜"，就是到达彼岸，就是超越了人生烦恼，获得了本真寂然的生命状态。这个"波罗蜜"，是生命大成就的境界和状态。

美国21世纪前后出版的种种书籍、电子产品，都是在重复地说基本一致的内容，那就是人类要学会创造自己的美好生活机遇，呼吁伟大的力量；你的生活是你自己吸引而来的，所以你负有百分之百的责任。要学会爱和宽恕，学会安然平静喜悦地生存。一切物质的需求都可以变成一种礼物和祝福。在此，对物欲的贪婪和对世界与他人的仇恨被化解了，删除了，清空了。这就是《道德经》的境界，也是21世纪美国主流文化思想中有极高灵性价值的见解。

真正的实相，没有什么形体。无形就无相，就是不可见的能量和光，没有什么音声，没有什么物体存在。一切落入形式的信息都是不究竟的，是暂时的化现。尤其是经年反复祈求询问各种灵的见解，是不可取的。这些行为绝对不能痴迷，都只是回家路边的花花草草，虽然也是有一定意义的，但是并没有什么终极价值。人们容易贪玩忘了灵性的回家路，忘了回到生命的家园是终极目的。这里有个原则，就是要：清净洁白，不擒不

---

① http://www.success001.com/b/oulin/money/10-1.htm.

纵，自自然然。

人只可以同内心的神性意识同在，外求的意识终究是在外求。尽管在这种与其他灵体生命交往的过程中，可能会逐渐觉知到人来自本源的神性，但是这很浪费时间。这件事情意味着需要更长的一个生命周期来觉醒。因为世间与出世间一切万物都在修行，人纠缠于他空间的灵，或者某些指导灵，便需要更多的超越。首先就要超越这些在自己生命里存在的灵。因为灵界是复杂的，并不是所有的灵都具有完全正面积极的能量，有的灵观念是不正确的。因为这些灵常常同样是在生命修行路途之中，并没有完成对终极实相的彻悟。尽管人类目前无法对此有所规避和选择，但是还是要清清净净，不要执着任何的其他空间灵体。在生命意识转化的过程中，只有圣灵，才是可以信赖的，其他的灵就是过往的朋友而已，不能过于贪恋，因为人生短暂，机会难得，一往无前，才能最终得胜。

真正的大成就者，开悟成就的到家人，平平常常，随随和和，所谓中国古话：至人只是常。如果有什么仙灵精怪，就要多加警惕了。当然，花自开放，水自流，这个世界一切都开放着，都美好地存在着，这些体现 21 世纪主流文化思想的书，写出来的话语也自有不可忽略的益处，有很高的灵性价值。

在美国 21 世纪思想文化发展过程中，令人吃惊的不是什么外空间的灵、神，因为这些信息都说明一切生命存在都是神性的化现，神性就在我们的生命里面。如果基于这样的时代见解，与神对话看来并不难，没有什么轰动性价值。偶然的神通也并不稀奇，只要修行到一定程度，大多都会有些许神通。大多数修行者一般情况下都会将这些现象隐藏起来。这是归家途中的一路风光，不是什么真本事。执着神通的人，就像在路边玩高兴了的孩子，或许忘记了回家。

当然，世间人特别喜欢神通，他们一旦知道你有神通，世人就会想出种种聪明计策，用钱和利益变相收买这个人的神通使用权，这样使这种有神通的人似乎成为变相的精神奴隶，拉着有缘人的车轭，纠缠于世间的风风雨雨。因为无意中自己介入别人的因果，收受了别人的金钱，吃了别人的客饭，是必须要有所回报的。宇宙之间，没有什么无因之果，或者无果之因，除非你是生命的大成就者，一个类似于释迦牟尼佛、耶稣、老子的人，或者你的灵性提升到神的儿女的程度。当然，这些人是有一定的定力的，自然不会混入使用神通的生命游戏之中。佛教讲，佛弟子如果不好好修行，仅仅接受大众金钱饮食供养，将会滴水难消。这种炫耀神通的人，只有生命的苦难突然临到的时候，才会知道自己玩过了头，那些曾经的三朋四友，在神坛倒塌的时候，往往四散而逃，没有伸出援手的。

在21世纪美国主流文化思想运行中，有很多奇异的事件出现。其中，所谓高灵、古灵、神、天使等，是自我变化与化现的，是一种象征化思维意识的表现手法，都是虚幻的形式和想象的产物。因为人是创造的主体，当人极度渴望着其他世界维度空间的灵性声音和画面时，它们就会出现了。这种事情在宗教修行中惯常存在，就是在境界里看见佛、菩萨、神也不要惊奇，这都是自我意识的变现，都是心灵空间的灵性化现。人们不必对此产生特别兴趣，倒是书中所讲解的哲理往往对人的生命意识很有启发。

应该特别看到，美国21世纪主流文化思想表达的理念，颇具震撼性价值，是其他任何时代都没有的。《道德经》是中国古代汉语经典，《圣经》是比拟隐喻颇多的经典，类似一种特定时期的历史文化，年代久远，在世间流传时已经引起种种误解。有时候，清晰宁静的道路在重重粉饰和规划中，变得模糊难解。21世纪主流文化思想的大部分灵性书籍直白而贴切，将人生问题、修行方法、思维理路，讲得非常到位。当然有角度不同、层次不同、进度不同等。例如，《奇迹课程》把世间幻象讲得非常透彻，特别是对于爱与宽恕的深度理解，特别能够启发人的灵性。每个人生生世世，生死轮回，糊里糊涂，突然知道原来早就可以不做浪子，可以轻松地回天家，并在当下此世安然平静地过着现实生活，真的很好。

第五节　赛斯书系的特异性

赛斯系列书籍的大量行销，是美国21世纪文化思想界不可忽略的事件。赛斯资料以灵异的形式满足了早期21世纪主流文化思想者的心灵需求，人们通过阅读受到诸多灵性的启发。这些书开拓了人们的灵性生命视野，从此知晓了生命多空间的存在。对赛斯资料的阅读激发了人们的想象力。因为想象力，是一切人类创造性行为的意识基础。人们终于发现了一个具有多重可能性、永无止境的新世界。一个新时代。

珍·罗伯兹（Jane Roberts）是赛斯（Seth）书系的主要传导者，她的丈夫罗伯特·布茨（Robert F. Butts）是她的协助者。她的主要作品有：《灵魂永生》《灵界的讯息》《心灵的本质》《健康之道》《神奇之道》《梦与意识投射》《实习神明手册》（How to Develop Your ESP Power）等。赛斯书系大量涉及哲学、心理学、超心理学、物理学、生态学等范畴，具有很多原创性的观念，是美国 21 世纪文化思想经典中的重要部分。

赛斯是一位现今不具形体，居于多次元实相中的灵性导师，从 1963 年开始，赛斯借由珍·罗伯兹口述，她的丈夫罗伯特参与记录。这些资料被认为是美国 21 世纪主流文化思想的新思维的基石，目前被保存在耶鲁大学图书馆，被欧美国家誉为人类有史以来最全面的修行体系。赛斯传导诗人珍·罗伯兹在出神状态得到："你创造你自己的实相。"这句富有灵性的话语成为美国 21 世纪主流文化思想发生的宣言。从 20 世纪 60 年代开始，这一激发潜能的生命信息，对 21 世纪美国文化界具有震撼性作用。"创造不断在继续，不一定都遵循旧模式的路线。在你们自己的层面，有一个潜意识的仓库。"①

"肉体是比你们假设更神奇的一个现象。"②

"体内所有的细胞都是个体，而且有个别的意识。这里有层级存在。但每个细胞都是有意识的细胞。在身体所有实质器官的细胞之间，以及所有器官之间本身，都存在有意识的合作。"③

这些都是赛斯资料里提供的观点，在当时欧美国家的人们看来，有不可多得的重要意义。因为赛斯书系揭示了我们人类物质形态存在的本质、结构和发展以及宇宙演化根本规律等。21 世纪美国的思想界很注意这些通灵附体人士，这种冥想和灵性训练是 21 世纪美国主流文化思想者的通常做

---

① ［美］珍·罗伯兹：《实习神明手册》，王季庆译，湖南人民出版社 2013 年版，第 52 页。
② 同上书，第 53 页。
③ 同上书，第 52 页。

法。这些生命灵性空间的探索资料，具有特别重要的意义。赛斯书系具有非常重要的灵性探索价值，可以用来做人类的生命多维空间的研究和考察。

一般来说，人不需要通灵附体，人的肉体境界仅次于神，是很高的，所以每个人本身都是珍贵的。人的生命意识要完全向内求取，听从生命本身内在的指引。

《与神对话》中提到的神的出现、《吸引力法则》中提到的亚伯拉罕智慧传导，都是自我意识的化现，是可以理解的，因为双方都意识清醒。在这种信息传导中，作者始终是清醒的、自主的，没有被附体。每个人自己当下就有生命的大智慧，不需要通过附体传输通灵信息。

赛斯并不比珍·罗伯兹本人更为智慧，因为人是生而平等的，生命本真的存在的觉察，终究是人们自己自证自悟的必修课。从现实的意义来讲，赛斯附体是错误的，珍·罗伯兹本人寻求和等待附体更是错上加错。将自己做人的阳性能量注入了阴性能量信息，在世的真实生命受到了死亡的威胁，这是人类幼稚不明的惨痛代价。

《个人实相的本质——你的信念创造你眼前的世界》初版于 1972 年，是珍·罗伯兹的代表性作品。珍·罗伯兹说："赛斯书或许只是我自己意识中的某一个属于另一度空间，且又不把注意力放在人世间的'面向'，加上其他某些用人间言语解释不出的因素而生产出来的成品，在其中，造就出'赛斯'这了不起的心灵作品，它'真'的程度比任何所谓的'事实'还要'真'。赛斯存在的地方，也许只是某个在事物安排上与我们人间习惯不一样的层面而已。"①

这些话非常深刻地体现了作为赛斯传导者的高度灵性能力和超感官能力。这种能力，也叫灵性资本。灵性资本和这个物质世界的金融资本一样容易理解，也一直在人类生命中运用。如果没有相应的灵性资本，则看不懂赛斯信息，以及美国 21 世纪主流文化思想呈现的其他作品。当然，就笔者个人而言，每当笔者极力要看赛斯资料时，一种莫名的焦躁就从心中泛起，笔者看到珍·罗伯兹特异的生命状态，看到一些断断续续的意识片

---

① ［美］珍·罗伯兹：《个人实相的本质——你的信念创造你眼前的世界》，王季庆译，湖南人民出版社 2013 年版，第 10 页。

段，这些完全可以通过其他方式获得，为什么要过着这样生命奇异的生活呢？这是极为惨痛的人生代价。

人类的思想到达一定境界是共存共用的，赛斯信息来自多维度空间的存在状态，也是珍·罗伯兹自己的心灵之海的某一片水域，它不是孤立的，也不是外在的涉入，而是内心万千信息的外在显示。因为特殊的使命，也因为 21 世纪美国某种人类生命意识觉醒的特殊需要。

赛斯书系的广告词，"一切都是我，除我之外，没有他人"。这是非常有启发性的名句，它启发了人类生命意识的进深。赛斯信息的出现，也是人类生命精神探索的一种方式，万千世界，千姿百态，我们没有什么可评判的。思想的自由表达，带来了非常多样的意识形式，一切都无可非议。我们可以有选择地接受自己愿意接受的信息。如果一种信息不能带来意识的更新和喜悦的到来，说明这种信息的频率和自己不合拍，能量的振动不合适，就要有意识地离开，不是对与错的问题，而是生命有自主正当的选择，这也是美国 21 世纪主流文化思想倡导的重要理念。

实际上，人类的意识空间是多维度多层次的，赛斯传导只是一个比喻，没有什么玄秘的东西存在。因为人的精神所到达的层次是不同的，这就引起世界的生命意识纠纷。人们生存的维度空间不一样，就会有不同的意识见解。这里不存在高低贵贱不平等的问题，只是因为万事万物是有差别而存在。

赛斯书系出版以后，影响了众多的读者，那些生命在生存的大海挣扎的人，找到这样的灵修著作，是难能可贵的，它开启了通往另一个生命维度空间的神秘通道。美国夏威夷大学教授南希·阿什利写了一本《心灵探险——赛斯修炼法》，将赛斯的观点整合到自己的修行理念里，形成独特的修行方法。这种修行方法来自赛斯书系，又超然于赛斯书系，具有特定的灵性价值。该书的内容提要写道："当你创造自己的实相，就能够达成任何你能够达成的改变。然而，想成为一位有意识的实相创造者，需要不间断地练习和修行。'我们并不为我们的过去，或者一个深不可测的无意识所摆布。'这是赛斯资料的核心，它直指生命的本相。"[1]

---

[1] ［美］南希·阿什利：《心灵探险——赛斯修炼法》，代莉译，华夏出版社 2013 年版，扉页。

作者南希·阿什利教授的写作条理清晰，将灵性修行的基本观点对应于赛斯书系，又避开了赛斯书系的漫游气氛。经常练习，是灵性成长的一个步骤，通过生命意识的造作，完成对生命心灵意识的塑造，颇为难能可贵。尽管赛斯书系具有不可复制的灵境探索价值，这是少数人以付出生命能量和身体健康为代价换来的，科学研究人员可以参考一下。当然，无论如何，赛斯书系所提供的修行方法是不可取的，也是不可以多沾染的。这种灵性事件不好实验，绝对不能好奇。任何个体生命的进深成长始终要以清净淡然、勿忘勿助、自然成就为要旨。

第六节 新时代医学诗人与先知

狄巴克·乔布拉（Deepak Chopra，M. D.），国内也翻译为迪帕克·乔普拉，是将传统医学赋予灵性气息的西方新医学代言人。迪帕克·乔普拉在1984年引介印度药草医学到美国，以此开启身心医学和人类生命全方位疗愈的风潮。迪帕克·乔普拉曾经担任诸多杂志的编辑顾问，1992年被选为国家健康研究院特别委员，经常在联合国、世界卫生组织等机构讲座授课。1999年，迪帕克·乔普拉被《时代》杂志选为20世纪百名重要人物之一，形容他为"另类医学诗人与先知"。目前，他在加州拉荷亚创办了乔普拉幸福中心，亲自担任这个灵性医疗机构的主席。畅销哲理书籍包括《成功的七项灵性法则》（*The Seven Spiritual Laws of Success：A Practical Guide to the Fulfillment of Your Dreams*）、《超级大脑》（*Super Brain：Unleashing the Explosive Power of Your Mind to Maximize Health，Happiness，and Spiritual Well-Being*）、《瑜伽的七项灵性法则》（*The Seven Spiritual Laws of Yoga：A Practical Guide to Healing Body，Mind，and Spirit*）、《通向幸福的人生之路》（*On My Way To A Happy Life*）、《秘密之书：打开你生命隐蔽的维度》（*The Book of Secrets：Unlocking the Hidden Dimensions of Your Life*）、《完美健康》（*Perfect Health：The Complete Mind/Body Guide，Revised and Updated Edition*）等约65本书，被译成约35个国家的文字。

中国媒体近来有一期节目类似迪帕克·乔普拉的《超级大脑》（*Super*

Brain: *Unleashing the Explosive Power of Your Mind to Maximize Health, Happiness, and Spiritual Well-Being*），这个电视节目是《最强大脑》。其中，有些普通中国人智力条件超出一般人极限水平，是一个非常重要的全球认知心理学探索，有些参与者是中国人生命力高端挑战的胜利者。这样就从某一个人类灵性发展的角度，揭示了人类即将迎来一个智慧福报同样优异的新时代。因为，智慧福报曾经是佛陀证悟生命秘密的两足尊，尽管那是以往时代的传奇，却将是 21 世纪人类整体生命意识进化的新故事。

最近有一期《最强大脑》有一个青年人辨认水。在 520 个同样特征的水杯里，辨认出要求提供的那杯水。他挑战成功。人体超乎寻常的潜力，是人所不敢承认的。其实只要你活着，都有这样的潜能。因为你有生命，生命能够达成超乎你想象的能力。因为思想也是物质，它是具有物质内容的存在，只是人类还没有全面认识到，生命信息是一种物质存在方式，这一辨水的事件已经表明了。

人类的想象力有时候是被每一生命个体所局限的受伤的翅膀，它仅仅完成了一些无关紧要的游戏，就被自己感动了，就不再前进。玩了一些这样子的游戏之后，记着要尽早开始好的生命进程。如果得到了阿拉丁神灯秘诀一样的生命秘诀，生命的成功、富足、幸福就会有更多可能性。因为上帝就是爱。因为上帝既然在一件事情上启示了他，他自己已经有生命秘诀，他必有超级自信，那么，他会有最明亮的眼睛，最圆满的心灵。

人的现实很高生存境界就是爱别人的孩子，就像爱自己生的孩子一样。这期栏目中，那个会辨认人的面孔的姑娘，有着天然的灵性魅力。她的辨认说明人的孩子、夫妻的气息，都是有图可循的，是带有一种超然灵性的因素。保护家人，就是保护人类，就是保护地球。《圣经》说，耶稣是借人间女子所生，但不是人间男子所生，所以，耶稣是神的孩子，是人与神之间的中保。佛陀的爱子罗睺罗也是类似情况。如果我们爱别人的孩子，自然就造就了自己孩子的爱的环境，于是，事情就这样成了。

其实，人世间很多事情自然而然发生，人只需保持纯洁美好的心灵，不胡思乱想，做好工作，做好本分的事情，一切都会非常好。

迪帕克·乔普拉是美国社会文化思想界最重要的新医学学者之一，是全球思想文化界人体科学成就的精英领袖人物。他的写作非常透彻地诠释了生命健康与灵性成长的关系，他的生命境界也已经超越了这个物质世界的层次，进入了更高的灵性境界。作为医学博士，迪帕克·乔普拉更多地关心身体的重建，这种重建不可能仅仅通过传统医学在物质世界真实发生，只有通过生命意识与精神领域的介入，才能够发生身体健康的奇迹。"你的 DNA 并不比你身体的其他部分更物质化，它是由能量构成的，并且，你可以通过改变觉知来改变它的能量模式。你出生时就具有某些容易得病的体质，这将决定你身体的状况，而当你注入了自己的意志、习惯和愿望，一个固定的特性就会变得极具可塑性——仅仅一个愿望就足以影响 DNA。具有讽刺意味的是，医学界公认的两样固定不变的东西——大脑和 DNA——却是重塑身体的关键。"[①]

如果与生命之源连接起来，生命就肯定能够得到更新和能量灌注，健康是会自动发生的。这时候佛教叫"脉解心开"，全部的能量开始向人体中脉聚合，自然造成身体的病症不药而愈，健康长寿再也不是一个人类有限的梦想。修行的境界，身体的健康情况是一个表面的证据，也是一个很有说服力的证据。所以，开悟见性，还不能说明与生命之源的联结最终有效达成。此人还是在生命修行的路上前进，开悟的境界仅仅是灵性生命开始成熟的一个标志。只有当证悟真正发生，色身才会随之渐渐变化，皮肤细腻，精神流溢，内心的宁静成为基本的生命状态。

有时候，修行者会感觉最后阶段的证悟与理解，几乎是一个自动的过程，并不是个人努力的结果。真正开悟见性的人是很少的，很多人都是在生命之路上走着，未曾到达过特定境界。神通的发生并不能证明此人证悟。真正证悟的人极少。

真正的环境保护，爱护地球，是人类意识进化的一个必然结果，外在的一切都是内心的显现。当心灵纯洁、生命意识层次高的人愈来愈多，给地球生命、环境、人类发展都会带来极大的益处，形成一个新的生命能量场。人们与修行证量高的人相处，自然会感觉宁静、安然，身体温暖舒

---

① ［美］迪帕克·乔普拉：《奇迹——你的人生没有极限》，万源一译，印刷工业出版社 2012 年版，第 73 页。

服，这是能量流注散发的一种结果。

因为证悟这一事件的发生，不再是一个私人事件，而是宇宙力量和生命信念的一个高端表现。整个人类组织机构，应该更为重视心灵境界的基本层次，如果我们的政府机关、我们的社会机构，更多的人们开悟见性，有更多心灵发育的高层次人才进入，这会给世界带来越来越多的机会与全球和谐因素。新的时代，灵性开悟的人不再到高山大湖去隐居，也不一定是出家僧人、修女牧师等，而是在社会生活和学习工作中的看似普通的人。中国有句俗语：小隐隐于野，中隐隐于市，大隐隐于朝。生生世世以来，人类等待了很久很久，才开始有了新时代这样公开的意识进化，人类的福祉是注定会到来的。

在 21 世纪的美国，有这样一些人，他们在做着这样真诚的努力。当灵性生命进入一定的空间层次和维度的时候，写作有时候就会因为灵感的到达而自然发生。所以，21 世纪美国很多新思想作家写作了大量的书籍，这些书基本思维方向全部一致，真诚合理，是生命意识的真诚流泻，是一个个深深的祝福。

事实上，传统医学里的身体就是几十年的事情，长寿至百岁几乎是人类的一个生命理想。人类的传统观念限制了人类自身的思维，其实人类的生命是很神奇的，身体的重建和寿命的延长也不仅仅是一个梦想，而是一个可以创造的事实。人们以为很多事都是固定的，可变性很小，事实上，一切事件都在恒常变动，只是有些感觉不到而已。这种变动带来生命全新的生机，随着人们意识的发展和演进，将会有一些人异常长寿，来给人类做一个生命科学的奇迹见证。

中国的得道之人不知所终的很多，如赤松子、老子、许由等，他们具体年龄是人所不知道的。中国古代有很多隐士非常长寿，比如：据说广成子寿数有一千二百岁而不衰老；轩辕黄帝拜师广成子得道，世寿一百二十岁；彭祖八百多岁；张三丰一百或者两百多岁；陈抟一百一十多岁。

《圣经》里的长寿人物更是非常多，挪亚世寿九百五十岁；亚当世寿九百三十岁；亚伯拉罕世寿一百七十五岁；约瑟世寿一百一十岁。人们都以为这些人仅仅是一个神话传奇，无法查证。根据现代生命科学原理，这很有可能是真实的。一个真正长寿的人，不会在乎世界的嘉誉虚名，所以自然会在合适的时机，早早避行于世，隐居逍遥，所以人们不能准确知道他们的真实年龄。

想一想，如果没有特殊使命和特殊愿力，谁会在很多亲人都离开的世间游玩呢？谁会见证认识这些人？中国有句古话：山中方一日，世上已千年，这来源于中国古老传说。据说，浙江衢州人王质，有一天到山上砍柴。他不觉走到一个石头屋子中，看见两个童子在下棋，他放下斧子观看。童子送给王质两个大枣样子的东西，王质吃了后就不觉得饥渴。后来，童子说："你来了很久，可以回家了。"王质去拿斧子，发现斧柄已经腐烂了。王质回到家乡，发现人间过去数百年了，自己的亲人、朋友、邻居都不见了。人们已经不关心他从哪里来，要到哪里去，因为没有亲人朋友做生命的坐标系。人们只是传说一些故事，没有什么确证。这样一来，他又回到山上修行，最后成道。所谓成道，用现代的话表达，就是完成人类生命科学的大成就。

这个古老中国故事里面的童子，是指生命修行到返老还童，容颜如童子般稚嫩，没有老态。不仅仅鹤发童颜，而是几乎混同婴儿，稚嫩如童子。

近年来，中国的仙学长寿学对生命科学长寿这个课题进行了很多研究，近代道学大师陈撄宁理论上做了大量开拓性整理研究，但实证没有成功。据资料研究发现，近代以来，生命实践真正能够成功到达大成就境界的人绝无仅有。这是中国传统道家学说的一部分，涉及身体命功的修行诀窍和基本进路，这是世界范畴的绝学和显学，迟早会引起世界性的高度重视和研究。

中国古代智慧里强调性命双修。所谓性，就是神，是人的终极生命意识；所谓命，就是身体健康自在。这里特别说明的是，二者合一，才有延年益寿的神话效果。神话不是瞎编的，而是人所不能理解的，也是不符合自然律的。

这里特别说明：中国古代智慧里所说的"性"不是男女之间的那种"性"，而是指人的先天本性，人的内在本性，就是人的"元神"，它是生命的根。这是西方人以及那种文化知识少的人们容易误解中国文化的地方。有人将这种性命双修、乐空双运解释成男女因为修道而形成的性活动，这是极为错误的。当代人类没有任何可能性通过男女性活动产生开悟见性、成仙得道的效果。因为时代的文明程度更强调行为道德的自我约束，人类的修行必须建立在国家支持、社会承认、法律认可的基础上。人自身的阴阳运行就是性命双修，离开生命自身，祈求他人的双运，这是可怕的生命修行陷阱。修行就是生命个体自己的事情，越来越清净，越来越坚定，越来越语默安然，才是正确的修行路线。

不如一杯茶、一些书，书里什么都有。道教的丹诀、佛教的法身舍利子、基督教神的话语，那些生命的灵粮，都在书籍里。认真读书，终有一天自然会找到生命的出路。所以，21 世纪哲学与人文社会科学出版行业生机盎然，是个传递生命正能量的重要工作场所。特别是中国古代的某些书，会有一个世界性的研究热潮。因为能够提供能量的大多是经典古书，随着时间的推移，很多书保留下来，也有当代很多先进思想的书要买了看。好书不是看一遍，也许买了也不看，因为暂时看不下去。因为你要看懂一些书，和世间其他福报事件一样，也是要做一些好事，积累一些道德，加添一些福报。有一天生命的机缘成熟，你打开一本书，或许，崭新美好的人生出路就开始出现了。书籍是你最忠实可靠的朋友，世间任何朋友都没有办法与书籍相比。高品位的生活，是有一份热爱的工作，有一些家人亲友，有一个书房，有一部电脑，有一杯茶、一部手机，生活足矣。人生的幸福，常常在美好书籍的阅读中和思想消化里面。

西方人谈到"爱"，也不是男女之爱，而是博爱。在西方文化里，爱是一种人类的本来品性，爱是人类神性的显现，爱是上帝的本质。爱是生命神圣的存在仪式，爱就是人与人最基本的关系。

从某种角度上说，没有身体健康，生命意识就难以达到终极境界。反之也是成立的。当人的意识演进到终极生命本源之处，自然，由于能量的强大流入，身体健康无病的生命状态就会随之而来。生命的内在心灵意识虽然看不见、摸不到，但是，在现实生活中总是有所显现的，所谓奇迹就是这样发生的。奇迹是超越自然律的存在。

概言之，天下没有免费的午餐，种种奇迹皆是真心付出的报答。当一个人决心修行，不再需要任何一点点恶行恶举，从此，放弃人世间的争名夺利、恩恩怨怨，无视世人的歪曲凌辱，坦然前行，天地为之动容，自然奇迹伴随其身，所谓达到"无为而无不为"的生命状态。

中国《庄子·广成子解》一书，记载了广成子答轩辕的话："至道之精，杳杳冥冥。无视无听，抱神以静。形将自正，必净必清。无劳尔形，无摇尔精，存神定气，乃可长生。慎内闭外，多知为败。我守其一，以处其和，故千二百年，而形未尝衰。得吾道者上为皇，失吾道者下为士。予将去汝，入无穷之间，游无极之野，与日月齐光，与天地为常，人其尽死，而我独存焉。"①

这种记载和美国21世纪主流文化思想的理念是基本一致的。这段文字叙述了人处于宁静平和的生命状态，会带来生命形体的根本变化，即那种外在肉体长寿健康的生命存在状态。包括以下三点。

第一，无视无听，抱神以静。大智若愚，闭目塞闻，不被外在事物牵制。

第二，入无穷之间，游无极之野。自然寿比天齐，可以自由选择寿命长短，形体精神保持健旺不衰。

第三，慎内闭外，多知为败。世间小聪明是成道的障碍。

如果人类真的需要，如果人类意识进化到了相当的程度，长寿是一个可见的事实，也是一个重要的演示。没有偶然存在的现实生活，在隐态世界里，一切都已经发生了。所以，佛教讲：到了一定层次，真俗不二。真理世界和俗世界也是"一"，不是"二"。一切都是"一"，不是"二"。进一步说，之所以是"二"，也是因为有了"一"的存在。这也是指生命中的"无为"状态，这种状态也可以称为"一"的状态，或者"零"的状态。正是它，引发了"无不为"的生命高效的生存境界。老子在《道德经》中阐明，无极生太极，太极生两仪，两仪生四象。也就是说，一生二，二生三，三生万物。

当人真正意识到自己不能改变任何本质的东西的时候，就放下了高傲、造作、不甘心，这样，智慧的觉醒就可能在生命内在深处发生。只要世间还有一条出路，人们还能够抓住任何一个东西，人们常常就不会真的撒手，不会放下。"无为"的到来，就是彻底放下，彻底放松，彻底臣服，

---

① 庄子：《庄子·广成子解》，载《新唐书》（卷一百八十）《列传》第一百〇五章。

不再做人类富有个性的骄傲挣扎，将一切交给生命之神，那种宇宙天地间最伟大的力量。于是，生命开始逆转，心灵开始疗愈，身体彻底放松，只有似有似无的觉知清明地临在着，这样生命就将到达一个开悟的时刻，一个生命的庆典。

迪帕克·乔普拉说："你的身体没有局限。它正在为你传送整个宇宙的能量、创造性和智能。在这一刻，宇宙正在用你的耳朵聆听，用你的眼睛观察，用你的头脑体验。你在这里的目的就是让宇宙演进。"① 这样的理念，是迪帕克·乔普拉对人类的生命意识做出的重要贡献。

在美国 21 世纪的文化思想界，迪帕克·乔普拉医生最突出的贡献就是郑重论述和实践了身体健康与灵性修行的密切联系。他的著作，将灵性修行的虚无缥缈与身体作为生命载体的功能，做了近乎科学化的阐释，至为难能可贵。因为有一些书中，因为特定的原因，只是重视灵性境界的进展，将生命的肉体形式弃如敝屣，这显然不妥当。

人的肉体生命形式永远是生命意识的一个重要展示窗口，它是世间生命意识得以阐扬提高的必不可少的平台。如果内心认可生命几乎成贤成圣，而肉体并没有感受到其利益，则是没有说服力的，是不成立的。任何时候都十分需要人们放下杂念，持久地清洁心灵并最终治愈心灵和身体。

迪帕克·乔普拉在《生命的七项精神原则》中谈到精神意图的问题。所有的时间都是自己精神意图的转化和实现。当个人以强烈的意图进行创造的时候，生命就产生了意想不到的结果。如果自己根本就不关心，事件就慢慢枯萎消逝。我们生命中的每一个事件，包括见到一朵花、一棵树、一个人、一件事情，都是生命意图的内在呈现。人的生命具有无穷的隐在的创造性力量。迪帕克·乔普拉不是一个普通的医生，他的见解和生命的证悟达到了很高的程度。

所以，我们看他的书，也不是一个普通的事件，而是一个生命能量传递的隐在过程。他在《生命的七项精神原则》中写了第五大精神法则，第

---

① ［美］迪帕克·乔普拉：《奇迹——你的人生没有极限》，万源一译，印刷工业出版社 2012 年版，第 4 页。

一点就写到要"溜进你的意识的间隙"。这就是佛教所讲的在前念与后念之间的间隙,将这个间隙延长,有可能你就开悟了。

这曾经是多么难得的秘密高层次生命境界,却被一些美国21世纪文化思想发展的作家多次提及,人类的历史真正发生了革命性的变化。塔米·西蒙编写的《2012年的秘密》第26章里提到在人类生命里的革命性变化的潜力。这种人类的巨大进步,将变成人类集体无意识行动,从而转化人类的生命意识空间。

这里要特别提到的是,传统医学依然是人们需要依赖的治疗手段。既然此人是否达到生命意识高层次境界还没有证据,就还是一个普通的人,有病需要到医院及时治疗。同时配合非传统的灵性疗法,尽可能在身体物质层面和精神层面都做着身体健康的努力,这是重要的。

第七节　开悟见性的美国人

在美国21世纪的文化思想界,可以发现很多人在书里阐述了自己的开悟境界。开悟见性的事件,有不同意识层次差别。开悟的发生,仅仅是生命意识过程的一个关键的环节,是一个值得纪念的庆典。到了更高生命意识阶段,开悟是不存在的。有一个开悟存在,就又是一段新的生命历程,需要面临一些新的考验。有人怀疑众多开悟者的存在。因为这件事情真的不好作假,或者作假之后,生命意识逐步得到更新,弄假成真。这一样可喜可贺,所谓殊途同归。这件事情的出发点是真诚的,所以,结局也往往皆大欢喜。这些美国人中比较著名的主要有彼尚·安裘密、阿迪亚香提、肯·威尔伯、杰德·麦肯纳、史蒂芬·鲍地安、尼尔·唐纳德·沃尔什等。

如果是通灵附体或者高师代言,就说明自己的修行还没有到主人公的境界,还是一个居于附属地位的人,是一个生命错位或者误会。开悟是人格与神格合一之境。开悟是所谓人类心灵意识的进化,不是高师古灵的进化。宇宙所有生命都在进化,所有灵体都在进化,但是和人类相比,不可同类而语。21世纪美国主流文化思想界人类个体生命的进化,是个体生命的真诚需要。圣灵是生命修行的代言人,是领路人。其他灵体出现都是暂时的，只是生命个体修行的一个小站。

灵性修行开悟的目的，并不是要变成一个特异的人。德国开悟者艾克哈特·托尔，在加拿大公园的长椅上狂喜地待上两年，不工作，不与人来往，超越了物质世界的局限，只待在那个开悟的狂喜境界里。贪着开悟的狂喜境界，也是一种修行考验，这是生命觉醒历程的特定前行阶段。开悟见性不是一个生命觉醒的终极过程，它只是生命意识觉醒的第一个好消息，以后的生命之路还很长。

后来的人生路必定是与开悟见性之前完全不同的。因为领悟开悟境界之人，不再是一个私人个体，他参与了整个世界伟大灵性生命的运作。在这样的生命情况下，俗常的世俗之见渐渐隐没，生活中的家人朋友关系渐渐变化，个人历史开始渐渐终结，头脑越来越清净，身体的疾病渐渐被疗愈。当下的生命存在成为所有一切奇迹的见证。特别是身体极度柔软的婴儿态的到来，是一个生命终将成道的早期征兆，所以复归于赤子婴儿，不是一个口号、一句比拟的言辞，而是需要实证的事实。

开悟见性的艾克哈特·托尔，虽然不是美国人而是德国人，但因为比较具有代表性，这里特别提到。他后来写作了《当下了力量 I　Ⅱ》《新世界：灵性的觉醒》等书，清晰地阐述了对于生命的真实理解，是很有价值的。

可以说，各种开悟的情形都太不相同，程度也有区别，层次也有不同，但是真正开悟的过程肯定是一个特别的生命仪式，是一个不同于以往的特别境界，有人是实证之后得到的；也有人通过理解和阅读得到；有人是在特别的时刻或者特定的机缘下得到的。有人通过阅读得到开悟的经验，也是一种开悟，但是因为灵性磨炼较少，在以后的生命经历中还要一点点再次提升，直到真正的开悟觉醒到来。

实际上，在多媒体时代，开悟是一个越来越多的生命个体行为，能量的传递像电子信号一样快。但是在古代，在宗教里，开悟是一个严格的师徒传承的智慧成就，非常了不起。禅宗六祖慧能大师，佛法境界出色，就做粗活隐蔽起来。师父暗号示意，在夜晚的特别时刻，进入方丈室，由师父面授机宜，究竟师父五祖弘忍说了什么，佛教经典从未记载。

当代的开悟和久修之后的开悟尽管力度不同、层次不一样，但本质上是一样的。那就是了解自己的先天本性，见到自己的本来面目，这一见，便永生不忘，因为巨大能量的传递，震撼了整个生命。因为人的生命本身里面就有生命本体，所谓见到自家宝藏了，人人都有的，没有什么特别之处。开悟之后，生命的本真模样也没有多，也没有少，肉体存在也没有什么特别显见的变化，但是生命空间被转换了。

美国著名作家史蒂芬·鲍地安写作的《当下觉醒》，是这类书中颇为到位的一本书，他描写了开悟之前和开悟之后的境界，几乎是一本灵性开悟的文字地图，影响很大。但是对于觉醒之后的阐述并不到位，因为作者仅仅是开悟见性，还没有真正到达觉醒的生命境界。

觉醒之后，人的行为是如何演化的，阿迪亚香提曾经写了一本书《觉醒之后》，谈到了这个问题的方方面面，这也仅仅是一种写作尝试。有时候，人的觉醒是一个自己制造的幻觉，并不真实。觉醒应该是一个实实在在的生命存在过程，不是一个远离现实生活的逍遥之人的虚幻，因为觉醒之时，在个体生命运行中，现实开始与遥远理想渐渐合一。真正的觉醒，在当代，还是人类的一个目标。任何宣称自己觉醒的人，都是还没有觉醒的人。完全的证悟和觉醒，是天地间的特别事件。

在人生历程中，开悟见性及至彻悟真理，都肯定伴随有特定的物质形式，当下肉体的感觉和变化都会相应发生，是一次生命的飞跃和确证。也许它不是一次性完成的，但是，你会觉察到生命的飞跃，愿望的达成，甚至疾病悄然地被疗愈。这件事情绝对不会仅仅发生在精神层面，物质世界也因此而发生一些多多少少的变化。可以说，肉体生命是意识进化的第一见证者和实际受益者。

所谓真俗不二，到了一定生命意识境界，物质世界和灵性世界在个体生命里合二为一，近乎达到心想事成，这是生命的高层次境界。

这种开悟成就的现象，现在已经并不罕见，这是心灵真正环保以及真正物质环保所吁求的最伟大的杰作。因为开悟了的生命，其生命能量开始被开发出来，以一种极速的形式向整个物质空间发送能量与信息。

所以说，一个真正开悟见性的人，就是一个天地间发送正能量最多的人，也是《圣经》故事里近乎亚伯拉罕式的人，是一个义人。《圣经·创世记》描写过：有十个义人，就能够救一座索多玛罪恶之城。十个义人，是索多玛罪恶之城不可想象的，甚至五个义人，也是难以找到的。人们贪图眼前的荒淫恶行，不会在意即将到来的可怕后果。反正众人都一样。从众心理就是相互攀比，不肯吃亏，你厉害，我更不善，这样，都走到欲望的硫磺火湖里了。

到了 21 世纪，新的时代里面，类似亚伯拉罕义人那样觉醒开悟的人多起来，到达了一定的决定性数字，人类就会产生一个集体觉醒。这是美国 21 世纪新思想的书写者的愿望，是《塞莱斯廷预言》的精到之处，终有一天，这会成为人类集体对伟大人类意识能量的整体呼唤。

这里要特别指出的是，向这些开悟成就的人伸出援手，是希求福报，渴望生命获得成就的便捷成功途径。污损这些大成就者，虽然能够带来某些傲慢如天的人们一时的舒心快意，但是由此所带来的恶劣因果是极难承受的。

宇宙之间，污损了一个普通人，尚且后果不堪设想。污损一个生命的大成就者，仅仅这一恶意，后果就很不好。

所以，做一个善良的人，一个脾气好的人非常重要。善良是一种生命习惯，是一个生命姿态，是压倒一切的成功手段。越是打不还手、骂不还口的人，或许恰恰越是需要你特别礼敬尊崇的人。因为机不可失，时不再来。其实，有时候，所谓亚伯拉罕，就是那个非常普通的邻居，他隐藏了他生命的光芒，和光同俗，在积满尘垢的人间小路上行走。生命的自然运行，就是毫无心机、毫无目的地过着日常的生活。其实，无所谓，什么都无所谓。大智慧人生命自然成就，就像玉米长了个棒子，或者光秃秃的树冬天过后，春天又浪漫依然地悄悄长出了新芽。至于风雨严寒，它们也都回了家，一切事物都自有自己的归宿。

"这样你将会找到极大的安详。太轻松啦。没有想要的东西。没有待做的事，而且除了你当前所处的这种状态，没有其他要进入的状态。"① 这样，生命就是一种庆典，是一个生命存在欢悦的符号。当开悟到来的时候，所有的物质空间都超越了，自己的个人历史从此被刷新。这仅仅是一

---

① ［美］尼尔·唐纳德·沃尔什：《与神为友》，李继宏译，上海书店出版社 2012 年版，第 176 页。

个生命更新的开始。随着时间的推移，狂喜的生命境界渐渐隐退下来，生命中的一些事件可能再度又被搅扰起来，但是已经没有什么障碍了。因为开悟成就后自己还是要在世界上接受检验。佛教所说的"随缘消旧业"，就是这个生命灵性进展过程。

开悟之后的生命，也可能有非常困苦的境遇状况。因为，这个处于生命进步境界的人，已经能够知道很多非常隐秘的事情，包括他人的侵犯和敌意。他人在头脑中一个世俗的念头，可能自己就会接收到。于是，这些信息都严重干扰了自己清净的生活。生活中原来的一些人，他们原来都是怀着并非高尚的心念，于是，你会被再次重伤。这样的人间如何能够让你逗留？你明明知道那些不良隐蔽的心态，那些人世间的恶意。

修行人生命中时时处处都是考验。你必须超越，才能前进，但是超越这些人性琐碎和低劣，是多么艰难。因为你曾经就是这样琐碎和低劣的普通人，你总是和他们混在一起，你从来都不是神，否则你遇不到这样的情况。所以，古代修行人有时候住在山上，遇到人就赶紧跑掉，不肯混在一处。山野树岩，生存条件非常艰苦，却比人间繁华殊胜高贵，自在逍遥。

所以，佛教把人间修行称为：火中化红莲。人间试炼的大火炼净了生命每一丝阴滓，生命的红莲才渐渐开放。这样的生命高端考验，是人间修行最为凶险的时段。有时，人间罪恶穿成一串，挤成一堆，你逃无可逃，躲无可躲。每一条出路，都是人间绝路；每一个努力，都是一个可笑的妄念。地球上每一个人都是一个能量发射塔，都是作用力与反作用力。你不能忽视任何人的生命能量。人世间，起死回生的事情是有的，这完全不是虚妄。那个每次遇难呈祥的人，是一个多次浴火重生的人，因为生命的逻辑是：既然神救了你一次，那么他还会救你。尽管你不知道神在哪里，但是你知道感恩在哪里。

这是"灵魂的暗夜"，是生命的高端考验，因为你可能洞悉善，也可能洞悉恶。当生命变得清明，你如何能够原谅，完全绝对不准起念报仇，因为你现在已经不同常人，你如何能够不被恐吓，惊惧原本人间是这样一副赤裸凌辱的假象，你如果要活着，假如不能"和其光同其尘"，自己赤诚的胸怀就会再次被彻底中伤。这时候，也许需要选择隐居山林，甚至可能必须选择隐居山林，过着野人般的生活。

远离城市文明，就没有医院、警察，一切暴露在天地之间。在荒郊野外的佛寺，即使鲜血横流，只能生死交托，持咒修行。否则，迎面而来的很多人间心念都会刺伤你的心，都是一样的流血，都是一样的心伤。这是修行进路中的生命困境和高端考验。所以，没有一种生命成就是轻而易举的，没有什么高端成就是可以不付出高昂代价的，这是宇宙因果规律的再次显现。这就是中国古代人说的忍辱仙人的生活。世人的侮辱是一种生命的常态，因为你已经离群孤独。有的时候，家人同样不会理解你的作为。你那种随时出现的定力净心，有时可能招来大声的呵斥喧闹，因为你似乎是一个极端自我膨胀的人。你的无视和无听是这样招人愤怒，你在无视谁？你的耳朵到底好不好用？他们大声斥责你，好像你是一个聋哑人，普遍认为你是不正常的人。似乎天地都在灭你，所以，你的生命成就越大，越要忍受诸多这样的重重考验。彻底臣服，恒顺众生，人家都对，就我不对，我道歉。反正是自己亲人，低声道歉是没有什么可耻的，倒是很快会皆大欢喜。众位亲人于是恢复了被伤害的自尊，放手松开你。

美剧《阿甘正传》1994 年首次上映，影响很大。这部电影似乎是一个新时代生命成长的鲜活版本，那个阿甘，智商只有 75，他不是世俗的普通人。他是一个生命被极大赐福的见证，这与智商无关，与行走能力无关，仅仅与灵性福报有关。他的奔跑，就是对恶的袭击的超越。他的女友，是他的灵魂伴侣。阿甘最后清净单纯、富足无忧的生活就是生命成就的一个显现。阿甘一生意识单纯、心地赤诚、精神意志集中、意志不动摇、生命有定力、品性善良，这些都是生命科学有大成就者的基本素质。阿甘的世智辩聪处于低级状态，但是一生奇迹绝妙。

直到有一天，你真的胜利了，光明恒久照进你的生命空间，融化了黑暗的力量。你真正达到一种生命状态：没有人能够以任何形式扯掉你生命的一小片羽毛，没有人伤害得了你。你的生命得到超越性的提高，于是生命的境界又一次被更新，人的生命再一次凯旋。

有的时候，修行的困境在于：自己太逞能。无论有多么高的生命成就，都不可以逞能，不泄露人间秘密，不记恨仇视计较任何人，对任何人都必须只有赤诚恩爱，生命才不会困住，自己生命前进的道路才会再次显现出来，否则，通往前面的人间路，每一条都是绝路。在这个生命修行阶段，你要么死掉，要么超越出去，全面提高自己的生命境界。

中国历史上那个关于唐代女皇武则天的预言，据说是修行者袁天罡和弟子李淳风的杰作。这就是泄露天机，扰乱人间生命环境，造成武氏一族生存艰难和生命危险。这是变相的杀人流血。这就自然会受到天谴报应，这样的修行人因为高端成绩，洞悉天机，反倒自行设置自己生命的障碍危局，如此一来，个体生命修行很难达到预定境界。那个李淳风，因为受了唐代皇帝的供养，作为因果回报，就介入唐朝国家运程的操作，这是一个扭曲的大妄念。这一事件的教益就是：人要首先开悟见性，才能成就生命科学的伟大成就。中国道家修行理路，就是生命科学的高端成就，不是符咒、术数的成就。只要没有开悟见性，即使像李淳风这样能够使用符咒、术数进而窥探天机的道家人，也是凶险重重。所以，生命的开悟见性进而觉醒，是人类生命最根本的出路。

在中国封建时代，中国女子受到男权社会的重重重压，本来就生存艰难，这样的预言加剧了武氏女子的生存难度。中国历史证明，那个小女子武才人①在封建唐朝护国士大夫危难杀机中，在封建男权重重的忌惮威压之下，最后成长为一代封建女帝王。这一历史说明，某种天机预言是有效果的，但是高层次修行人的窥探天机同样改变不了人间历史，甚至没有必要改变人间历史。中国有句古话：跳出三界外，不在五行中。有的《周易》预测者小的事情预测很准，因为天地之间任何事情的运行都有一定的信息，所以，预测是有效的。但是，大的事情，天地运作，瞬息万变，几乎难以预测准确。中国古代小说《三国演义》描写了很多这样的历史故事。司马迁的《史记》也记载了这样一些历史大事件。

莎士比亚的戏剧《麦克白》里面说了一个关于预言的故事。大将军班柯出外征战，遇到三个精灵（可以翻译成女巫），预言大将军班柯会成为君王。班柯的妻子极度想当皇后，就全力怂恿班柯听信精灵的预言杀掉现任君王，篡夺王位。人的福报达到一定境界，才会有相应的王位，不是谁

---

① 武则天（624—705），中国历史上的女皇帝之一。武则天67岁继位，是中国历史上继位年龄最大在位时间很长的皇帝，是寿命最长的皇帝之一，终年82岁。她本来是唐太宗李世民的才人，在唐高宗时为皇后（655—683）、唐中宗时为皇太后（683—690），后自立为武周皇帝（690—705），705年退位。

想篡位，就可以篡位。精灵或者女巫都是骗人的，那些预言很多是骗人的，不要相信。天地之间，应该怎样就怎样，随缘就方，自在无碍。

因为精灵是骗人的存在，否则就不会是精灵。精灵不比人高贵，它们是骗人的东西，因为它们还没有进化到人类的高层次生命境界，精灵生命修行境界低于人类的存在。精灵仅仅预言告知你事件的前半部，不告诉你结果。或者，精灵自己也不知道结果怎样。做个大将军本来就够好的了，还一定要杀人篡位，这不是多此一举吗？结果，班柯班师回朝，杀死君王，自己做了僭王。因为没有人做得了杀人魔鬼，人没有办法成为魔鬼，所以，班柯因为杀人，从此杀死了自己的睡眠，同样也杀死了自己的精气神。他总是在幻觉中看到老王的身影站在他的床前，老王的鲜血从门缝底下，流到自己的卧室里。这个假国王和王后因为严重失眠愁肠百结，渐渐精神耗竭疯狂而死。

所以，任何修行人都不需要逞能，老老实实，总有生命寂然清净前进的道路，不要陷入任何一个假象和陷阱，生命才能继续前进。保持自己的生命境界，成长自己的生命力量，不半途而废，不得少而足，清净修行，才能在真正意义上为人类做贡献。

可以说，在种种关键的事件上，生命境界达到一定层次，内心里自然会有一种坚定的信念，好像一切事件都发生在生命外部，心并不随着境界转动。这就是天地护佑。在任何艰苦情况下，内心都自然有一种非常冷静的力量在支持着局面，直到危机结束。佛教大成就的师父们总说，没有大死，就没有大活。所谓大死是世俗生命死，神圣生命活。"大死"也可能是生命大定力发生。有时候，真的所有生命体征都要消失了，后来生命迹象又再度来临。所以，民间俗语"大难不死，必有后福"。

这种特别的大难区别于普通灾难事件，它是命运的一个极大赐福，是一种生命提升的特殊样式。所以，无论什么事情发生，生命意识里都要有一句话：父神自有他的美意，这是真的。这是一种生命的祷告，是一个生命的呼救。这个父神，中国叫老天爷，不是一个具体的人，而是生命之源本身，代表一种伟大力量的宇宙信息。

美国著名的心灵导师阿迪亚香提写了《活在恩典中》《觉醒之后》《空性之舞》等书，阐述自己对于生命开悟觉醒的见解，是十分难能可贵的。他的觉醒应该是程度高的，他的书有一种祥和清净的感觉，十分难得。

"我们处在真正的觉醒状态时，我们绝对不会把自己觉悟到的真理当成逃避任何内在问题的借口。我们欢迎内在的一切进入存在之光中。一旦我们注意到自己正在把灵性觉悟当成一种借口，从而对自己的无意识行为视而不见时，就应该立刻认识到这种行为源自于错觉状态。"①

实际上，这种意识处于漫游状态的人不是真正觉醒的人，只要被任何的境界困住，就是一道生命新的功课。所谓觉醒，一定会有清醒的生命意识临在。有时候，有些人看了几本书，就认为自己是上帝，是佛，是与神一体不分了。这只是生命的初步，这只是生命意识进深的开始。设若真的"转凡成圣"，那么自然可喜可贺。设若以此"转圣成凡"，将一切的伟大与神圣看作人间俗物，就是"倒果为因"，就亵渎了神性的伟大，就将生命做成了那种夹生不熟的饭，从而自己就因为大妄念的发作，阻碍了自己开悟进化的生命道路。

这种情况和该书倡导的从人类理想的境地出发是不同的概念，这两件事情的动机是截然不同的。"倒果为因"，将自己的修行境界误认为至高无上成佛作祖，向人们做欺骗性宣传，或者有自己的金钱目的，这是危险的。但是，我们所提倡的是由此开始人类新的生命程序，没有个人的炫耀神秘，从而清净修行，在平常的生命时光里，在普通的日常工作中，将觉醒、平安、美丽当作生命运行的当代程序，那么，就会成为时代的先行者，是值得尊敬的成功者。

真正的觉醒，是精神充满的人，自然有一种力量在生命里让他处理好一切人间事务，随着时间的推移，开悟觉醒显现为自然而然的成功者。当人生命安详的时候，就解脱了对一切事物的挂碍，自由自在，而不是那个游走四方，什么都再不想干的奇怪人。就是说，开悟觉醒是有验证的，也是有物质显现的，不是自己断定说开悟了，有一些清明的境界，发生了一些幸运的事件，就认定自己是开悟觉醒。这不是真正的开悟觉醒，还需要继续前进，真正地用生命来证悟。美国那么多开悟者，很多是初步的成就。这种事情就是一个生命的庆典，一个生命更新的标志，不是生命本

---

① ［美］阿迪亚香提：《觉醒之后》，屠永江译，华夏出版社 2012 年版，第 73 页。

身。生命真实的存在，就是生命在创造性的原理下，自然地临在和呈现，亘古如此，没有什么特别。

阿玛斯（A. H. Almaas）① 构想了"钻石途径系列"。他认为，一般的生命修行之路，也就是意识觉醒之路，是单面向或者少数几个面向，而真正的觉醒之路具有无数面向，就像一颗钻石一样，随时都有多个面向。人类真正的自由来自生命意识的彻底解脱。

在某种程度上，一个真正开悟的人，是一个很难肉体死亡的人，因为天地的能量都开始护持他，直到完成这一期活在世间的生命任务，才可以预知离开时间，自在离开人世。在当代，像佛陀、耶稣、老子那样的大成就者、觉醒者、成道之人并不是没有，但是人们很难认出他们。在修行界，神通是不许被展示的，因为有神通的人并不一定是觉醒之人，会带来生命的危险，只有到了漏尽通②的程度，才开始走向真正的大成就的初步新阶段。这时候，自然会明智地运用神通力，并不会被大众指认出来。总之，隐蔽修行是这个世界的修行原则。

一个开悟现象，时间或长或短，总是会过去。人不会总是停留在那种能量巨大的生命境界。一个人无法对静谧境界长期执着，因为要启用生命的大智慧，这时候必须还一如既往平凡安然地在人间生存。静谧临在着，但是生命是活泼的，什么都不耽误，一切都应付得很好。执着于任何一种东西，又是一番磨炼。开悟并不意味着从此就有理由可以放弃所有外在物

---

① 阿玛斯（A. H. Almaas）的"钻石途径系列"非常重要，因为篇幅有限，在此不多加叙述。阿玛斯受过严格的东西方宗教训练和现代心理学训练。他的学术方向是物理、数学、心理学和超心理学。1975 年，阿玛斯在科罗拉多州和加州创办 Ridhwan 学院，具有世界性影响。1986 年创立钻石图书出版社。

② 漏尽通，佛教的术语。佛家六神通之一。又称漏尽神通。"漏"即烦恼；能破除执着烦恼，脱离轮回，意指修行证得阿罗汉果。也就是证得漏尽智，烦恼尽除、得解脱、威德具足的境界。六道众生如天、人、鬼神等，因世间禅定或者与生俱有，或多或少有前五通，然而能力亦有浅深小大之别；天魔也具有五种神通，得以变现种种奇迹。然而第六通——漏尽通，是必须真正破除烦恼，而证得的神通境界。《楞严经》中提到在修定的过程中可能遇到种种奇迹，或许是随禅定功夫深入而渐得的神通，但若执着求神通或欢喜于得神通，则容易受到引诱而误入歧途。这是每个修行人生命进路上的考验，是无可避免的。没有神通生命未被开发，修行差距很远，有了神通需要淡定隐蔽生存。参见 http://baike.baidu.com/view/1015459.htm. 佛教认为，不能贪求执着任何神通，它们是生命的附属品，是随着生命的实相证悟而附属来的，不是贪求来的。从这个角度说，生命修行觉醒之路是持续一生的大行为。道家认为"漏尽通是生命进深成就的初步，形成马阴藏相"，即佛的三十二相之一。

质世界，进入完全遁世的生命状态。中国道家阐述过"炼虚合道"的了道阶段，但是，人间罕见。因为世界本身，是肉体存在不可回避的一部分，修行，就是在世界上磨炼和进步。所有的执着最终都要变成顺其自然的存在。看见了物我一体的真实，了然了人我一如的秘密，所以内心不再挣扎，绝对臣服地对待人生，这就是更为积极地、更为有力地面对人生。那个无法言说的境界，那个几乎完全被震慑住的静谧之所，只是惊鸿一瞥，从此就再也不会遗忘，那是生命的天启。这个时候，身体高度震动、粉碎，能量充满生命的每一个空间，生命空间发生了巨大的转换。这样的境界之后，还是要生存，第二天上班还是要去的，自己的工作任务还是要更加认真地完成。

人于是要开始新的历程，要在世界生存的行为中磨掉一切过往思维行为习气，将神性的临在，变成一种常态，这个过程并不轻松，开始时甚至可能是痛苦的。人难以知道怎样能够从习惯做人，练习做超人。

这当然是隐蔽不明的说法。人会发现自己再也不仅仅属于某个家族，再也不会纠缠于恩恩怨怨，甚至，除了自己以外，再也不需要与任何人商谈，因为一切都是如此了然；再也不需要他人的陪伴，因为再也不会有不圆满和孤独；再也不需要去触碰爱情，只可能是自然地顺应亲情，因为已经有过恩爱纠缠；再也不用去占卜，因为不用怀疑和惧怕任何的存在。这时候人超越了命运本身，真实地看到了人世之爱，是条件之爱，从本质上，是梦幻之爱，所以不再执着结果怎样。行动但是不在乎结果，因为都是好的。开悟见性的人，如果还有感恩的情感流溢在心间，还没有超越这个，就会怀揣着终极之爱，在世界里重新做人。

"去拥抱整个世界吧，因为整个世界都体现了我的身份和本质。别拒绝人世间的任何东西，也别拒绝任何人。可是虽然你在人世中，人世也在你心中，要记住你比它更大。你是它的创造者，因为你经营着自己的存在，也创造着它。你和我一样，既是造物主，又是造物。"①

唐纳德·沃尔什先生的《与神为友》中的神的临在，是我们无法抗

---

① ［美］尼尔·唐纳德·沃尔什：《与神为友》，李继宏译，上海书店出版社 2012 年版，第180 页。

拒的，因为他告诉我们那么多的道理，简直让我们惊叹。因此，不是一谈到终极生命之源，到达天堂之境，就是要谈彼岸真理；不是一种将希望寄托在来世的精神鸦片；不是去死；而是积极地、更清醒有力地活着。天堂的光明之境就在人类当下此在的内心生命里。除了你自己，它不在任何地方。

《与神为友》一书道出了开悟的境界。① "那就是你。那是你灵魂的核心。那是围绕着你，穿透你的能量，那就是你。请跟你的灵魂打个招呼。你刚刚发现了它，你终于发现了。你刚刚经验到它，终于经验到了。如果你与它融合，如果你与它合为一体，你将会认识到一种高洁圆满的欢乐，那就是你所说的极乐。"②

一直在运用葛吉夫的第四道修行体系修行的美国雷德·霍克教授谈道："灵魂客观而主动地对身体及其功能进行冥想，没有任何欲望和干扰，身体被动地接受灵魂散发出来的影响。这种客观冥想的结果就是：身体没有任何紧张，不必要的思绪逐渐消失，不恰当的情绪逐渐停止。这就是古代的灵性传统认为的'开悟状态'。现在，我成为了一个导体，一根禅宗里所讲的'空竹'。我会不加干扰地去接受高等中心的影响，以及带有活跃的能量的印象。我是宇宙创造进程的一个工作单位，成熟地担当起我应有的职责，并且与造物主和谐一致。这就是最高层次的'记得自己'。"③这里面涉及以下三个层面的重要含义。

一 葛吉夫的第四道体系

第四道体系是希腊、亚美尼亚裔灵性大师乔治·伊万诺维奇·葛吉夫的修行训练体系。他把与实相有关的知识称为"素质层面的知识"，强调理论知识，也更强调实修。他把传统宗教灵修法门分为三类："苦行僧之道"着重驾驭身体；"僧侣之道"着重在信仰和宗教情感上下功夫；"瑜伽

---

① 本书中所提到的"开悟的境界"是修行成功的重要阶段。中国道家提到修道、见道、得道、证道、成道、了道几个生命修行阶段，其中开悟的境界只是"见道"，西方人认为是得道。

② [美]尼尔·唐纳德·沃尔什：《与神为友》，李继宏译，上海书店出版社2012年版，第176页。

③ [美]雷德·霍克：《自我观察——第四道入门手册》，孙霖译，深圳报业集团出版社2013年版，第223页。

士之道"主要在头脑层面下功夫。

葛吉夫将自己的修行体系归结为第四道，同时在前面三道上下功夫。倡导从自我观察入手，觉察自己的真实状态，离开低级的生命意识状态，融入高级意识状态，与更高级的无形身体合一。葛吉夫的第四道修行体系在东西方都有很大影响，在美国影响很大。葛吉夫是否是一个真正的成道者并不重要，重要的是：他突出的贡献在于以一种证悟实相的临在的方式，来传播他的意识进化理论，要求在生活的实际情景中真实感悟实相的存在。第四道修行体系也是美国心理学科灵性学理论研究的一个重要部分。

二　"我成为了一个导体，一根禅宗里所讲的'空竹'"

这是作者在象征性地讲述自己空性的心灵状态，这是修行路上的一个重要里程碑。空竹，禅宗也指人体中脉的畅通，所有能量由中脉灌入，流转全身，由此而带来身体的能量充沛和肉体的转化。所谓导体，就是一个宇宙能量连接和输入的管道，在这种开悟的情境中，人会接收到宇宙能量的浇灌和注入，生命开始发生奇妙的化学般的反应。

其实，一个人的开悟是天地间的大事情，必有相应的能量形式的加入，再想做一个浑浑噩噩的普通人，听凭世间意识的混乱支配已经不可能了。此人已经走上意识演进的路程，再也不能回头。因为回头的时候，就会体会到人世间的深重苦难。这个真正开悟的人，就像一个有限公司，很多看不见的护法力量在他身边。这个有限公司是不可以倒闭的，只能盈利，因为众多的力量已经加入进来，他们不会退后去，因为无处可去，生生世世，就是为了今天的全然解脱。因为，一光明，就全光明。所以，有的时候，修行的主人有点闪失，就会有众多隐在力量的惊慌失措。那个清明的觉察，或者叫作觉知，像个国王，临在着。中国古话叫作"内圣外王"。生命内部彻底宁静，外部君临天下，再也不会有人和事情进入并摇动这个成就者的心灵，这是生命意识觉醒的一个重要标志之一。

三　人类生命能量的精密存在

"我是宇宙创造进程的一个工作单位，成熟地担当起我应有的职责，并且与造物主和谐一致。"人类是宇宙最重要的构成，通过人的生命，宇宙将自己的核心极为精细地放在人类的生命里面，只要想想人类肉体的精密构成，自然就会赞叹造物主的神奇奥妙。

量子力学和全息学说，已经证实了生命内在能量的精密存在。宇宙对人类的存在必然是祝福的，因为人类是宇宙存在的最重要的显在因素之一。人的血肉肺腑如何与头脑意识精密启用，来显现生命的存在，这是宇宙的秘密，因为设若有一丁点错误，人就是不健康的、不理智的。人类的健康成长，这种生命奇迹的显现，是宇宙间最伟大的事件。所以，每个人的生命本身，都是如此无与伦比地珍贵高尚。所以，真正的有觉悟的人，不会计较纠缠于人间的是非得失，那都是生命的假象，是虚幻的生命表象。

"最终，一个人会臣服并且信任生命和本我。他把自己交托给宇宙的起伏变化，以他所有的部分了解到所有的形式都是从虚无、寂静中产生的。它们一旦完成使命就会被再度吸纳回去。他会明白他可以在失去自我时找到自己。他会从某种主观的局限中解放出来，但却会意识到他的本我是宇宙宏大生命中的一个负责的参与者。他参与了整体的运作。"①

这里"它们一旦完成使命就会被再度吸纳回去"，就是隐含地说明人最终完成使命，离开人世，回到永生的家园，真正领悟到自己一直是宇宙整体的"负责任的参与者"。

人类的重大使命之一，就是完成非二元意识的实现。人类"非二元意识"的出现，意味着人类意识的进化，是人类觉醒的信息，是一个人类一体不分的梦想实现。当越来越多的人都将人类的觉醒作为自己生命的重点，人类的集体无意识在不知不觉中渐渐改变，人类越来越趋向精神化，人类整体的意识进化和觉醒就为期不远。

人类即将觉醒的信心和理念，已经风靡全球影视文化界。这些影视剧用一种极度奇幻的手法，打开人们传统的精神视野。因为蓝色是宇宙的颜色，电影《深蓝小孩》改编自李卡罗和杰透波夫妇所写的小说 *The Indigo*

---

① ［瑞士］珍妮·迪·萨尔斯曼：《生命的真相——葛吉夫第四道》，孙霖译，华夏出版社 2012 年版，第 135 页。

Children：*The New Kids Have Arrived*；电影《美梦成真》（*What Dreams May Come*）于 1998 年摄制出品；电影《时光倒流 70 年》（*Somewhere in Time*）改编自美国作家理查德梅西森发表于 1976 年的小说 *Bid Time Return*；电影《星际穿越》（*Interstellar*）于 2014 年出品。这些电影以奇妙的构思，开始挑战人类的思维极限，打开人类的精神视域。关于生命多维度空间的故事，已经渐渐被人们所接受，人类的灵性智慧正在逐步觉醒。

第四章 《塞莱斯廷预言》与人类意识的转变

1993 年，美国青少年心理治疗师詹姆斯·莱德菲尔德① （James Red-field，1950— ）自费出版了他的第一本小说《塞莱斯廷预言》（*The Cel-estine Prophecy*）。作者没有进行特别的宣传，仅仅通过读者口耳相传的方式广泛印刷销售。1994 年，由华纳出版社购买了版权，以精装版的形式出版，连续三年荣登《纽约时报》畅销书排行榜之首，其影响力遍及全球 30 多个国家。1976 年，海伦·舒曼教授编著的《奇迹课程》在美国出版之后，引发了一股人类灵性思维突变的热潮，人类旧的思维方式退化和闪避，美国新的思维和新的思想文化激发了人们的灵性生命能力。灵性资本的产生如同金融资本一样，是一个富贵满足的生命状态的标志。1977 年，肯·威尔伯（Kenneth Earl Wilber，1949— ）博士②的成名作《意识光谱》出版，被认为是继阿罗频多的《神圣人生论》、海德格尔的《存在与时间》、怀海特的《过程与实在》之后，20 世纪最伟大的第四本哲学著作，更加引发了人们心灵意识探索的狂潮。

在美国学术界、文化界，灵性扫盲运动逐步展开，所以，《塞莱斯廷预言》的出版，超越了一般凡俗小说的情爱事件，成为美国文化思想界人

---

① 詹姆斯·莱德菲尔德的修行达到高层次的境界，小说讲述的不是一个虚构故事，而是一种精神意识的表达和呈现。只有在超越物质空间的情态下，这样的小说才能写成。这是新时代灵性写作的一个典范。

② 肯·威尔伯是美国超个人心理学、长青哲学研究领军人物、整合意识理论倡导者，也是美国 21 世纪主流文化思想运行中的重要人物，是开悟见性的大学者，被称为"新时代的爱因斯坦"；被认为是继威廉·詹姆斯以后最富有思想价值的重要人物。他青年时代出家在佛教道场亲自打坐禅修过，他的思想是东西方文化的全面整合，他的作品大量涉及东方禅宗文化，也涉及哲学、超个人心理学、文艺学、现代和后现代文化理论等。肯·威尔伯著作内涵广泛，由于篇幅所限，本书不做专门论述。

士关注的焦点。后来所改编成的同名电影，中国翻译为《圣境预言书》。可以说，《塞莱斯廷预言》已经成为全球21世纪主流文化思想理念与生命写作的一种典范，是美国21世纪主流文化思想的标志性作品，"媲美《塞莱斯廷预言》"已经成为一个称赞同类作品的专门术语。

"我们现在知道，人生其实是精神的一种开展，而那样的开展是个人的、非常迷人的，不是现有的科学或者哲学甚至宗教所能完全解释的。而且我们还知道一件事：一旦我们确实领悟人类意识中发生的这些转变，并且决定投身进入这个充满文化意义的过程中，加强它在我们生命中的作用，那么人类社会必将产生巨变，进入全新的生活方式。不但落实我们最美好的传统，而且创造一个历代祖先一直在追寻的文化。"①

人类生命意识的转变，即人类心灵的进化是这部小说的主题。它借助于一个秘鲁雨林中的新近发现的古代手稿，展开其独特的故事情节。在小说中，手稿的出现引发世界性轰动效应，冒险家、考古学家、宗教学家等各类人士纷纷赶来，被秘籍的非凡内涵所深深吸引，由此展开各种惊险的探险活动。因为当地政府部门和保守的宗教力量未能理解这部古代手稿的精神价值，所以派遣武装力量加以查封清理。据说，这部写于公元前600多年的手稿，预言了几千年来人类成长的心灵历史，预言了21世纪人类意识的重生和进化。作者通过小说的形式，构想了秘鲁热带雨林区域发现神秘手稿的故事，借此预言畅谈了人类意识进化的新时代。小说里记叙的这部古老神秘的手稿本质上不是宗教的宣说，而是人类精神意识层面的展现，是对人类生命生存意义的新的发现和新的思考。正是作者詹姆斯·莱德菲尔德采用小说写作的形式，向大众预言：在21世纪会产生一种新的纯粹精神文化，使人类向更高的生命层次进化发展。

第一节　奇特的思维方式和生存方式

这本书的主人公没有计划的生命存在方式尤其引人注目和发人深省。

---

① ［美］詹姆斯·莱德菲尔德：《塞莱斯廷预言》，李永平译，中国城市出版社2010年版，第1页。

人们不再按照自己的日常世界意识来指导生活，将自己全然交托内心智慧意识的引导，这是一种特定高级的生存状态，也是中国道教高级法门①修行策略。《零极限》中修·蓝博士也提到这样一种处世方式，这种不动心机、事来则应、事去不留、效法天地自然运行的生命意识的成长过程，意味着人类生命意识的伟大转化。

"人类意识的转变——你内心中已经感觉到的。这一切的根源，在于我们提高警觉，领悟我们生命是如何向前迈进。我们开始注意到，人生中的那些机缘巧合、在节骨眼上突然冒出的那些贵人，会出其不意地把我们的生命推展到一个崭新的重要的方向。也许，比起任何时代的任何民族，我们更能够凭着直觉悟解这些神秘机缘的深层意义。"②

因为众所周知，在这个世界上，事情的成就往往是由于认真计划、努力工作、勤奋刻苦而成的，突然要人们放下显意识，完全听凭机缘巧合来生存，无异于让人的生命开着车却不再使用方向盘。真的有神性意识吗？它在哪里？它能够随身保护自己的主人公生活和成功吗？它会不会有延迟和出差错？这样看来，人不成了傻子吗？大智若愚的生命境界就是如此。此人生命境界还仅仅是在修行归家的路途，没有到达返回天家坐稳的境界。

中国道家有句重要修行口诀："识神放下，元神做工。"这里所谓"识神"，就是用于思维的人类显意识。所谓显意识，就是我们日常生活所运用的思想意识，它指导我们在这个世界的生存活动。所谓"元神"是指来自生命之源的智慧意识，就是生命本源的"道"。这类似于生命的潜意识，又不同于潜意识。潜意识被佛教称为阿赖耶识，是种子识，包含了人类的集体无意识。而生命中"道"的意识，是纯洁无比、清明临在的太极意识。人类生命的潜意识，与佛教的大智慧、基督教的基督意识是不同的，这是一个复杂的大话题。

我们引用乔·维泰利《零极限》的情节加以参照。

"'说到这里，我们要怎么办这个晚宴呢？'我问道。我总是想控制局

---

① 中国道家"神修金丹大法"中的基本要求与此相当。

② ［美］詹姆斯·莱德菲尔德：《塞莱斯廷预言》，李永平译，中国城市出版社 2010 年版，第 1 页。

面，以确保自己做得完美，而参加的人也得到了他们想要的。

'我从不计划，'修·蓝博士说，'我信任神性。'

'但晚宴上是你先发言，还是我先呢？或者你还有其他的安排？另外，你是否需要我先向大家介绍一下你呢？'

'你看着办吧，这些都不用计划的。'这让我觉得很为难。我需要预先知道自己需要做什么，而修·蓝博士却把我推向黑暗的未知。也或许他这样做才是把我推向明亮之处，那时我并不确定是这样的。

他接着说了些比我当时理解的更睿智的话：'人类没有意识到的是，在我们活着的每一个当下，我们都在持续不断地抗拒生命。'

他继续说：'这抗拒使我们持续处于与大我意识分离，与自由、灵感，以及那最重要的神性本身分离的状态。简单地说，我们是漫无目的地徘徊在心智沙漠里的流浪者，既没有留心耶稣基督的教诲——不要抗拒，更不知道另外一个法则——平静从我开始。'"①

这里，修·蓝博士提到他对内在神性完全信任，完全不计划，这是个体生命的很高修行原则。这是一个修行人特定时期的生命意识状态和生存现象。《塞莱斯廷预言》的故事架构就是基于这样一个高层次思维基础之上。一切都不是偶然的。生活中出现的一切现象，都是生命的机缘，是神性智慧运作的一部分。其实也只有具备对生命本真力量的无比信心，在这个生命意识的基础之上，生命才有可能真正地走上喜悦平安富足的大路。

美国著名钻石途径构想者阿玛斯（A. H. Almaas）在他的钻石途径系列图书之二《解脱之道》里谈到这种现象："一旦能毫无疑问地信任我们这个有机体和我们自己，快乐就会源源不断地出现，但这不是一种刻意制造出的信心。我们不需要对行走的活动有信心，因为我们的脚自然会走到自己想去的地方，而不需要期待它会着带我们往哪里去。这便是所谓的信心。只要能彻底接纳，信心自然会出现在我们的心中。"② 这种信心不是世间普通的信心，而是出于对生命的本我彻底的信任而生出的

---

① ［美］乔·维泰利、修·蓝博士：《零极限》，宋馨蓉译，华夏出版社 2009 年版，第 75 页。
② ［美］阿玛斯：《解脱之道》，胡因梦译，深圳报业集团出版社 2009 年版，第 89 页。

高层次信心。没有一个显见的东西可以证实生命之本源的存在，但是真正有信心的人就是相信它的存在，并将生命彻底地交付、彻底地臣服。这时候，生命就处于高级修行态之中，自然有奇迹般的人生。因为修行就要像大将军一样，冒着巨大的危险前进，绝不回头。没有这个精神，就没有走出解脱之路的可能性。因为任何的世间计较和算计，都会遮蔽生命本我的光芒。生命意识只有越来越纯洁无瑕，生命的觉醒就会越来越有把握。中国古话"顺者成人，逆者成仙"就是说：顺着世间的欲望和意识，就造成人类的命运；逆着世间的欲望和意识，就开始了成仙得道的道路。

《塞莱斯廷预言》这部小说完全像对一个现实真实事件的叙述，因为作者探索和描写的境界具有生命指导性意义。就像上面所说的那种个人随缘运行、不做计划的高级生命状态，在个人自己的生命中已经运行了很久，只是不知道为什么这样，不知道答案。有时候觉得这种没有计划的生命状态，是变得如此傻傻的。这时候，看到这本书，自己很容易内心深深地感动。就像一个人自己在宇宙中存在很久，四顾无人，找不到坐标，也不知道自己行到何处。找到并且看到《塞莱斯廷预言》这本书，就会突然觉得自己早就走到了无人之处，不需要再恐惧什么了。那个美国人詹姆斯·莱德菲尔德，他是同路人。宇宙之中，没有人是孤独的，有这么多人一起前行。而此前自己人生所经历的困难，就是为能够到达光明之处做的前期准备。就像根据这本书改编的《圣境预言书》里面提到的第十个预言，所有的生命中发生的一切，都是为了开悟觉醒，那个可以回家坐稳的伟大生命历程。因此，这样我们可能就学会了生命的微笑。就像摩诃迦叶的微笑一样；就像那个生命花园里的花朵的微笑一样；所谓"言语道断，心行处灭"，就是无语在心头，就是彻底宁静与坦然无惧。

《塞莱斯廷预言》中提到的第一个觉悟：在下一个千年来临之际，就是我们现在的 21 世纪，用新的眼光看待环绕着地球上每个生命固有的奥秘。我们正在经验这种神秘的机缘，纵使我们还不理解，我们知道这个经验是真实的。20 世纪 60 年代之后，意识到人类背后神秘机缘的人开始急剧增加，到 21 世纪初，就会达到一定数量，也就是决定性的多数，人类会集体探究，在这个星球上人类生活背后究竟有什么神秘的力量在运作。一旦人类达成新的觉悟，文化意识都会随之改变。[①]

小说所说的集体研究已经产生，这就是全球 21 世纪主流文化思想的勃兴。这在以往的时代是难以想象的，古代宗教修行者大多隐遁山林，远离社会、媒体；而在当代，人类思想意识的洪流已经形成，人们走入世俗，探讨生命与意识的深度意义，追求生命过程的平静和完整，这种众多人类意识觉醒的前期生命状态，是极为难能可贵的。

简单地说，小说提到的第一个觉悟就是："人类很多人开始觉察人生中有神秘的事件发生，可以改变我们的一生，也就是觉察到人生背后有某种力量在运作。"[②] 因为确切地说，有一些人的成功是难以解释的，似乎来自生活中神秘的力量，并非劳苦所得。因为，21 世纪美国主流文化思想的重要理念是：思想带来物质的改变。所以，精神和物质是相互转化的，从本质上，它们是一，不是二。当然，干非法的事情除外，这里谈的是哲学问题。机缘巧合，会造就很多杰出者的神话般的成功。真正的大成功，没有哪一个不是宇宙力量在运作。中国古语叫作"天时、地利、人和"，缺一不可。只有成功者和大福报人，才知道他们自己的成就真正从哪里来。有一天真的搞明白，不疑惑了，生命的大成就也会开始有了点眉目。比如牛顿、爱迪生、林肯、爱因斯坦等人物都是这样。中国古话说三分人力七分天。天意是生命最大的福报库，是任何人力所不能比拟的。所以，天人合一是伟大的人类生命存在境界，是值得任何人、任何国家恒远追求的实相。

第二节 新的历史观的产生与能量传递

《塞莱斯廷预言》发现的第二个觉悟，就是提出了新的历史观。所谓新的历史观，就是人类创造性的历史观。新的历史观的形成意味着被动地摹写人类历史的时代已经结束，新的时代，人类将运用思想意识创造性地

[①] 参见［美］詹姆斯·莱德菲尔德《塞莱斯廷预言》，李永平译，中国城市出版社 2010 年版，第 10—11 页。

[②] 同上书，第 27 页。

展开人类历史的伟大篇章。传统的旧的历史，只具有总结和警醒价值，在第二个千年结束之际，人类能够回顾这千年历史，进而把人类过往的历史当作一个整体来进行全面的考察。

"面对辽阔浩瀚的、尚未界定的宇宙，人们心里会想——就像当时的思想家那样——我们必须找到建立共识的途径，必须找到有系统地探测我们这个新世界的门路。这种探索现实的新方式，你会称之为科学方法。人类会派遣一群探险家进入这个新宇宙，每一个都具备使用科学方法的能力。他们具有历史性的使命，探测到它的运作模式，和人类生存于地球的意义。透过共识的建立，发现周遭所有事物的本质，包括上帝，包括人类在地球生存的真正目的。"①

人类为了创造世俗的、经济的安全感，以取代我们已经丧失的精神安全，我们彻底迷失了自己。第二个觉悟，扩展了我们对历史时间的认知，它要求我们不要仅仅从现代的角度，也应该从整个千年历史的角度来观察人类文化。由此发现人类全神贯注痴迷于经济成长的追求的事实。这种生命考察的目的，是倡导一种新的创造性的理念；一种新的生命意识发展变化的理念，这种理念将带领人类走向一个新出路，走向一个人类整体和谐同在的新的历史性存在。科学的方法成为人类运作思想意识的重要手段，科学方法是人类意识进化的重要工具。到了21世纪，新的时代，科学不再站在思想意识进化的对立面，指责和鄙弃人类的迷信和狂想，而是为人类意识提供可靠的证据，增加人类生命意识进化的信心。科学的方法和合理指导已然成为人类意识进化活动的中坚力量。

《塞莱斯廷预言》发现的第三个觉悟基于两项科学发明，第一是量子力学的发现；第二是爱因斯坦的研究发现。我们眼中坚实的物体大部分是空洞的空间，其中流动着"能"的模式。能量的流泻是这个世界存在的基本方式，量子力学以及生命全息图谱技术已经发现宇宙存在的秘密形式，那就是能量的流动。人类的生命意识进化，就是人类思想意识的生命能量传递演进的一种形式，宇宙中每个个体的人的心思意念，都不再

---

① ［美］詹姆斯·莱德菲尔德：《塞莱斯廷预言》，李永平译，中国城市出版社 2010 年版，第 35 页。

是渺小的事情，而是具有全息的生命大事件，在宇宙中都会留下相应的痕迹。

"宇宙基本成分核心看来像是一种纯粹的'能'，而这种能往往能顺应人类的意图和期望，就仿佛我们的期望促使我们体内的'能'流入世界中，影响其他的'能'的系统。这种新的'能'成为宇宙间所有物体（包括人类）生存的根基，它会从物体身上放射出来。人类要想觉察'能'的存在，就必须先加强对'美'的感受能力。"[①] 从中国文化古籍的角度来说，这个预见也不新奇，中国古文化里常常提到人的气场、生物场，每个人都是一个能量发射器，向宇宙发射着或强或弱的生命信息，就像手机等电子产品发射的信号一样。所以说因果报应是肯定存在的，因果法则是宇宙的最基本法则。人的起心动念以及人的行为，同人的命运结果往往是相应的，它是这个宇宙因果信息的基本反映。

无论是上帝，还是天道，都是在指向一种能量之源，生命之源，能够监察一切、赏罚一切的力量，都涉及"道"的伟大生命本体的存在。这种力量无形无相、无所不在，语言、人种、国家、地理位置等都有差别，但是"道"的力量是无差别的。早在 20 世纪初，查尔斯·哈尼尔用"以太"这个词来表达"道"的能量的存在。"科学家运用'以太'这个词来描述关于'我们在其中居住、活动和生存'的物质；它无处不在，渗透所有事物，是一切活动的源泉。他们使用'以太'这个词是因为'以太'包含着一些可以测量的东西，而唯物主义的科学派别认为，任何不能测量的东西都不存在。但是谁能测量一个电子？到目前为止，我们知道电子是一切物质存在的基础。"[②]

在今天这样的多媒体时代，人的生活达到极度灵活方便的程度，很多有识之士倡导世界大同，世界和平。全球的眼光和视域，我们对生命之道的体悟和理解，就是世界和平可能性的理论基础。既然人是有老病死的，一直局限在有缺陷的生命体里，大部分人没有找到永生的真相，那么就要

---

① ［美］詹姆斯·莱德菲尔德：《塞莱斯廷预言》，李永平译，中国城市出版社 2010 年版，第 58—59 页。

② ［美］查尔斯·哈尼尔：《硅谷禁书Ⅳ》，王秋洁、覃益群译，中国华侨出版社 2013 年版，第 98 页。

惺惺相惜，彼此扶助，共赴人类共同的未来命运。无论在什么样的处境和困难面前，都要相约过喜乐美好的生活，共同追寻人类美好的生命之道；人类内心共同深切祝福自己的生活和生命，坚信生命的每一天都会越来越好；祈望生命的每一个夜晚，都是可以得到生命之源浇灌的珍贵时刻，在静静的安睡和宁息中，接受"道"的能量养育灌注，更新生命诗意般的美好程序。

天人合一的时刻是生命中经常出现的情况，是人类接受能量灌注的珍贵时刻，也是人类时常被祝福的情景，但是人类往往忽略这些情况。《塞莱斯廷预言》里写主人公觉得自己跟万物融合为一体，内心感到十分安详喜乐，身上的疲累一下子消除得干干净净。①

特别是进食前祈祷，是感谢上帝赐给我们食物，也是把进食作为一种接受灵性食物能量的特别礼仪，让食物作为在世的能量滋养我们的生命。②手稿预言，在这个千年，人类对很多玄秘现象会有新的认识。书中描写了主人公的一次近似于开悟觉醒的经验。当人身体的能量完完全全与山河大地融合为一体的时候，万物万景消融，生命成为无形无色的一体，只有一种深度的宁静笼罩。《塞莱斯廷预言》写道："我觉察到宇宙万物都是我身体的一部分。坐在高山之巅，俯瞰着从我这儿向四面八方辐射开去的景物，我忽然领悟，我一向看成我的肉身的这个躯体，其实只是一个更大躯体的头部，而这个更大躯体包含了我极目所见的所有东西。我这时的感觉是整个宇宙透过我的眼睛观察他自己。"③

发现人类自身生命所藏有的摩尼宝珠④，不是虚幻的，而是真实的存在。这种经验必须亲证，当然也可以在特殊的条件下传授，这需要生命长久的修持。这些玄秘之所以一直不公开，只是可能有人会因此而妄自造作，以假乱真。所以说，美国 21 世纪主流文化思想的发展演进虽然来得有

---

① 参见［美］詹姆斯·莱德菲尔德《塞莱斯廷预言》，李永平译，中国城市出版社 2010 年版，第 140 页。

② 同上书，第 147 页。

③ 同上书，第 132 页。这是意识自我变现的现象，不是明心见性的开悟境界。

④ 佛家认为，众生皆有佛性，就是自己的先天本性。这个佛性就如摩尼宝珠，是最珍贵的宝物，存在于人的生命里，每个人都有，人就是不知道。人生命的目的和大使命，就是找到这个生命的本真存在，完成生命的超越性存在。

力及时，也并不是可以随便理解和相遇的。我们人类生命等待着得救，已经生生世世、百千万劫。当下机缘巧合，不可思议。这也是《塞莱斯廷预言》第一觉悟所强调的。

"爱"是一切的关键所在。"爱"不仅仅是一种男女情感的发生，而且是全体人类共同的精神食粮。"如果缺少爱，人类的生命存在的'能'就匮乏、不足。'爱'并不是知识上的观念，也不是一种道德戒律或其他东西。它是潜藏在我们内心深处的一种感情和力量。当我们跟充塞宇宙的'能'产生连接的时候，这种爱就会在我们心中浮现。当然，宇宙的能，就是上帝的能。"①

第三节　权力与竞争的真相

这个世界处处充满了权力斗争，夫妻之间、父母与子女之间、个体与社会之间、国家与国家之间，都存在着权力斗争。从世俗世界的角度来说，没有永恒的朋友，只有永恒的利益，这句俗语是对的。这里也涉及宇宙中"能"的流动问题。所谓"竞争"，不仅是利益的争夺，也是"能"的争夺。

有修行者慧眼见到，当人们为某事争吵的时候，"能"就从强争硬抢的一方，大量流泄到弱小受气的一方。所以，从根本上来说，人没有吃亏得便宜的说法，这种说法只是事物的表面现象。所以，得理也要让三分，是生活的大智慧。

《塞莱斯廷预言》第四个觉悟说："总有一天人类会发现，宇宙是充满活力的'能'构成的。而这种'能'可以维系我们的生命，应和我们的期望。然而现今的人类已经脱离了这种'能'的主要来源。我们自绝于'能'，因此感到脆弱、不安全和空虚。"②

因为人类过于相信外在物质世界的功名利禄，习惯了好强争胜，忽略

---

① ［美］詹姆斯·莱德菲尔德：《塞莱斯廷预言》，李永平译，中国城市出版社2010年版，第207页。

② 同上书，第88页。

了内心潜在的精神成长，所以生命衰老和病态就这样造成了。世界范围的强取豪夺，造成国家之间的战争。战争只是表面的措辞，利益的竞争才是实质性的目的。冲突和纷扰是这个世界的病象，和平与发展是这个世界的唯一出路。人类社会是一个庞大能量竞争的无名场域，争夺生命对"能"的权力控制。

要达成第四个觉悟，"我们必须把人类社会看成是一个庞大的竞争场，而争夺的对象是'能'，也就是权利。一旦人们理解了这场斗争的实质，就会开始超越这种冲突。人类会摆脱'能场'所引发的竞争，寻找到新的能量来源"①。这种新的能量来源，就是宇宙的本源。人们以前不关心什么是真理、道、生命的本源问题，但是越来越大的匮乏感、无力感，迫使人们寻找真正的生命之道。有时候，人世间除了物质暴力之外，还有语言暴力、心理暴力等。当人在心理上控制他人时，也就抢夺了他人的心智。不幸的是，在人类文化历史进展中，这种心理暴力无时无刻不在发生，而施暴者往往出于善意。② 就像洛克菲勒对他的儿子说的，地狱往往是由善意铺成的。

比如，在职场中，有一位先生发生不幸的生活事件，大家都来表示关心，并经年谈论，传言如长了腿的臭虫，到处爬行。几十年过去了，还是有人在津津乐道地谈论。这就是现实世界心理暴力的风行。一个活在身边习惯了平庸的人一旦成功了，大多人就很不习惯，总在打探他可能失败的踪迹，这些心理活动是隐蔽的、潜行的，又是存在的。这就是中国官宦会少有保持与小时玩伴平衡愉悦的友谊的原因。

所以，第四个觉悟揭发了人类的一个陋习："我们企图控制别人的身心，以窃取他们身上的'能'。我们之所以会犯下这样的罪行，是因为我们觉得自己身上的'能'不足。这种不足是可以弥补的，只要我们跟更高层次的能源连接。我们需要的'能'宇宙都能供给，但我们必须向宇宙敞开胸怀。"③其实，很多东方宗教修行早就在实践这件事情，比如中国佛教、道教，是通过

① [美] 詹姆斯·莱德菲尔德：《塞莱斯廷预言》，李永平译，中国城市出版社 2010 年版，第 120 页。
② 同上书，第 119 页。
③ 同上书，第 160 页。

打坐、诵经、瑜伽养生等形式来沟通宇宙能量，增强自己生命成长的机会。

在《塞莱斯廷预言》中，作者精细分析了人类在自己的生命经历中扮演的角色，认识到这一点，就会警醒，开始找寻新的生命出路。小说谈道："每个人都必须回到过去，回到我们小时候的家庭生活，看看这种恶习是怎样形成的。找出根源，就能够了解我们控制别人的方式。每一个人都必须从进化的角度、精神的角度，重新诠释他的家庭生活经验，以找出他的真正身份。"[①]

人们在世俗日常生活中，可能成为控制者、胁迫者、乞怜者、审问者、冷漠者等，这些都是在生命的无意识中抢夺他人能量的方式。因为这个世界大多数人是靠生活本能生存的。这是这个现实世界赤裸恶劣的生命假象，因为人的灵魂内在里面有时候积攒了恶的程序，所以，在现实生活中凌虐他人，作为自己缺失的灵魂的出路。其实，没有一种恶能够夺得他人的力量，恶本质上就是自己对自己的破坏。

这是人类没有觉醒，以为生命匮乏的可怜之处。因为人类大多不知道自己生来就是法王子的身份，是怀揣摩尼宝珠的流浪人，不知道自己生命的珍贵本相。从自己生命那里，找到自己的本来身份，活出自己的本来身份，是每个人自己的人间使命。只要还有生命存在，就不晚。21世纪，是整体人类由点及面觉醒的时代，不要再做无谓的挣扎，不要再做恶的俘虏，珍惜生命，抓住机遇，赶快进步。终有一天，人们会认识到自己真实的身份和生命实相，返回终极的人类家园。这个世界的虚幻的存在真相，这种种事实，是以争竞为目的，是人生的大戏剧。一旦梦醒，认清真相，就会改变生命的角色，超越一直以来扮演的在世角色，生命才可以真正开始，才开始走向自由解脱的人生。

第四节 东西方文化的融合会达致更高真理

东西方文化的融合才能带来未来人类生命意识进化的新希望。因为东

---

① ［美］詹姆斯·莱德菲尔德：《塞莱斯廷预言》，李永平译，中国城市出版社2010年版，第170页。

西方文化的差异，可以互相弥补，达到更高的真理层次，为人类获得终极解脱提供新的出路。

据说，在一次联合国会议上，88 位诺贝尔奖得主提出一个倡议，人类要想解决 21 世纪的问题和灾难，必须回到 2500 年前的中国，向孔子学习智慧；另外，20 世纪 70 年代，英国历史学家和社会学家汤因比教授在《展望 21 世纪》一书中提到，要想解救 21 世纪的灾难，唯有中国的儒家思想和大乘佛法。可以说，中国古代文化及佛教禅宗思想涵盖了小说中提到的九个觉悟，而这部书的写作者是美国人，可见东西文明的融合已经成为 21 世纪全人类迫切需要发生的历史事实。其实，东方文明也好，西方文明也好，都是在不同角度对生命终极真理和人类在世生活提供一定方法的工具，它们并不是真理本身，仅仅是人类生命进步之路。

《塞莱斯廷预言》中写道："西方社会追求进步，提升人类物质文明的做法无可厚非，但我们也应该听从东方哲人的劝导，放弃以自我意志支配世间万物的欲望。人类的进化并不能光靠逻辑。我们必须建立一个比较完整的生命意识，一座通往上帝的内在桥梁，只有这样，我们才能以更崇高的精神引导人类的生命进化，使人类生命朝更完善的境界迈进一步。"[1] 这些见解非常有启发性。人类出生在自己生命延展的历史情境中，每个人都必须找到自己的信仰目标，生命才开始有意义。一般来说，人们融合了父母的信仰，形成了具有更高信仰的人生观。

小说提到的第五个觉悟说："每次我们身上充满了'能'，一个机缘就会出现，引导我们在人生中向前迈进一步，那时我们就会把这个层次的'能'储存进我们的心中，让我们的生命在更高的层次振动。我们的孩子从我们身上继承这个层次的振动，进一步把它提高。人类就这样不断进化下去。"[2]

这真的很不可思议，因为有的人如果长久地在基督教、佛教的修行实践中默然行进，远远地四顾无人，不知道自己到了什么境界，不知道自己

---

① ［美］詹姆斯·莱德菲尔德：《塞莱斯廷预言》，李永平译，中国城市出版社 2010 年版，第 191 页。

② 同上书，第 200 页。

行路是否正确，只有莫名壮胆。远远见到一个行者，就感恩万分，自认为是十分了不起的相遇。走到前面的时候，突然有一天，发现原来这么多的人在生命的境界中行进，感叹唏嘘。《塞莱斯廷预言》中的卡尔神父说："我们这一代人类和我们的父祖辈有个不同的地方，那就是我们开始有意识地推动我们的生命进化。"① 这里的"生命进化"是一切生命问题的关键。光光相接，灯灯相传，在不可见的生命境界中，能量传递着、整合着，没有任何一个时代具有这样伟大的机遇。

当人们具有了足够的"能"时，也就是进入了人类生命修行的行列，有意识的生命进化就开始了。生命中的一切自然会有不同的机缘巧合来处理，宇宙就好像活着的，是一个运行良好的大公司，你就是老板。上帝与你的生命同在。人的一生就是在一个个生命意识的觉悟中进化和觉醒，直到回到自己的真正的家，不再在外面生死流浪。

有的时候，说到人的本真存在，说到自己的天家，以为是死亡，因为人们对宗教的误解就是死了才到天家。所以老百姓听说一个人要修行，就以为有什么过不去的遭遇，悲观厌世，准备自杀，往往感叹并劝导：好好活着。实际上，人能够修行，是他的福报机遇，是不可见的珍贵机遇，是一种冥冥中的天意。所谓天堂，就在人间，就在成就者的心里。哪里有彼岸？当下就是。如果一个人生命还被死亡、疾病、衰老的枷锁辖制，那么他还没有开始上路。所以屈原说："路漫漫其修远兮，吾将上下而求索。"

第五节 神奇的机缘和生存的角色

我们出生以来扮演自己的角色，这是人类生来就具有的使命。没有一个人是偶然来到地球的。我们来了干吗？为什么我们待在这里？这是一个生命中习见的问题。《塞莱斯廷预言》第六个觉悟就是："人类想了解到儿童时期学习到的控制别人、攫取'能场'的手段，就必须彻底清理自己过

---

① ［美］詹姆斯·莱德菲尔德：《塞莱斯廷预言》，李永平译，中国城市出版社2010年版，第200页。

去的生活经验。一旦摆脱了这个恶习，我们就会发现更高层次的自我，了解我们在人类生命进化中扮演的角色。"①

我是谁？为什么来到这里？我要去哪里？这是永恒的追问，也是佛家起修的话头。所谓"控制别人、攫取能场的手段"，就是潜意识里生存的本能，儿童常常要哭闹来获取大人的关注；有的丈夫常常要在家里对太太耍威风，来缓释外部生存的压力；自卑的人潜意识里总是在意别人的看法，所以对外部的认识环境警觉而紧张，往往导致交往失败，这就加深了自卑。所以，雅典娜神殿的名言"认识你自己"这句话永远都不过时。一切生命意义的起点都在于：确切明白自己生命真正的身份，即真正的自我。真的知道了，人类很多生命问题就解决了，甚至能够真的解脱生死。因为真理不会虚假，生命本身是永恒的，不是虚幻的，所以没有生死、没有衰老。只有肉体生存是属于世界的，是短暂的，不会长存。在这个世界上，除了生命本身，不会看到有一种东西是长存的，太阳底下从无新事，以前都已经存在过，未来就是修改了的过去。从某种程度来说，这就是人间的轮回。耶稣说，有一天，新天新地就出现了，这是成道者的语言，真的成道者已经没有时间、空间的束缚，他们证悟了时间的永恒和空间的无限。所以说，人类意识的更新，是人类发展进步的一个重要步骤。

《塞莱斯廷预言》第七个觉悟告诉我们："如何有意识地推动我们身心的进化，如何对宇宙提供的每一个机缘和每一个答案保持警觉。引起我们恐慌的念头一出现，就应该立刻加以制止。然后运用意志力将另一个念头，也就是积极的、能产生正面效果的意念，引进我们的心灵中。消极的念头在我们心灵中出现的次数，很快就会减少到最低的程度。从此，你的直觉就会产生正面的效用。如果消极的念头反复出现，就要很认真地看待它。"② 这里提到"机缘"与"念头"。"机缘"是生活中事件产生的偶然机会，有些机缘是能够促使改变一生的重要事件，真正的大成就常常是这样来的。

第八个觉悟告诉我们："当别人把我们寻求问题的答案带给我们时，

---

① ［美］詹姆斯·莱德菲尔德：《塞莱斯廷预言》，李永平译，中国城市出版社 2010 年版，第 199 页。

② 同上书，第 228 页。

我们应该怎样回报他们。一个新的伦理会产生——在这个伦理之下，人类互相帮助，推动彼此的身心进化。"① 每当有人出现在我们生命中时，他一定会给我们带来某种信息。人生中没有巧合的相遇。量子全息图谱技术告诉我们，人类是相互联系的一个整体。其中任何的一个部分都代表了整体的因素。这样全球伦理就产生了。人类可以通过个体生命的意识自然成长，促进宇宙意识的进化，因为在宇宙意识进化中，每一个个体的人都有着不可推卸的责任。

第九个觉悟就是："施予实际上是宇宙共同的一个法则，它所扶助的不仅是教会，也包括每一个人。由于'能'在宇宙中交互作用的关系，每次施予都会得到回报。记住：每回我们把自己的'能'投注到别人身上时，我们自己身上就会出现一个空洞，但是，只要我们和宇宙'能'保持连接，这个空洞马上就会填满。金钱的作用也一样。一旦我们不停地付出，酬金就会源源不断而来，远多过我们所付出的。"②

依据这样的论述，也就是说在未来社会，提供正确精神食粮的人，可以以此为职业，获得自己的丰厚的经济收入，不必再汲汲营营于日常俗务。这样一来，就有更多的人将会投入到精神经济活动，推动全球人类生命意识和思想文化的大转变，这样，一种新的文化经济产生了。这样生命精神层面的指导和帮助，必定将使有灵性成就的人获得很好的经济收入，过上富足自在的生活。因为只要有肉体存在，有家人存在，金钱物质的需求就是必要的。经济条件是建立便捷有效生活的重要工具。这是有价值的经济信息，人的生命福报和金钱物质是相互彰显的，清贫困窘的物质生存状态不被现代社会所尊崇。

这种因为生命成就所带来的物质显现和收入丰厚，与追求功名利禄完全不同。这种高物质收入是不求自来、自然显现的。因为没有福报的人，是接触不到这样生命有成就的人。因为所有人都精力有限，时间有限，只能有选择地利用。所谓无缘对面不相识，这样的缘分，是如此珍贵。而世人的追求贪图，是汲汲营营，舍本逐末。佛教讲，但得本不愁末。这是

---

① ［美］詹姆斯·莱德菲尔德：《塞莱斯廷预言》，李永平译，中国城市出版社 2010 年版，第 311 页。

② 同上。

说，只要得到了生命根本的福报，何愁不成为大富贵人呢？但是如果总是贪心追求物质利益，迷失了人生本来心性，这就是舍本逐末。所谓得到，也就是大玩具，早晚会被如云收去。

第十个觉悟：坚持我们的乐观精神并保持清醒。

"我们正在领悟如何使我们与我们的直觉相一致，并相信我们的直觉。我们悟出：这些心理意象皆是回忆，忆起我们的本来身份；忆起我们的原始意图；忆起我们何以使我们的生命意识得以进化。在生活中，我们都想遵从某一路径，由此我们最终能够忆起这一真理：我们的生活经历为我们做好了准备，以便讲述并把这一意识带入这个世界。我们现在是从来世这一更高的生命维度来观察我们的生命。"

"我们悟出：我们个人生命的冒险经历，全然都发生在人类生命觉醒这一漫长的历史进程之中。如果有了这种对生命本真的回忆和确认，我们的生活就有了心灵的依靠。我们就被带入一种人类生命整体意识进化的背景之中。我们就能够觉察到，在这一漫长的进程中，我们一直在促使人类世界精神化。我们就能进一步悟解到，我们剩下来该做的事情。"[①]

曾经有过的那些艰难岁月，是为了今天生命意识的进化做了准备。从来没有浪费了的人生，而是在不可知的生命道路里行进和运作，一直以来，生命中的一切都值得了，根本就没有什么叫作非常遗憾、不能最终达成终极成功的愿景。这样生命缺失遗憾的东西是不存在的。人类每个个体的觉醒，都有一定的时间。就如《圣经》里说，生有时，死有时，万物都有时。生命的持续演化过程，就是一种隐在的生命的成长和智慧学习的过程。

《塞莱斯廷预言》最初于1993年在纽约中央出版书局（Grand Central Publishing）出版，至今20多年。《塞莱斯廷预言》所谈到的这种精神文化经济职业的兴盛是非常令人注目的，也几乎带来了文化出版业新的生机。因为对于人们生存来讲，随时买点自己喜欢的书籍，就像一个生命的餐后小点心，是很自然而平常的事情。特别是网络如此快捷，很容易就会在网上找到自己喜欢的资料，预订下自己喜欢的书籍和视频资料。21世纪美国

---

① 《塞莱斯廷预言》书中没有写到第十个觉悟，但是在改编的电影《圣境预言书》里提到了第十个觉悟。翻译的语词修改后引述在此处。参见 http://baike.baidu.com/view/642295.htm。

主流文化思想展现的大量书籍、光盘出版物、各种演讲、文化讲座、电视节目非常风行，是美国新兴的文化产业经济。美国很多非常有影响力的人通过自己畅销书的出版，影响了未来世界文化思想意识的发展方向，有越来越多的人参与进来，改变了自己的生存质量和精神内涵。《塞莱斯廷预言》后来被改编成电影《圣境预言书》（中国译名），具有很大的世界性影响。那种能够领悟到生活本真实相的人，已经越来越多。这些人给未来人类生命意识进化做出了很大的贡献。那些先行者露易丝·海、乔·维泰利、修·蓝博士等人，也为此有了富裕的生活、美满的心境、近于圆满的人生。可见，《塞莱斯廷预言》所描述的情景，已经部分地非常真实地实现了。

写到这里，需要特别提到的是，施予和接受是同样的，因为人类是一体。这个观点是《奇迹课程》里特别强调的，从某种角度讲：你愿意领受多少，就会接到多少，这是一个特别的真理。佛教讲，当仁不让，自肯承当，这是大修行人的本色。每个人都要认识到自己在世的最本真的身份，然后才能够正确对待自己和他人。尽管书中没有具体写到人类第十个觉悟是什么，但是我们会突然明白什么是珍爱自己。

对自己彻底地谅解和宽恕，就是一切爱的起点。没有对自己的爱，生命就无从开始。自私与爱自己是完全不同的两个概念。自私是将一切人拒斥于自我之外，只寻求物质的力量，因为这样的人与他人完全敌对、对立，所以自私是造成一切不幸的开始。自私的人是这个世界最为不幸可怜的人，活着很累，甚至很少有机会看到这些文字，除非特殊的机缘到来。

但是爱自己不是这样，爱自己就是"爱人如己"，因为恨别人是这样累，这样消耗生命能量。而冷漠又让人觉得这样寒冷无助，生命没有热切希望的火焰在燃烧，所以生命就平庸无彩，消极拖延，能量消耗。而爱自己与这些都不同。爱自己就是自己首先做自己的朋友、自己的爱人、自己永恒的守护者和肯定者，给生命最好的照顾，并愿意与上帝同在。因为这样才安全无惧，才宁静喜悦。所以喜爱自己不是像传统意义所赋予的那样，而是在人生每一个时刻，都用生命温暖生命。

"回想一下：研究发现，人在放松状态下不可能有负面思考。还有：没有一个小婴儿出生的时候会心情不好、冷酷看待这个世界，或者带有自卑情绪。你的自然状态就是对所有事物感到喜悦、爱与丰足。此外的一切都是人造出来的，同时也是错误的。"① 所以，中国古语"人之初性本善"是绝无疑问的。那个善的本性，就是人人本具的佛性、神性，是先天一气，是婴儿在父母未出生之前的自性本性。这个"先天一气"，就是化身为人的，前来投胎的肉身主人公。所以，人类的物质肉体是人类生命的客栈，是生命的躯壳。

人类生命第二次生存的婴儿态，是高端生命成就的显现，纯洁、善良、柔软、无为，这不是肉身的第一次血肉出生，而是中国道家第二次的生命科学成就。一个人懂得深爱自己的生命，不会去做不道德的事情，因为知道要真正对自己好，因为内心知道不值得去拿珍贵的东西换取世间虚幻的玩笑。生命是如此珍贵，除了享有生命的喜悦和创造，没有什么东西值得去侧目。

所以，一个自爱的人，就是一个真正爱人、爱世界的人。人类意识的进化，如此就进深到更高级的生命层次。那个你的邻居，那个冒犯你的人，他是你的兄弟，原谅他，爱护他，宇宙之间正能量就这样传递，宇宙就这样在爱的喜悦中醒来。中国的孔子说，有朋自远方来，不亦说乎？有朋友从远方来，心情愉悦。孔子的弟子子夏说，君子敬而无失，与人恭而有礼，四海之内，皆兄弟也。（见《论语·颜渊》）所谓中国至圣先贤，就是这样以海纳百川的喜悦的胸怀，呈现了自己不可动摇的崇高精神价值。四海之内皆兄弟，就是一切的人类都是兄弟，大家和睦相处。

在西方文化里，耶稣在十字架上流血时为刽子手祷告说："父啊，请原谅他们，因为他不知道。"这句话很令人感动。这些人也是兄弟，因为不知道生命真相，而错杀自己的亲人。宽恕他们，就是宽恕自己。宽恕就是内心"无诤"。爱人如同爱己，就是要这样行得圆满。所以在世的生命，就应该是在地如同在天的生命。天堂在哪里？就在充满了爱的能量的人的生命里。"爱"是东西方文明联结的枢纽。终于会有一天，没有人会去抢世间虚幻的大玩具，世界安静和平起来，联合起来，共同发展。

---

① ［德］贝波尔·摩尔：《向宇宙下订单》，林燕君译，中国城市出版社 2010 年版，第112 页。

我们愈是敞开心胸，让宇宙的"能"流进我们体内，宇宙就会制造神奇的机缘，把一些人引导进我们生活中，回答我们的人生问题。每次我们遵循直觉的指引，让神秘的机缘领导我们前进，我们个人能场的震动就会增加。[①]

根据《塞莱斯廷预言》，地球的转变，将会带来人类新的精神文化产生，把人类生命意识提高到愈来愈高的精神层次，最终达到生命被彻底救赎的伟大境界。第八和第九觉悟也提到，如果人人身体力行，与宇宙的"能"保持连接，世界大同就会实现。[②]

第六节 地球未来的生态环境与美的能量

美国 21 世纪思想文化大量涉及生态环境问题，因为地球是人类在世生存的家园。

大气科学家洛伍洛克（James Lovelock）1979 年构想了一个地球的理论，称为"盖亚假说"（Gaia Hypothesis）。后来，他和美国生物学家马古利斯（Lynn margulis）共同推进这个构想。地球似乎确实是一个"巨生命系统"（Mega-life System）。当然，这里所谓"生命"，决不仅仅指通常意义上的代谢和繁殖，而是指一个能够进行能量与物质交流，并使之内部维护稳定的体系。

按照这样一种观点，地球恰恰是这样一个有机生命体，它利用太阳的能量并且按照行星的尺度进行一种新陈代谢作用。其中，生物起着至关重要的作用。假如地球上的生物突然不见了，所有构成地圈、水圈与大气圈的上百种元素将会相互共同反应，直到没有任何更进一步的反应发生，从而达到一种平衡的状态。那么，地球这颗星球将会成为一片炽热、无水气的死寂之地，不再适合人类居住。[③]

---

① ［美］詹姆斯·莱德菲尔德：《塞莱斯廷预言》，李永平译，中国城市出版社 2010 年版，第 314 页。

② 同上书，第 324 页。

③ http://baike.baidu.com/view/148891.htm。

小说《12》中的主人公麦克斯说："盖亚①（Gaia）是一位希腊女神。那个传说，就是地球有着自己的意识，而且每个事件都会影响到它。几个世纪以来，每一次人类的暴力行为都伤害了地球。而想要治愈这些伤害，则要从地球上的那些圣地着手。"② 作者认为，那些圣地是被先知们选定的，聚集了祖先传下来的巨大能量。只有"决定性的多数"一起到圣地游历，才能够治愈圣地，似乎是点燃了圣地的圣火。在这样的情况下，每个人的内在生命就被唤醒了。只有从世界的物质主义解脱出来，人的内在觉醒才可能会发生。麦克斯说："你们所有人聚集的能量中，最有力量的并不是你们试图帮助自己国家的渴望，而是帮助整个人类的愿望。事实上，这种纯洁博大的爱，正是人类心灵中最基本的元素，它是人类存在和繁衍的基础。"③ 当人们成为生命多维度空间存在的人，就会领悟到一切都是"一"的能量流泻，没有对立，生死之事是生命的大梦，一切都似乎没有发生，没有时间和空间。当下的存在就是一切问题的答案。

人类生命意识的转变是一股潮流，不是哪一个人的事情。如果没有这样的意识，这些小说、哲理书籍、灵性书系就不会有人看得懂、不会畅销，更不会有人明白其中的含义。这股潮流，是整个 21 世纪全球主流文化思想爆发运行的产物，是人类觉醒与进化的过程。在现实生活中，有时候人与人交流起来颇为艰难，主要是因为思想平台的差异，所谓"话不投机半句多"，特别是越是执着于竞争和功利的人，越是颇为强势，急切想通过异常的手段达到目的。

所以，有时候适度的沉默和生活距离是非常必要的。当代先知，再也不能够有类似于古代苏格拉底那样的遭遇，也不可能像主耶稣早年的门徒们那样，被社会所抵制，过着艰苦甚至危险的生活，因为当代社会人类生命的新的创造和选择已经不同。生存于当代社会的人，都是很有福报的。这种衣食无缺、资讯发达、生活便利、民主进步的社会，在人类历史上是

---

① 盖亚，古希腊神话故事中的地神。地神盖亚又称大地之母，是希腊神话中最早出现的神，在开天辟地时，由混沌（Chaos）所生。盖亚生了天空即天神乌拉诺斯，并与他结合生了六男六女，十二个泰坦巨神和三个独眼巨神和三个百臂巨神，这些故事发生在地球世界的初始时代。据传说，每当人们觉得精神疲惫，投靠地母盖亚的怀抱，就能得到力量的再生和充沛。

② ［美］威廉·格拉斯顿：《12》，石一枫、洪琰译，新世界出版社 2010 年版，第 235 页。

③ 同上书，第 236 页。

十分少见的。

越来越多的人超越了生存的挣扎，追求生命永恒的境界。而灵性的进化与现实生活并无矛盾。只是在特定求索阶段有时颇为艰苦。真正成道，生活中的一切自无疑问，富足、宁静是生命的常态。美国灵性导师杰德·麦克纳写了一本《开悟不是你想的那样》，从一个独特的角度写出了开悟的特定状态，启发了人们的意识想象。其实，"开悟"实际上就是修行人所进的第一道门，是真正的进化之门，生命的意识进化从此开始。

开悟见性的人，现实生活开始发生巨大的变化，生命中自然有一种引导和辅助的力量，让这个人必须在各种生存境界中超越，如若不超越，更多考验就会重重叠叠而来，直到从此看不到事件了。说看不到，是因为心灵被又一次清洗干净，不再受烦恼的搅扰。说到底，一旦开悟，人就不是原先的、那个普通的自我，而是宇宙之中被拣选的对象。就像一个有限公司的老板，很多人和非人，依此能量进化。这个公司，是绝对不可以倒闭、不盈利的，因为很多能量在依此进化。所以，开悟见性了的人，是从此没办法后退的人。

当开悟见性的人交付了整个世俗世界，生命的奇迹开始相伴而行。可以说，这个开悟的人就成为天使保护的对象，或者佛教所称的护法神辅助对象。有时候，这种修行人暂时的不顺利是常有的。只要意识清明，信心坚定，通过了重重考验，而不停留前行的步伐，有着坚定的成道倾向，生命的伟大证悟的时刻迟早会到来。其实，修道者的信心同世间的信心还是不同。修道者的信心是来源于生命之源的强大能量，足以应对一切的状况和事件。当然，这离真正的证悟还比较遥远。只要还在抓住一个开悟的境界和概念，就还是没有解脱，只是成为东游西走的特殊人物，这种生命状态离佛教的"真空生妙有"的境界还差得远。这就是执着于空性，这又是一重新的考验。

所以说，21世纪美国主流文化思想的代表人物，处于不同的能量层次，处于不同的修行阶段，所以见解和陈述常常不同。著作的角度和层次也有不同，没有对与错，只是生命不同的阶段，有不同的修行课程。因为这是没有办法虚伪掩饰的东西，每个人都在说自己的话语，张三怎样能够说出和李四一样的话语呢？只有到了神的境界，才能说出神的话语。只有神才是全视角的、全方位的、无所不包的、毫不偏颇的。

地球上生存的人类和非人类，都存有一定的能量，是一个相互作用的复杂巨大系统。盖亚意识，被认为是地球整体生物共同的生命能量组成的生命体系。不管地球的名字是不是盖亚，地球生态环境中，人的作用是非常重要的。

《塞莱斯廷预言》中提到，总有一天，人们会靠直觉改善环境问题，治理好环境污染。人类也会自动减少人口，未来地球人类会居住在生态环境良好，古树参天，到处是花园的地方。因为人类心灵的生命意识转化，生态环境的根本问题解决了，人们的生命就会放射出爱的能量，极大地改善地球环境，造成地球生态的真正和谐。

美的欣赏是地球人类发散良性信息的重要活动。当人们欣赏美的事物与美的人的时候，就传递出生命自身充沛的能量，这样就会获得相应生命能量的回报。《塞莱斯廷预言》手稿预言的世界，是一个逐步觉醒的世界，是一个充满"美"和"能"的世界，在这个世界中，我们人类日渐增强我们和美的关系，加深对美的欣赏。[①] 因为人的觉醒和能量会带来美的生命质素。这种美充满了生命的生机和能量，似乎是一种透明的光在笼罩。

特别是具有高能量的人，自然具有与众不同生命的光华风采，光明生命超越尘世的美就在其中闪烁。一个人的开悟成就不是随便就能够掩饰的，所有周围生物都会感受到生命能量的变化与充沛，也更能够给人类生命带来寂静、平安的能量场。所以人类的生命进化是美的来源，人类的心灵是美的来源。没有人类心灵生命的觉醒，美只能是外在物质环境的彰显，只有人类生命的心灵美能够给外在世界带来充沛的能量和活力。其实，这种超世俗的美与世俗的美是有一些区别的。超世俗的美内蕴了一种宛如仙子的清净透彻，自然更为引人向往。

美国 21 世纪主流文化思想界流行的很多观点，是借鉴东方文化而产生的，特别是中国道家文化，十分强调环境生态对人的生命成就的影响，或者人的生命成就对外在物质环境的影响。所以，中国的名山大川都有很多

---

① ［美］詹姆斯·莱德菲尔德：《塞莱斯廷预言》，李永平译，中国城市出版社 2010 年版，第 335 页。

佛家、道家的能量场，这些特殊修行场域，放射着不同的富有能量的光，有的是蓝色的光，有的是白色的光，有的是红色的光，等等。也常常有很多灵界朋友往来出现，他们不具有肉体，但还是在阴性生命的修行态中，所以得到暇满人身是一个不可想象的生命富贵的事件。

美国人类学家卡斯塔尼达写作的印第安巫师唐望系列故事，就类似这种山中故事，古老而传奇。在《圣经》故事中，彩虹是上帝和地上人类的约定。古代很多修行有成的人隐遁山林，因为这些地方宇宙能量最充沛。到了21世纪，隐遁山林成为一种暂时游历的生命状态。更多的修行人开始走入人群，不是因为被世俗所勾引，而是为了接受生命的检验，接受一切的考验。这种修行人的人生从此没有了恐惧，没有了对抗，和悦地生存成了生命的常态。人生的警醒和生命意识的进化，是最大的宇宙生态能量场。

在人间闹市修行，佛教说这是"火中化红莲"①。水中的红莲，是因为超越了污染黑暗的垢泥，备受滋润而开放；火中的红莲花，在命运和世俗的烧烤之下，径自开放，自是有着千锤百炼的风采，不容易朽坏，这样的修行人，成就了一种人天共赞的神话。宇宙神奇的机缘，会引领一切生命，进入新的生命状态，这是人类的希望，也是人类的宿命。"每次我们遵循直觉的指引，让神秘的机缘统领我们前进，我们个人生命的能场的振动就会增加。"②

人类的意识和能量永远是在流泻的，所以君子之交淡如水。君子因为自身的生命修持理解，知道能量的传递更甚于物质的交流。物质交流是人类低层次的交往，而能量交流，就是佛教所说的"加持"，虽然看不见，但是非常有效。当然，当代物质能量的流动，和人的生命意识的流动往往是同步的。

有一句俗话：钱在哪里，人就在哪里。21世纪全球的文化产业将会十分兴盛，因为文化精神的价值已经远甚于外在物质价值，越来越被人们所认识到。真正的精神丰富而超越的人，是会有很多财富的，因为精神能量所带来的利益是如此显见。特别是美国21世纪主流文化思想的主导者们开

---

① 此处暂且不谈中国道家"火中化红莲"的内涵所指不同，两者都是指特定的修行现象。

② 参见［美］詹姆斯·莱德菲尔德《塞莱斯廷预言》，李永平译，中国城市出版社2010年版，第335页。

始认识到物质的获得是正当的，是这个新时代神的赐福，所以因为灵性服务而接受金钱也是一种正面有力的美好现象。

21 世纪美国文化思想观念赋予了成道者新的概念和形象，他们过着金钱富足的生活。如果披着破烂衣衫成道，没有什么不可以，但是人们就会避开他，徒然减少而不是增添人们获得祝福的机会，何必呢？钱只是符号，真正不对钱有误解的人才会是生命意识觉醒的人。还执着于拒绝金钱物质的人，还是受着看不见的束缚，要不是这样，为什么拒绝呢？为什么不顺其自然呢？或者反之，为什么要刻意贪婪地攫取呢？如果你生命里面就有很多财富，为什么要抢夺呢？为什么要骗人金钱呢？

当然，这种 21 世纪美国哲学思想探讨基本不涉及政治权利问题。其实进一步说，只有人们对金钱有了正确的观念，才不至于成为金钱的奴隶，不肯被金钱套牢了命运。金钱是与生俱来的祝福，不是任何可以冒险获取的机会。这也是 21 世纪全球新文化新思想产业兴盛的原因。

在《塞莱斯廷预言》中，手稿获得者威尔逐渐模糊和消失了，生命跨越了今生和来世的鸿沟。《圣经》故事里，耶稣也是这样。他的身体轻盈地行走水面，他的门徒彼得也会这样。当彼得做人的意识与恐惧回到心中，就蒙蔽了自己的神性意识，于是他就掉到水里了。中国佛教人物弥勒日巴尊者，游行空中，这是修行者的生命特定存在状态。当人类生命意识彻底觉醒的时候，天堂就在地上显现了，天堂在人类的生命意识中呈现，地球的生态环境就会如同天堂一样美丽并随时充满能量。而且，美和宇宙生态能量场是不可分的，人类越是能够欣赏美，越是能够获取更多的能量和更高的生命振动频率，就更加促进人类生命向更高层次进化。反过来说，只有当人们具有一定的生命能量的时候，才能够发现事物真正的美。所以说，美不是不存在，而是人们缺少发现美的眼睛。

英国著名历史学家汤因比说 21 世纪人类的希望在于中国的儒家学说和大乘佛法，这是很有道理的。只可惜他没有提到中国的道家文化。道家文化是中国本土文化，它是"道"能量的全面直接概括。特别是关于身体能量的修行方法，是这个世界的绝学和瑰宝。那些长寿的道家神仙，是有很多生命修行意识交托给人类的。比如吕洞宾、王重阳、陶弘景、葛洪、陈抟老祖、张伯端等，都是实实在在的中国历史人物。五千年中华大地那种隐见的物质能量场，依然存在，是宇宙寄存生命能量信息的广大场域。所以中华大地的繁荣和复兴，中国民族文化的复兴，是人类共同的希望。一切美好的东西，都会是 21 世纪人类文化思想发展演进的一个热点，中国的儒释道文化都不例外。

《塞莱斯廷预言》中还写了一个特别有趣的情节。一些搜查手稿知情者的士兵，仿佛看不见桑杰士神父等人。是视力不济吗？是小说描写的幻觉吗？这是会真实存在的情况，在宗教修行中并不少见。多空间的生存状态我们是看不见的，但是，这是有可能客观存在的，这是不需论证的事实。因为不同的生命存在频率，不同的生命存在维度，看不见的情况是常常存在的。我们看不见电，但是我们生活离不开电。我们看不见手机信号，手机信号也到处存在。只有相同生命状态的人，才会彼此认识。所以，同类相聚就是同种类的生命呼唤，这是一种生物生命能量场的感应状态。

美国著名灵性大师史蒂芬·鲍地安在《当下觉醒》一书中特别写出了人的本质，认为所谓开悟见性的当下成就，是非常简单的，"从内在感觉你的身体，没有头脑的干扰，给自己机会跨越门口，进入存有本身的直接感知：纯净、光辉、不可分割，主体和客体在此合二为一"①。

看到一本书就开悟见性，并当下觉醒，直至彻悟真理，是人类的良好愿望，也是一个新的乌托邦。这本书写给那种恰恰相遇的知音者，那个相视微笑的同路人。可以说，即使有一个人因此而开悟，这本书就见证了不可忽视的伟大力量。问题就在于：人人都知道佛性就在自身，生命之源就在内心里面，但是真正能够活出觉醒的境界的人，是凤毛麟角。

开悟见性，并不是理论上悟解了就可以达成的，理悟只是初步成绩。这也是非常可喜的进步，因为迈向重生的路已经开启，地图已经找到，就要继续前行。人类日日思念生命本真家乡的隐在生命程序，早已经预置到人的身体生命里面了，总是在等待着自己的回忆发现。真正的开悟觉醒是一个宇宙伟大的事件，它必然启动宇宙巨大能量，才完成个人生命意识空间的飞跃。在这个问题面前，越老实，越诚恳，越善良，就越具有实现这

---

① ［美］史蒂芬·鲍地安：《当下觉醒》，易之新译，译林出版社 2012 年版，第 59 页。

种真实开悟见性的可能性。一个人的灵性程度，是无法掩盖的。比如《当下觉醒》的作者史蒂芬·鲍地安，就是有不小成就的人，他生命意识的光，是明亮清净的。如果更多的人像他这样，就应该能够更好地进入一个宁静和平、安乐知足的生命意识进化的新时代。

我们只能说，开悟见性，乃至觉醒，是人类生命的一个过程，人类当下的全部梦想和希望有赖于此。人类中是否能够有足够多的少数人觉醒并带领众人进化，这是非常重要的。

"一种演变后的意识的快速普及，对于人类的未来起着至关重要的作用。这样一种意识能否达到一群关键的人，将决定人类是否可以及时由可导致灭亡的事件，向将引导新文明的变革转移。"[1] 人类生命的进化发展，是每一个人的使命和责任，是每一个全球 21 世纪文化思想的倡导者（也就是我们自己）的重要责任。所谓关键的一群人，就是当下我们每一个人，我们自己就是 21 世纪全球文化思想发展壮大队伍的一员。

---

[1] ［美］欧文·拉兹洛：《全球脑的量子跃进》，刘钢译，金城出版社 2010 年版，第 148 页。

第五章　理查德·巴赫的时代理念

理查德·巴赫（Richard D. Bach，1936—　）（中国又译李察·巴哈）原来是一名飞行员，后来因为写作了短篇寓言小说《海鸥乔纳森》（*Jonathan Livingston Seagull*）（又翻译为《天地一沙鸥》）成名，之后成为美国著名作家。这部小说最初无人欣赏，因为美国 21 世纪主流文化思想的新思想还处于萌芽时期。

1970 年，《海鸥乔纳森》最终在出版商的支持下出版，仅仅通过口耳相传的形式，《海鸥乔纳森》刷新了美国百年图书销售纪录，被译为 40 多种语言，据说仅次于《圣经》的印刷数量。

理查德·巴赫的小说情节极为简单，小说那种来自 21 世纪美国主流文化的奇异的新理念像磁铁一样吸引了众多的人，启发了人们内在的想象力和生命需求，引发了美国 21 世纪主流文化思想运行的狂潮。理查德·巴赫的作品不是普通的世俗小说，而是生命意识升华的拟人化解说，是美国 21 世纪文化思想呈现的典范之作。

理查德·巴赫被称为"来自天上的使者"。这部小说简短的情节堪比曾经获得诺贝尔文学奖的海明威的《老人与海》，也类似于于安徒生的童话《丑小鸭》。这本书是展现美国 21 世纪主流文化思想的极为重要的早期作品，后来被拍成电影，广为流传。其后，理查德·巴赫又写了其他一些畅销书，如《朋友》（*Friends*）、《一》（*One*）、《双翼飞机》（*Biplane*）、《绝非偶然》（*Nothing by Chance*）、《心念的奇迹》（*Illusions：The Adventures of a Reluctant Messiah*）等。

对于《海鸥乔纳森》，有评论者说："飞翔其实是一个隐喻，从根本上说，这是一个讲述寻找更高生命目的的寓言，甚至当你的族群和同伴发现你的雄心对他们形成威胁的时候。因为不放弃更高的视野，乔纳森得到了最终的报偿：出类拔萃。最终，它领会了爱和仁慈的含义。"① 这样的写作，似乎概括了人类新思想持有者的生命轨迹，那种生命遭逢重重困难的境地，但是，飞翔，就超越了一切的生命困境，引领了高贵生命意识的快速升华程序。

本章主要论述理查德·巴赫目前在中国大陆出版发行的三部作品《海鸥乔纳森》《心念的奇迹》和《朋友》。

第一节 《海鸥乔纳森》的生存理念

《海鸥乔纳森》的情节具有十分丰富的内涵，这种生命哲理的揭示，深深地激发了人们的心灵。乔纳森·利文斯顿是一只喜爱飞翔的海鸥，也是作者自我的寓言，海鸥乔纳森·利文斯顿代表了作者自己在飞翔的生涯中自我生命的升华和感悟。这部小说不是简单的励志作品，而是类似于重要的人类灵性意识升华的另类说明书。如果作者没有生命修行的体验，是难以写出来这类作品的，这部小说体现的正是美国 21 世纪主流文化思想所体现的生命意识进化理念：人类不能满足于简单的吃喝生存，一定要提升人类意识，向更高生命层次进化。因为生而为人，本来一切圆满俱足，毫无缺失。人类可以超越自己的生存极限，到达人类生命的本来完美状态。理查德·巴赫曾经受到赛斯灵修书的影响，他写道："赛斯书对我的生命灵性之旅有极大的益处，帮助我观察发现世界的另一种层面。"② "他成功了！终极速度！海鸥竟能以时速 214 英里飞翔！这是一个突破，是鸥群历史上最伟大的一个时刻，同时，一个新纪元在海鸥乔纳森面前展开。"③ 新的纪元，是生命的新起点。海鸥的寓言，就是人的寓言。《海鸥乔纳森》所提供的思想资源在于三个方面（此处笔者将海鸥当作人类来分析）。

---

① http://baike.baidu.com/view/797537.htm.
② ［美］珍·罗伯兹：《个人实相的本质》，王季庆译，湖南人民出版社 2013 年版，广告页。
③ ［美］理查德·巴赫：《海鸥乔纳森》，夏杪译，南海出版社 2009 年版，第 22 页。

第一，热爱飞翔，追寻生命的意义，孤独生存。

因为这种生命状态已经脱离人群，和普通人群已经不能对话，没有共同语言。这标志着他已经开始了更高层次的生命活动。当孤独一人生存时，外在的生存压力、自甘平庸的记忆、旧的习性、周围的环境、整个社会的习俗，等等，都会袭上心头，或者出现在生活中，成为前进路上的障碍。所以，真正的生命意识进化，会有一个特别的生存时期，四顾无人，危机四伏，所有的生命考验都来了，这时候，应该是完成生命提升的课业的时候。所谓困难，有时候来自业力，有时候来自集体无意识，有时候来自生命修行的高端课业①。在这个世界上，除了上帝的爱，没有一种东西是白白得来的。生命的高端勘验，有人称为无形师父的考验，是生命上升时期都会出现的。所谓造山运动，高山和低谷在同一个大地震动的时期产生，生命被粉碎、重塑，高度危险，又遇难呈祥。每一个生命修行有成绩的人，都可能经历了生生死死的重重考验。所以，设若有一天，海鸥乔纳森有了生命的真实成就，那么，他一定是经历了无数不可想象的高端考验。

"他虚弱无力，暗自希望这重量能够温柔地将他沉入水底，一切就此了结。"② 这是海鸥生命力低沉时候的想法，一个自行结束生命的潜在愿望。到了第二天，当海鸥早晨醒来的时候，生命的意志力又恢复起来。他又精神抖擞地出发，忘记了夜晚疲惫的誓言。就是这样，生命一直在更新，在重生，在前进。一个生命已经上路，不管是海鸥，还是人，都会有一种奇异的力量引导他的生活，用奇异的机缘保守他的生活和性命。所以经常有不可思议的奇迹发生。因为一个人的生命进化，是天地间的大事，有很多隐形力量——佛教叫作护法，基督教叫作天使——伴随着他。因为那个进化人，就像一个特殊公司的老板，如果运作良好，对天地万物都有莫大的好处。

所以，只要走上这条路，没有退路，只能前行。因为在生命里立志飞翔已经不是一只海鸥个体的事情，而是很多力量和秘密事件与这一生命共

---

① 所谓课业，可能是生命修行特殊时期考验生命意志的功课、磨炼。

② ［美］理查德·巴赫：《海鸥乔纳森》，夏杪译，南海出版社 2009 年版，第 15 页。

在。挫折困难是难免的，因为生命必须继续前进。乔纳森在肉体的虚弱疲累中，他甚至想，"爸爸是对的。我必须忘掉这些愚蠢的想法，回到鸥群中，回到家，做一只安分守己、能力有限的可怜海鸥"①。

海鸥在艰难的飞翔中内心生出悔意，想退回到家里父母的身边，过安逸的生活。每个夜晚的时刻，都是更新生命，与神相交的珍贵时刻；是生命得到充满灵性电力能量的时刻。夜晚之后，清晨醒来，海鸥又充满了丰沛的生命能量。"他精神百倍，因为喜悦而微微颤抖，为自己能克服恐惧感到骄傲。"②

所谓孤独，就是某个需求生命意识进化的个体，从人群中分化出来，自己早已经没有办法对群体生活保持眷恋。这是修行者生命意识层次升华的一个短暂必然的阶段。从群体中被分离出来，是修行者面临痛苦的第一步。众人恩断义绝，肆意践踏，因为人类独有的嫉妒会发作。这是人类进步的最大障碍和病毒性程序。只要人们想真正地进步，就会受到巨大的阻碍，因为世界的逻辑是你不准比我好，你不准走在我前面，否则就要拉住你，破坏你，众人挤在一处，共同走向灭亡。群体现象，就是这个现实世界的逻辑。

"过去他是为鸥群着想，现在只好自己享受。他学会了飞翔，丝毫不为所付出的代价而后悔。海鸥乔纳森发现，无聊、害怕和愤怒，是海鸥生命如此短暂的原因。从脑子里抛开那些想法，他真真切切地过上了既长寿又美好的生活。"③

第二，活在当下，追求完美的生命境界。

沙利文是乔纳森遇到的第一个老师，沙利文说："乔纳森，我知道的唯一答案是，你是一只万里挑一的海鸥。我们多数都是经过漫长的时间才来到这里，从一个世界进入另一个世界，忘记了我们从何处来，也不在乎要往何处去，只活在当下。你想过吗？我们要经历多少轮回才能领悟，生命除了吃饭、打架和争权，还有什么更重要的事呢？要经历千世万世，乔！然后，再过一百世，我们才知道有完美这件事。又过一百世，

---

① ［美］理查德·巴赫：《海鸥乔纳森》，夏抄译，南海出版社 2009 年版，第 15 页。

② 同上书，第 19 页。

③ 同上书，第 22 页。

我们才知道，生活的目标在于追求完美，并且示之于众。当然现在，我们依然秉持这个理念：通过这一世的所学，我们可以选择下一世的境界。如果这一世什么也没有学到，那么来世只会遭遇同样的极限和铅锤般的重担。"①

"通过这一世的所学，我们可以选择下一世的境界"，这个理念十分精到，这也从某一个层次说明了今生得救的重要性。今生忽略了，来世就更不好把握。人类的意识进化和生命的更新非常重要，金钱买不来对生命的领悟，也买不来生命的高质量高层次，因为生命本身就是生生世世的大事因缘。我们来这个世界，就是要找到生命之源。只有饮到永恒的生命之水，内在生命才不会饥渴。《圣经·启示录》讲道："新天新地，圣城新耶路撒冷自上帝那里从天而降。宝座中传出洪亮的声音：上帝要与人同住，做他们的上帝，他们做他的子民。上帝要擦去他们的眼泪，人间不再有死亡、悲哀、哭号、疼痛，以前的已经过去，上帝已将一切更新。上帝要将生命之水白白赐给口渴的人喝。"②

乔纳森到达更高境界后，离开原来的生活和生命状态，这只是生命意识进化的第一步。这时候，乔纳森的生命空间已经发生转化。似乎到达另一个世界，他遇到自己的另一个老师吉昂。小说记载了一段著名对话，摘录如下。

"吉昂，这个世界根本不是天堂对吗？"

月光下，吉昂微微笑道："你又在学习了。乔纳森。"

"那么，离开这里之后会怎样？我们要到哪里去？到底有没有像天堂一样的地方？"

"没有。乔纳森，没有这样的地方。天堂不是一个地点，也不是一个时间。天堂是完美的状态。"③

所谓天堂，就是当下生命自由无惧的状态，是天人合一的生命存在状态。如果没有人天相通的体验，生命的能量还是处于匮乏状态。无限的自由意味着脱离了一切束缚，而获得生命力量的释放，生命本身就是奇迹的

---

① 〔美〕理查德·巴赫：《海鸥乔纳森》，夏杪译，南海出版社 2009 年版，第 43 页。
② 《圣经·启示录》，第 21 章第 2—4 节。
③ 〔美〕理查德·巴赫：《海鸥乔纳森》，夏杪译，南海出版社 2009 年版，第 48—49 页。

创造者。包括穿石而行、水上行走、瞬间行至千里之外，等等，这都是真实存在的。只是我们这个世界没有这样的时空观念和逻辑思维。

"你的整个身体，其实就是你的思想本身，生命以有形的方式展现。冲破思想的枷锁，也就等于冲破身体的枷锁。"① 人类是多空间的存在，当人类冲破思想和一切生命意识的局限，就超越了宇宙时空。就像那只穿岩而飞的海鸥福来奇，它穿岩不死，这不是神话，而是生命特定的存在状态，中国藏传佛教经典里面有很多这样的描写，这都不是照抄的或者随意编写的，而是未知的生命领域。

第三，学会宽恕和爱。

人类生命只有全然地宽恕和爱，才能产生生命的净化和能量的充满。只有彻悟了生命的境界，知道生命本来一体，人类只能守望相助，才能共同走向完美的未来。人类只有这一条最后得救之路。人类没有选择。

小说用对话来描述这个理念。

第二天早晨，群鸥已经忘记了他们的疯狂，但是福来奇没有忘。"乔纳森，还记得很久以前你曾经说过，因为爱，所以要回到鸥群里去，帮助他们学习。"

"当然记得。"

"我不明白，你怎么能做到爱一群想要杀死你的恶鸟。"

"哦，福来奇，当然不是那样！你当然不会去爱仇恨或是邪恶。你必须学着去了解真正的海鸥，看到他们各自的良善本性，并且帮助他们发掘自身的优点。这才是我说的爱。当你领悟个中窍门，自然就会乐在其中。"②

因为尽管群体海鸥处于生命的低层次状态，蒙昧、嫉妒、愚蠢、胆怯，但是没有什么东西是不可以原谅的，因为这些群鸥不知道。尽管群体海鸥曾经孤立和意图杀死海鸥乔纳森，但是乔纳森用宽广的爱的胸怀接纳群鸥，这就是生命进化的意义之一。不再计较于低层次的生命群体，轻盈地向生命意识进化的层次飞翔。在人类历史的很多时刻，并不是群体就是有理的，新事物的萌芽，总是在早期的极为个别的情况下逐步展开。比如

---

① ［美］理查德·巴赫：《海鸥乔纳森》，夏杪译，南海出版社 2009 年版，第 77 页。
② 同上书，第 97 页。

苏格拉底、布鲁诺、哥白尼、耶稣等。

最后，乔纳森被群鸥的王国称为"伟大的海鸥之子"。但是乔纳森自己不认为这种盛名有什么生命意义，因为他认为自己只是比别的海鸥早些知道了生命的真相而已。美国 21 世纪主流文化思想的参与者创作的大量作品特别强调这一点：悄然委婉地提醒开悟见性的先行者不要觉得特殊或者高人一等，因为生命的先天本性人人都有。生命本来就是平等的，不需要任何的造神运动，所有的造神运动都是虚幻的。不是人来造神，人造不了神，人造的神是假的神，是世间的偶像。人所造的，都是不长久的。反过来说，是因为神一开始就造了人，所以人也才有了永生。那个神，不是搞迷信的什么另类存在，就是生命之源本身，是生命光明之源。美国 21 世纪主流文化思想的发展具有极大的生命意义，它不是人类知识知见的重新分配和堆积，也不是人类的形而上知识的学者游戏，而是人类生命意识进化的一个重要机遇，是宇宙中伟大的创造运行之一，是生命实践。

第二节 《心念的奇迹》的生命启示

对于任何一部美国 21 世纪初前后出现的有影响力的作品，总是仁者见仁，智者见智。理查德·巴赫的小说《心念的奇迹》发表于 1977 年，这一年前后同样出版了《奇迹课程》，我们不知道二者的生命与思想关联，好像两本书曾经密切地商量过：一个用形象阐释新时代理念，另一个用理论反复阐释自己的新时代理念，两者某些方面的确密切相关，这里面蕴含了人类意识进步的契机。这是美国新思想的特点，凭着思想和生命能量的发散，同类的人和事件会聚集在一起。

周国平先生曾经写过《灵魂只能独行》，独行的灵魂只是人生某个特殊阶段。直到有一天会发现，很多相同的人都走在一起，灵魂从来就没有孤独过，孤独只是人生的一次特别的考验。于是，寂静的心变得欢悦起来。一直以来，就有父，有子，有家人，有朋友。"你的朋友，在与你相遇的第一分钟，就能明白你，这种理解远非那些泛泛之交所能企及，即使他们花上一千年的时光。"①

一　死亡与复活

小说的自传体主人公理查德是一个飞行员，他偶然遇见了唐纳德·希蒙达，两个人的人生便产生了一段奇异的经历。说是遇到，实际是看不见的约定。在实际生活中，人们常会去奔赴看不见的约定，就是那个让你惊奇的人、场景或者事件。美国 21 世纪主流文化思想的理念认为，没有什么是偶然的。当下的机缘可能改变你的一生，你的想象力和自由意志招引生命中可能发生的一切。所以另一个飞行员唐纳德·希蒙达就出现了。因为这个时候，理查德的内在境界达到了一定的深度，需要开悟见性的生命高层次精神意识的引领。

这个世界上，每一个精神上不断成长的人，都不可能是孤独的，都是生命多维度空间的精神运作。人类意识的进化已经到达了一个飞速发展的临界点，人数开始多起来，是不是达到决定性的多数，尚未可知。用一种形象的比喻：我们都是神的孩子。谁不是神的孩子呢？早早晚晚，神会让所有的孩子都回家，不再流浪受苦。有一句俗语，学生准备好了，老师就出现了。

唐纳德是一个多空间存在的人物，是作者模拟耶稣的生命状态而创作的人物。唐纳德一出现就是永生的，他从来就没有死。他的出现，重新诠释了主耶稣基督的生命状态。在唐纳德的故事里，小说写道："可我受够了大群大群的人，即使他们个个兴高采烈。他们如果害怕谁，要么把他钉在十字架上，要么对他顶礼膜拜。对不起，我受够了。"②

小说写了唐纳德出现在众人视线里以后面临的生存状态，"日复一日，民众益发紧密、狂热地拥簇着他。人群迫使他不眠不休地治疗大家的病痛，用奇迹来满足他们，为他们而学习，过他们的生活"③。尽管这样，人们只想着要他治病，或者满足他们的什么愿望，并不会听取他的话，或者学习他的智慧。就是说，众人要圣者唐纳德迁就他们的境界，想让那个生

---

①　[美] 理查德·巴赫：《心念的奇迹》，李玉瑶译，南海出版社 2011 年版，第 47 页。
②　同上书，第 67 页。
③　同上书，第 6 页。

活在生命高层次的唐纳德被拉下来，成为他们普通生活的一员。就像安徒生童话故事里面的白天鹅，受到众多来自鸭族们的攻击和诽谤。但是圣者唐纳德一旦落入众人的群体生活，就会被塑成丑小鸭的命运。因此，这就是人世间全然颠倒扭曲的真相。

世间的人们只是愿意攫取神秘的力量，所以，有时候那个圣者唐纳德的生存状态，就像是他的胳膊快要让人们扯掉了。民众以为，扯掉胳膊作为圣物供奉，以得到更多的能量和治病效果。就像中国佛教六祖慧能大师生前就预见到，多年以后会有人来偷盗他的头颅来供奉，所以，六祖慧能生前就做了周密安排。用铁的东西护住自己的脖子，所以当偷盗的人惊恐万分地割取头颅却做不到时，就惊惧逃去了。至今，六祖慧能大师的身体完整，被塑成金身，供奉在中国广州南华寺。

或者，这些世人就要圣者唐纳德死。就像人们让耶稣上十字架钉死一样。然后人们哭泣着跪拜他，或者在教堂里给他塑一个彩色雕像，有荆棘的头冠给耶稣戴上，人们抚摸着他有钉痕的手。复活节的时候，教堂里发放了一个长大的铁钉子作为礼物，咏叹着耶稣经历钉死而神圣的复活。耶稣的超能力，唐纳德的超能力，已经让那个古老时代的世俗世界的人们既趋之若鹜，又恨之入骨，寝食难安，这类似一种极端嫉恨的集体无意识，是这个世界民众觉醒之前的真相。

所以，小说里唐纳德被人无缘无故枪杀了。唐纳德没有明确地说出往世今生的因果关系，只是有些隐蔽的暗示，也隐蔽地预知时至，就是圣者预知自己的离世。在唐纳德看来，人是永生的，短暂的死亡没有什么可说的，不需要有什么意识挣扎。顺其自然，让该演的戏演完，这是唐纳德的超然人生态度。从小说来看，这个枪杀事件，没有什么显在的理由，就是因为那个枪击手愿意这样做，因为这个枪杀活动比较刺激，有些惊心动魄。

所以，《奇迹课程》中的海伦·舒曼教授说："一个人如果能直接且持久地与上主相通，他的肉体生命必然难以维系下去。只有极少数的圣贤，为了普度众生而舍下自己的身体。为此，他们需要借助于一群仍在束缚与昏睡中的人，因着这群助手本身的觉醒过程，使得上主天音得以传扬于世。"①

---

① ［美］海伦·舒曼：《奇迹课程》，若水译，云南人民出版社2011年版，第63页。

这里，有人会疑惑，为什么与上帝相通后肉体生命会不持久，像主
耶稣基督，像小说中的唐纳德·希蒙达，前者只活了 33 岁，后者只在小
说里活了几周。不知道他从哪里来，又好像他死了，但是也没有死。佛
教的达摩祖师传道之后，就化身而死，只履西归。① 这个世界是很辛苦
的，既然能够与生命之源的"道"相通，就必然得到永恒的生命，所以
在世的长短自然无足轻重，没有什么高级生命会喜欢长久留在这样的世
俗世界。每个人来到这个世界上都不是偶然的，有些人必须完成使命才
能够离开人世。没有完成使命，走也走不了。所以，中国俗语说生死有
命，富贵在天。当然，所谓使命，大多来自个体生命的愿力，是个人的
生命意志的选择，因为没有什么内心之外的力量主宰着人的命运，所以，
不必外求。

21 世纪美国新文化思想的理念是：你自己创造了你自己的生活，你自
己创造了你自己的世界，你创造了你自己的实相。美国 21 世纪主流文化思
想展现的作品里面的"实相"一词，就是指自己的生活实际情况，而不是
如同佛教所言，指生命的本质、一真法界、"道"。名词虽同，意义不同。
生命的本质就是"道"，"道"在一切处，也在生命之中。

所以早年克隆人的计划最后没有成功，因为根本不会成功。因为人可
以复制身体，但是没办法复制灵魂，所以，每一个可能形成的克隆人都有
不可预知的可怕效果。如果妇女可以自然生产，克隆人就没有最终形成的
可能性。所以说，人创造的这个世界是虚幻的、短暂的，只有生命本身是
永生的。

如果人们愿意，只有得道者才能寿命超常留世。如迦叶尊者、佛陀的
儿子罗睺罗等，他们在等待弥勒佛时代来临，以便相助。因为超越生死，
甚至预知离开人世的时间，是得道者的基本能力。因为领悟了生命的真
相，生命平静而喜悦，自然可以获得长寿的结果。

当然，坦然喜悦地按时离开人世同样是一个好的选择，《苏格拉底申
辩篇》里面就是这么说的。就像苏格拉底那样，慷慨无惧地应审判者之

---

① 相传，达摩祖师身死葬仪之后，有人见他拿着一只鞋子往南方走去。开棺之后发现，达
摩肉身并没有在棺木中，只有一只鞋子留在棺木里，所以传说达摩祖师死亡是假的，是化身而死
的游戏，也是向有缘朋友和世界告别的一种形式。

请，服毒自尽，并没有丝毫悲伤和苦恼。从一个至高的灵性本质来讲，长寿和按期离世两者没有什么区别。这就是人类生命的戏剧，人人都要演下去。不管选择什么角色，都要演下去。不在这个空间演出，就在那个看不见的空间演出，除非真正成道。比如选择成为上帝、耶稣、老子、释迦牟尼，或者苏格拉底。

人的生命在世寿命长短，全然基于生命的想象力、愿力，也基于使命。中国古代历史人物彭祖活了八百多岁，成了神话人物，若非亲历谁能相信？连相信都很困难，人们如何能够想象自己可以活到八百多岁？既然想都想不到，潜意识里根本不存在，没有这样的创造，也没有播下这样的种子，就根本不会成为另一个彭祖。

海伦·舒曼教授说"为了普度众生而舍下身体"，是指虽然在这个世界上还正常活着，但是生命意识早就超过了这个空间。为了普度众生的使命，把身体留在世间，就是必须长久活着，做该做的事情。别人看来也好像只是一个有些木讷的普通人而已。实际情况是：这是此期生命的大使命，也是自我选择。要不是这样，早些返回天家，没有什么不可以。所以，这里完全不存在让人恐惧担心的事情。

二　一切都是你自己的选择

小说《心念的奇迹》一开始就讲了一个极有真理意味的寓言。这一寓言与柏拉图洞穴说理论图像非常类似。理查德·巴赫写从前有个生物圈借水而居。水是自由的，它时时洁净着自己，唱着欢快的歌。这些生物紧紧地攀缘在河底的细枝和碎石，代代世世如此，这是它们的生存法则。终于有一天，其中一个生物厌倦了这样的攀缘，这样的生命如此无聊。它相信水流有自己的方向，就松开手，随水而漂。虽然它曾被狠狠地撞到岩石上，但它还是不再攀缘。终于它离开了河底，浮上了水面，不再因冲撞而受伤。

其他的生物说："看它会飞，弥赛亚，它来救我们了。"

这一个生物说："我不是弥赛亚，河水很愿意托住我们，只需要敢于松手。"

但是其他生物吵嚷着，没有一个敢松手。当他们再回头看，弥赛亚不见了，他们从此就开始编织弥赛亚的神话。

弥赛亚就是救世主，人们总是等待着救世主的援救，编织着关于救世主的神话，却不知道改变自己的生命状态，勇敢而智慧，像救世主一样活着。设若真正有救世主，他能够成功地救助你，是因为救世主认识你，或者你认识救世主，因为你们有共同的情操。爱的情感、善的情感，就是人们能够与救世主交通、融合的情感。

人类是这样的情况：《圣经》里耶稣说，"我能做到的，你们都能做到"。你相信他的话吗？我们相信人真正是可以永生的吗？永生就是：人本来就纯洁无罪。就像洁白的种子，是神的儿女，有永远的生命。佛教的阿赖耶识讲的是种子库，黑色的种子都转变为白色，全部是纯洁白色的种子，生命已经彻底被宽恕，就是这样。这样一来就爱了自己，爱了世界，于是人生成佛成就的大事已毕。

人类不再燥吵，圆满而静寂。

所以，如果个人不接受别人的伤害，别人自然伤害不了他。如果没有害怕，没有恐惧，没有畏缩，谁能够伤害得了他呢？能够受到伤害，是自己生命允许的。生命的意义在于：创造、吸引、接受自己愿意接受的，弃绝自己不愿意接受的，内在心的意念是做成这件事情的第一主人公。

如果没有自己的允许，没有人会伤害自己。这种本自圆满的生命见解，要在意识里反复训练，变成人生第一本能，是生命成熟的一个关键性步骤，这就是活出了人本来尊贵的身份，这就是与神同在。潜意识里的恐惧就是一切灾难的始作俑者，它常常招引不幸的结果，但它是假的，不是来自生命本源之神的东西，而完全是来自人。生命的平静和喜悦无比重要，它意味着平安和恩惠。其实，所有肯定正面的话语都携带着积极的能量，而一切正面的力量都是生命平安喜悦的动力。

小说中，唐纳德说："你的困扰，是广为认可的说法，恰恰是不可能的。这说法就是'伤害到别人'。无论什么事情都是我们，是我们自己，选择受伤害或者不受伤害。一切都是我们自己的决定，并非其他任何人。"①

小说描写了一个吸血鬼经常吸血伤人害人的故事。这次吸血鬼出现在

---

① ［美］理查德·巴赫：《心念的奇迹》，李玉瑶译，南海出版社 2011 年版，第 133 页。

理查德的面前，但是它最后离开了，没有伤害到谁。以往，它之所以每次得逞，是因为每次人们都恐惧地昏过去。这是一个隐喻：人的清醒意识是非常重要的，也是很有力量的，只要生命意识清醒，这些阴性物质是伤害不到什么的。只有人们因为恐惧、迷信、贪婪、好奇等情绪，导致生命意识不清醒，才会发生类似吸血鬼伤人的事件。有些人的精神出现问题也是这样，是一种自己恐惧招致的心理造作。

人不必服从任何外界物质力量或者非物质力量。在显态世界，有法律警察；在隐态世界有正气阳气。无论在任何维度空间，没有任何东西比人的精神力量更强大。人类内心的力量是这个世界最为强大的东西，它不仅能够创造生活，也能够弃绝一切物质的、非物质的伤害。

在小说里，理查德在吸血鬼面前很恐惧，只是这种恐惧没有达到使他昏厥的地步，他没有答应吸血鬼的要求，他意识清醒，这就意味着拒绝吸血鬼的吸血伤害，于是，吸血鬼就只好离开了。任何阴性物质都是躲在黑暗里，怕见光明，人类如果勇敢而不恐惧，这些阴性物质就没有伤害人类的机会。勇敢坚定地生存必然招引阳性正气的能量。

所以，坦然平静、勇敢无惧是护身的盔甲，人自然天生就具备足以应对一切的智慧和力量。幸福与智慧是人的本性，幸福也就是一种天人合一的喜悦状态。既然这样，当下就要喜悦，这样喜悦就变成了生命的感恩大礼物。这看起来像一个生命的乌托邦，却是事实。

三　生命的吸引力法则

小说中的另一个主要人物唐纳德说："嗯，理查德，我们就像磁铁，不是吗？不，不是磁铁，我们就像铁，裹着铜钱的铁，随时可以磁化我们的自身。只要我们将内在的电流尽情释放到铜线上，就可以吸引一切想要吸引的东西。一块磁铁，从不操心自己要怎样面对世界。它就是它自己，它的天性决定它吸引什么，排斥什么。"①

这个"吸引力法则"逐渐成为美国 21 世纪主流文化思想的黄金法则，它改变了很多人生命的态度和意识的境界。小说中，当理查德问起如何吸

---

① ［美］理查德·巴赫：《心念的奇迹》，李玉瑶译，南海出版社 2011 年版，第 137 页。

引一位美丽可人的姑娘时，唐纳德说："你什么也不用做。宇宙自有法则。做你自己就好。异性（男女）相吸。做你自己就好——处事镇静、思路清晰、聪慧过人。自然而然地，当我们自身的光芒绽放，时时刻刻自问到底想做什么，确定要做，才去做，自然而然地我们会排斥一部分人，吸引一部分人，前者在我们身上什么也学不到，而对于后者，我们就是一座知识宝库，同时，他们也必然教会我们一些东西。"①

到了这样的生命阶段，一切的思想都会成为必须清除的东西，让生命处于零极限的状态。小说在这时候写了唐纳德的话："信仰是一个骗人的东西，我们压根不需要什么信仰，我们需要想象力。"②

这里极容易遭到误解。因为人的思维程度是需要不同的话语来表达的。如果人的想象力能够发挥作用，必须处于极为清净的零的记忆状态里，否则就不那么有效。那么，什么样的想象力会很有效，并创造奇迹？彻底放下一切的自我意识，佛教叫作放下"所知障"，中国道家叫作"显意识"退后，或者叫作"识神"退出，"元神"做工。到达零极限的状态，人就是无障碍的，心想事成的。在这种零极限的情况下，一切的思想、信仰都是无用的，都是障碍，仅仅借助于想象力，就是佛教说的"作意"，就能够调节现实的物质显现状态。

生命本身自然知道它自己的出路，这是生命的高端境界。在这样的道路上，要达到这样的境界，最先一定需要信仰——坚定的信仰——来清洁自己的心，来招引伟大的力量，来灌注生命以正面能量。所以，在这样的哲学境界，或者说生命高层次境界里，没有什么对错的判断。话语是条件的产物，无法彻底真正传达真理的目的地状态。所谓佛家语言"言语道断，心行处灭"，又说"如人饮水，冷暖自知"。所谓吸引力法则，是美国 21 世纪主流文化思想界运用极为广泛的名词。

四　睡眠的作用

睡眠的作用一直没有被人类认识到，人们习惯地认为，睡眠是浪费时

---

① ［美］理查德·巴赫：《心念的奇迹》，李玉瑶译，南海出版社 2011 年版，第 138 页。
② 同上。

间，夜生活几乎成为浪漫的习惯。实际上，夜晚的睡眠比白天更重要，人没有睡眠，久而久之，就没有了生命，或者生命力就要下降。当人们睡眠的时候，人的显在意识就放下了，生命就暂时处于零的状态，会得到能量的灌注，所以，显意识是消耗生命的，而放下显意识的睡眠，会补充能量。少年儿童只有在睡眠的时候分泌生长激素，长高长大。树苗庄稼也是在夜晚安睡的时候长高长大，万事万物大致如此。这一点西方人做得很好，到了晚上到处非常寂静，很少喧闹，夜生活局限在少部分商业区，除此之外，夜幕降临几乎就少有人喧闹吵扰。这一点特别值得学习。

甚至，睡眠是人神相交的时刻，这是生命的秘密。神在哪里？神在自己的生命里，他是自己的本来面目。要想生命平安快乐，晚上睡觉之前，早晨起床之后，一定喜悦安静，宽恕自己所有的行为，内心充满爱和感恩。这样日日延续，生命便慢慢一点点更加圆满。

"灵魂想要经验与天地万物合一带来的所有祥和与欢乐、无拘无束与自由自在，还有智慧与爱。这种经验他们不仅想在身体入睡时抛开身体去得到，而且也想在唤醒身体时得到。"[1]

这个观点在德国 21 世纪文化思想界重要人物埃克哈特·托利的著作《当下的力量》中得到佐证。"每晚，当你进入深层的无梦睡眠时，你就进入了这种未显化的状态。你与源头融为一体。你从这种状态中获取了回到显化世界的生命能量，它可以让你在这个分离形式的世界中支持一段时间。这种能量比食物的能量更大。"[2] 这种能量，就是我们通常所说的生命的灵粮。另外，我们要探讨的是对梦境的考察问题。《实习神明手册》中多次提到梦的情景。对梦的好奇，是 21 世纪主流文化思想考察的领域之一。夜晚人类的梦，是人类思想意识在清醒时期落谢下来的种子发作，是杂乱无序的，很多没有什么实际意义。在意识中将梦彻底放弃，白天到来，就好好清净自己，一段时间以后，梦就渐渐稀少，灵魂越来越安宁。其实，至人无梦。所谓至人，就是拥有生命大成就的人，生命喧哗之流已经停息，生命意识全部洁白空静，没有芜杂的种子，就没有了梦境。有的

---

① ［美］尼尔·唐纳德·沃尔什：《与神对话Ⅲ》，李继宏译，上海书店出版社 2013 年版，第 191 页。

② ［德］埃克哈特·托利：《当下的力量》，曹植译，中信出版社 2013 年版，第 151 页。

只是一些画面，一些信息到来，是与未来相关的导引，与普通人的梦有区别。《心念的奇迹》里描写了很多并非普通人的离奇的梦境。借助梦境，理查德似乎见到多维空间的事件。他看到了唐纳德的复活。所谓复活，不是这个世俗空间的事情，在这样的高级生命态中，身体是一个道具，是化现出来的。任何的复活都是这样。当然，有人现实肉体因病情转化又活过来，这种生命存在和这个复活有不同的意义，这是生命迹象的延续，不是什么复活。

小说对话摘录：

理查德：这不是梦吧？我现在看到你，待会儿不会忘了吧？

唐纳德：不会。这是一场梦，是一个不同时空。任何一个不同时空对于正常而理智的地球人都是一场梦，你要是不做那样的人，还得有一会儿。但你不会忘记的，而且这将改变你的想法和生活。①

梦有时候就是那样，它突然出现，有确切的画面和影像，但是恍然如梦。你睡了吗？你没有睡？这是内心的电影，是虚幻的现身。淡笑人生，一无执着，生命就前进了。

你的誓言也是虚幻的。在这个世界上，没有一成不变的东西，因为它是人造作的，所以是虚幻的。你只需要对生命负责，不必负疚。《海鸥乔纳森》里，在海鸥性情忧伤的时候，他发誓要回爸爸那里过平凡海鸥的生活，拣点面包屑，抢点渔船落下的小鱼小虾。但是第二天醒来，他就把誓言忘了，依然高高地飞翔。《心念的奇迹》里也是这样。

人们喜欢将誓言做成思想的绳索套住自己。所以，《圣经》里说不要发誓。当人们为着生命的更新和快乐而行动的时候，没有什么誓言是可以内疚的。"我再也不写书了"，理查德·巴赫说。"我再也不如何如何"，后来就都变了。宽恕，也是宽恕自己内心这种挣扎的伤痛，将它们全然忘却，生命自由地飞翔，像快乐的飞鸟。

《心念的奇迹》结尾写了唐纳德·希蒙达被枪杀。他没有什么仇敌，只是有人喜欢枪击他。这种生命残酷的娱乐，似乎是对真理和生命的一种挑战，这种挑战本身就具有一种令人心动的魔力。其实，没有什么，所谓

---

① ［美］理查德·巴赫：《心念的奇迹》，李玉瑶译，南海出版社 2011 年版，第 179 页。

的挑战，都是自己对自己的挑战。

耶稣说，你愿意别人怎样对待你，你就怎样对待别人。然而，《圣经》中，良温耶稣善和地对待每一个接近他的人，给他们治病，给他们信心和光明，但是，耶稣被人送上十字架钉死了，为什么？这就是人类的悖谬和扭曲的逻辑，是人类的集体无意识恶的种子发作的结果。在这个世界上，一切都是权宜之计，是一种条件组合，人生就是快乐地创造和想象美好的生活。

耶稣，既然他是神，为什么到这个世界来，为什么不轻易地在众人面前消失？唐纳德，既然他知道要被杀，为什么不消失？弥赛亚，就是救世主。这是他们的选择，也是他们的宿命。选择就是当下此生的命运。我们每一个人，都在选择和创造自己的人生。

在人类觉醒的新时代，我们盼望没有一个先知再受到迫害，没有一个觉醒者再受到打击。这个人类蒙昧落后的历史，在充满爱和希望的21世纪已经永远终结了。有生命的宇宙的选择是：喜悦、圆满、自由、幸福、富足、长寿。这是美国21世纪主流文化思想存在的重大意义。几千年来人类迫害先知的历史永远终结。这是人类意识进化的信息，也是人类坚定不屈的信念。无论什么理由，无论什么权威，无论什么东西，再也没有耶稣第二次的死亡，再也没有受迫害的殉道者。人类迎来了光明的新时代，一个人类意识进化觉醒的新时代。

"每个人，每件事，之所以存在于你的生活，只是因为你，将这一切扯进你的生活。你的选择，要拿他们怎么办。"①

我们的选择，就是要过美好的生活：宁静、快乐、富足、美丽、长寿、健康。没有人被扯进你的生活，那个来与你偶然相遇的人，就是你自己的兄弟、朋友、亲人，甚至就是你自己。在至高的生命里，一切就是一个共同的生命体，没有别人。人我一如，生命就宁静而欢悦。

第三节　《朋友》的祝福

理查德·巴赫1990年的诗作《朋友》，中文翻译总共不足千字，加上

① ［美］理查德·巴赫：《心念的奇迹》，李玉瑶译，南海出版社2011年版，第135页。

插图,单本发行。这本书写主人公"我"去参加朋友小蕾的生日宴,他乘着蜂鸟、猫头鹰、鹰、海鸥等鸟的翅膀,飞翔而去。群鸟都知道生命的秘密,朋友小蕾并不小,早在时间以前,他已经出生了。而"去"的概念,也令群鸟生疑。实际上,真实的情况是生命没有来去。从来就没有。所谓来去都是人类的幻象。当你想念一个人时,你已经和他在一起了。

主人公"我"送给小蕾一枚戒指,因为今天是他的生日。所谓生日也是一个权宜之计,人是永生的,从来就没有生,也就没有死。礼物戒指指代了人生的大智慧,"你的戒指给你新的力量,戴上它,你就能乘着群鸟的翅膀翱翔天际"①。"最终你会发现,不需要戒指,不需要鸟儿,你也能在宁静的云端,独自飞翔。当那一天来临,一定要把礼物送出去。送给一个会好好使用它的朋友。他懂得,真正重要的东西,由真理和快乐组成,而不是铁皮和玻璃。"② 这些简短的话,内蕴深刻地表达了生命的真相。从终极意义上讲,人生是永远不散的宴席,朋友会经常相逢,无论什么样的日子,都要快乐地飞翔,就像鸟儿一样,因为你有隐形的翅膀,爱和宁静就是生命的双翼。

来自朋友的礼物,就是生命真诚的祝福。这种礼物不是用金钱堆成的,也不是用其他物质堆成的,而是用诚心诚意的生命信息组成。朋友与自己早已经是一体,从终极意义上来讲,所有人都是一体。"我无法'去'跟你在一起,因为我已经在你身旁。"③ 我和你的分别是一个现实世界的假象,假设人的存在完全是物质的,人与人之间是各自独立的。这是这个现实世界的样子。但是从人的本真含义来讲,人是精神的、心灵的,这样人与人就失去了分别的可能性,因为心灵是没有疆界的,精神也是没有疆界的,物质世界只是冰山一角,更大的实相隐藏在世俗世界的另一个层面。真正的好朋友不必苛求物质的显现,而是得益于生命的礼赞支持。

理查德·巴赫这首诗歌一样的作品,似乎是很难懂的,全部使用美国21 世纪文化思想呈现的心灵语言,或者,这是禅宗到达的高层次生命境界。每一句话,都从终极实相的意义出发,没有一句世俗语言,这种几百

---

① [美]理查德·巴赫:《朋友》,李玉瑶译,南海出版社 2011 年版。

② 同上。

③ 同上。

字的作品能够单独发行，不仅挑战人们的金钱观念，更挑战人们的思维极限。这个世界，并不是所有人都能够理解关于人类生命永生的故事。所以，这本书近似于一个童话。当人们不能从显意识理解一桩事情时，就会说："这是神话，这是童话。"总而言之，不是真的。所以佛陀说，这个世界的众生是颠倒的。

本章最后摘录《朋友》中著名的对话：

"'海鸥，'我终于开了口，'你其实知道我已经跟蕾在一起了，为什么还要带我去看他呢?''因为对于你，知道真理是最重要的事情。你知道了，真正理解了，才能在细微之处展现它。才能借助外力的帮助，借助机器、人类和鸟儿。不过要记住，不知道并不能阻挡真理成为真理。'"①

尽管很多人不知道，但是，真理照样存在。所谓觉醒的真理就是：你终于知道你本来就是你本真的自己，是那个呈现真理的自己，于是，从此，你不再是那个假的自己，不再是那个迷失在世界里的自己。生命的觉醒是理解众生一体的一个前提，也是理解万物平等的一个先决条件。

---

① ［美］理查德·巴赫：《朋友》，李玉瑶译，南海出版社 2011 年版。

第六章 《与神对话》的喜悦

美国 21 世纪文化思想界具有影响力的代表性作家尼尔·唐纳德·沃尔什，在他著名的作品《与神对话》里写道："因为神便是全体，神便是一切；而一切存在于过去，存在于如今，亦将存在于将来，你们的世界永无末日。"①

1995 年，尼尔·唐纳德·沃尔什（Neale Donald Walsh）因为生活非常落魄，于是十分愤怒地写了一封信寄给神，没有想到，他得到了神的回答，进而写成惊世之作《与神对话》（*Conversations with God*），并成功地开始了新的人生。后来他开办了一个再创造（Recreation）的工作室，传播爱、信念、觉醒等经验和意识创造的方法。唐纳德·沃尔什的哲理作品代表了美国 21 世纪具有生命力的思想文化的高度成就。唐纳德·沃尔什先后写了《与神对话》三部曲，加上《与神为友》《与神回家》《比神更快乐》《明日之神》等共十多部作品，影响都很大。

第一节 个人生命的演进

《与神对话》第一部发表于 1995 年，这部作品所阐述的理念，是美国乃至世界范围内 21 世纪新思维进深发展的一个基石。这部作品直接以神的口气来述说，是一种类似特技的语言表现方式，令人振奋和惊异。好像在

---

① 参见［美］尼尔·唐纳德·沃尔什《与神对话Ⅱ》，李继宏译，上海书店出版社 2010 年版，第 124 页。

冥冥中，世界产生了一种伟大的思想革命，在这种生命意识嬗变中，产生了一批新的时代精英。这些社会精英不是经济领域的领导者，如华人首富李嘉诚；也不是科技领域的传奇人物，如比尔·盖茨、乔布斯等；更不是宗教领袖和领导者。

他们是一些化蛹成蝶的人，是人类精神宇宙的先行者。他们从来就没有以为得到什么，也没有以为有什么不平等之处，或者没有多么优秀，但是生命的转变和喜悦的到来，使生命发生了更新，这是一种重生。这是人类历史上罕见的文化思想与生命现象，佛教叫作"火焰化红莲""东墙打倒西壁"，神话叫作"凤凰涅槃"，基督教说有一种生命形式叫"像小孩子一样，进了永生的国"。这种生命的重生，或者来自生命内部的更新，删除了虚幻的在世记忆，回忆起本来的生命存在，活在当下的生命纯洁之地。人类在世的经验和目的只是在于实现自我，回忆起自己本来的身份，也就是证得自己的本来面目，这是百千万年难遭遇的，却在 21 世纪开始对人类全面揭示。人类从此渐渐开始从关注技术满足生存，关注经济满足世俗欲望，到关注生命意识的演进满足灵性的喜悦，意义非同小可。并且，奇异的是，这种生命意识的进化和发展，早在不知不觉中已经进行，所有人生的活动似乎都在等待这一天的到来。没有一件事情是偶然的，没有一个事件是应该抱怨和多余的，所有的事情都以灵性的成长和超越的主题行进，感恩和赞叹成为新时代某些人的生存常态。这是一个伟大的时代。

"如果我告诉你，你就是神——宗教还有什么意义呢？如果我告诉你，你已痊愈，科学和医学还有什么意义呢？如果我告诉你，你将会平静地生活，那些致力于和平的人还有什么意义呢？如果我告诉你，世界已被修好——世界还有什么意义呢？那些修水管的工人还有什么意义呢？"[1]

世界的意义，就在于每个人的创造。每一个个体生命的生活都是一种有意识或者无意识的创造。在创造性的历史进程中，人类经历了自我的成长和进化，回忆起自己原本的家园，以及那份富足和充沛的爱。这种回忆也是能量灌入生命的一种形式，当生命被生命之源浇灌和养育，生命焕发出新的欢

---

[1]　[美] 尼尔·唐纳德·沃尔什：《与神对话》，李继宏译，上海书店出版社 2013 年版，第 62 页。

颜，微笑的脸庞就是盛开的花朵。所以，当我们明白生命真相的时候，也就是说当我们成道的时候，一切都寂静了。没有存留在他处的意义，没有没说完的话语。话语的聒噪和虚假就像那变成蝴蝶的毛毛虫壳子，蝴蝶会背着它吗？风会背着它吗？太阳会背着它吗？在光明中，它自动分解掉了，离开了这个世界，也回到了它的家。

在《与神对话》里，沃尔什在很多处谈到 21 世纪美国新文化、新思维的创造者们，也总是提到"新思维"。因为 21 世纪新时代思维的特点是解构一切思维的限制，化解旧的传统观念甚至个体存在的历史。当 21 世纪美国思想界汇聚了一种流动的思想之流时，人就会感觉到某种传统理念的局限性。无疆界是 21 世纪美国思想文化界的新思维的特点。当然，这是人类文化的悖论之处，因为人们必须把它加以规范化和整合化，才能理解它的全貌，才能找到阐述的起点。

这种论说就像人在空气里，却不曾认为人在空气里。因为虽然空气就是人的生存的一部分，但不是显而易见的。21 世纪美国主流文化思想理念完全地涵盖了《与神对话》思想，或者说《与神对话》的内容，宣告了 21 世纪美国新思维、新时代的真实成就。沃尔什说："我们可以随心所欲地行事，违背和忽略任何规则，漠视任何传统的规训，尽情地放纵自己，然后就能达到涅槃的境界，是这样吗？哪个是对的呢？是遵守严厉的道德规范，还是随心所欲地行事？"①

沃尔什说的话，是 21 世纪美国人的心里话，是超越现实的生命运行，是超越现实生命意识空间的理念。不是这个世俗世界的事情。中国孔子说，他自己到了七十岁，从心所欲而不逾矩。规矩是给不守规矩的人制定的，当人们超越了这个层次，你认为还有谁会去违反道德？当开始走向通往神家里的道路，道德的问题已经被超越了。因为在人类的生命中，违背道德，本身就是一种彻底的惩罚。神不审判人，但是人会审判人。只要存在着审判，人就是不肯宽恕的。不肯放下人的罪，也就是不肯放下自己的罪。

所以，沃尔什的问题应该由自己来回答，就看自己选择什么。自由意志，这是神给予人的最伟大的礼物。所以，是不是 21 世纪美国新思维、新

---

① ［美］尼尔·唐纳德·沃尔什：《与神对话》，李继宏译，上海书店出版社 2013 年版，第 120 页。

时代的信徒，并不重要。重要的是：你是什么样的人，你就过什么样的生活。这就是神反复宣说的真理。一切都在于你自己的创造。你自己能够进天堂，同样，也能够自己进地狱。神不可能造地狱，因为神住在天堂里。但是人自己可能造地狱，那就是人类自己的影子，人类以往自己的世界与结果。

在这本书里，神——就是那个代表神的神，或者说那个临在，他说出了很多真理，也有来自神的眼界，所以，神就是这样被界定的，如果是沃尔什，根据他落魄的生存经历，他不可能有这样的见识。但是，《与神对话》系列书中一些观点有争议，是沃尔什本人的观点。这些书不是真理的开示，与《圣经》不在一个层次。所以，那个叫作神的神，是不是神，是不重要的，因为只有你是神了，你才能认识神。如果你从来就没见过神，你不知道什么是神，你仅仅是一个人，那么你如何判断？

所以放下判断，睁开慧眼，让我们来经历自我，刷新生命在这个尘世间芜杂的记忆，只带着纯洁无罪的心，来到神的面前。因为据说神就是真理，神就是纯洁，神就是爱。他若爱我们，必不伤害我们，因为我们是他的孩子。

第二节　神的话不是戒律,而是盟约

"你必将认识到你已踏上通往神的道路，你必将认识到你已经发现神，因为你内心会出现这些信息、这些指示、这些变化：你必须用你的整颗心、整副精神、整个灵魂去爱神。除我之外，不可有别的神。你将不再崇拜人类的爱，或者成功、金钱、权利，也不再崇拜任何有关这些的符号。你将会抛开这些东西，就像抛开儿时的玩具那样。倒不是他们没有价值，而是因为你已经长大了，不需要他们了。你必将认识到你已踏上通往神的道路。"[①] 这是神的爱，是神与人所定的盟约。人的元神存在于人的生命中，人是道的展现，所以中国天、地、人三才的观念，将人的地位并列于天地之间，是天地的精华，人们对这个观念的理解是很重要的。所以神不是远方的东西，而是生命良知良能的内核。

---

① ［美］尼尔·唐纳德·沃尔什：《与神对话》，李继宏译，上海书店出版社2013年版，第122页。

到了 21 世纪，世界文化的潮流是生命意识的转变，这里所说的"神"，是以基督教为文化底蕴的，但是又具有 21 世纪美国主流文化思想的新思维、新内涵。这些话在提示着我们，通往神的道路，是一种生命本然的存在。"不可有别的神"是说不要对生命本真存在，即"道"之外的东西存有指望，生命除了回忆到本来的面目，别无他路。当然，世人往往误会为不能有别的信仰，比如佛教①，这是一个很常见的宗教误会。神、佛、基督，都指向人类的自性，没有本质的区别。

在一个至高的平台上，他们来自一个本源，又安息于一个本源。这些概念，只有文字符号的差别，只有语言界定的差别，没有对立与分辨。

"通往神的道路"，就是渴求真理的道路，喜悦、平和、充满能量。"没有期待的生活，无须特定结果的生活，便是自由的生活。那就是神的境界。那就是我的生活。"②

神的境界，是光明的境界。"光明的境界就是领悟到你没有地方需要去，没有什么事情需要做，而且除了现在的你，没有什么人需要你去效仿。"③ 就像荷尔德林所说的，存在是一种"诗意的栖居"，而不是一种奋斗，不是一种努力。

当然，在这个现实世界上，奋斗和努力都是不可缺少的，但是在灵性世界，却是越能够放下意识的造作，越能够尽快接近生命之源。因为生命之源，那个原本称为"道"的东西，就在自己的生命里。当意识的喧嚣与骚动宁歇下来，就可能会得到能量的灌注，进而开始向生命本来身份回归。本来就有的生命本真存在，不需要努力奋斗得来，不需要外求寻找。所以，真正地明白了，生命的此时当下就是人追寻的结果，从此不必四处探寻，这是修行人追求的至高境界，也是一种验证。

在现实生活中，人类遭遇各种挑战，即使生命意识进步一小步，也都很艰难。有的时候，那些你的家人，他们看到了你的缺点，他们看到你的病痛，他们知道你很普通，所以会加倍地考验你。热闹是世界的幻相和幻

---

① 此处，佛学与佛教是有区别的。佛教是一种带有仪式规则的、内含佛学学习实践的宗教形式，佛学是关于解脱生命的一种思想理路。

② ［美］尼尔·唐纳德·沃尔什：《与神对话》，李继宏译，上海书店出版社 2013 年版，第 129 页。

③ 同上书，第 125 页。

局，苦恼是不得不处理的生命的刺，家人也都是恩恩怨怨因缘聚合的此生组合。人的心能够安然喜悦幸福，中国古语说"难得糊涂"，糊涂一些，人生才过得顺利。

这些就是人间真相。要逃出来，就要走生命意识升华的道路。你不得不寻找生命解脱的道路，因为人类没有其他选择。你不得不在众多的错误里面，认取你的亲人。因为你的亲人和他们的错误是两回事。原谅他们的行为，宽慰他们的伤痛，鼓励他们的信心，不要把错误与亲人混在一起。每个时刻都要认清楚。

中国禅宗二祖慧可禅师当初为了求法，历尽艰难，为了得到达摩祖师的佛法，何其恳切，就是为了向达摩求得"安心"。那达摩祖师也的确非等闲之辈，佛法至简，不需要待慧可自断右臂才肯传法救人。这里的意思就在于：慧可若不断臂，若不经历艰难，他本来就已经精通佛法理论，怎样才能最终超越"所知障"和傲慢之心，甚至各种芜杂的心念，进而开悟见性，真正走上解脱觉醒的道路。所以，所谓安心，就是了知自己的本真身份，从此消歇了寻寻觅觅，只有清清明明的觉知，成为一种生命超然解脱的临在。佛道合宗，生命极高的境界有求道、修道、得道、悟道、成道、了道几个层次。所谓佛家道家说的"了道"，生命与道合一，回归无极境界。其实，所有到达得道以上境界的人，都可以称为人天之师，成为世间人生命修行的榜样。

当然，时至今日，我们清楚地看到禅宗二祖慧可禅师的迷失。没有任何东西可以令自己断臂而求。那个佛性就在自己生命里，在自己的言行造作里，即使仍然不知道，也要耐心寻找等待自己生命中完全的证悟理解，何需断臂？每一个真心寻求生命之源的人，迟早会有机会知道是怎么回事，不必断臂而求。身体发肤受之父母，如此珍贵，首先应当尊之爱之，然后再谈其他。因为真理的悟解和追寻，与断臂无关。所以，所谓断臂求法，又是一番迷失，虽然慧可禅师必定会最终解脱并成道。

第三节　人创造自己的生活

每个人都活在自己创造的世界里。但是，这句话很容易被人们轻易忽略过去，因为太平凡、太简单。这句话的理念如果成立，就意味着人必须为自己的生活负有百分之百的责任，这样，抱怨就是一种可笑的非分之举，而指责和推卸责任是不能成立的。没有任何自己所遭遇的事情是能够推脱掉的，只能面对并解决掉。

换句话说，没有一件事情，是自己能够改变的。只有创造是一切生活、一切生命的核心。人的平等，不代表在现实世界中人的平等地位，也不代表人具有平等的创造力，而是机会平等。

"美利坚合众国的建国信念是人人生而平等，但这种平等是权利和法律意义上的平等，与经济和文化的优势无关。"① 人天生具有平等的创造生活的机会。这样的一个创造性的生活，就像耶稣的生命存在一样。这种想法超越了我们所持有的传统的宗教原则。然而，"这是你们的新动机——去成为我要你们成为的——展现神性的肉身。当你们选择了你们的真实身份，也就是神的化身，你们将不再采取非神的行动"②。

一　真正有意义的个体，代表了整体的利益

在生命的意识领域中，很多逻辑是矛盾和冲突的，所以，神圣二元论是必须注意到的逻辑基础。所谓神圣二元论就是：两个互相矛盾的真相，能够并存于相同的地方。③

进一步讲，世界的和平需要人类共同创造。只有个体内在的生命成长了，生命个体找到了内心的平和，当这种人越来越多的时候，他们所散发的来自终极之源的伟大能量才会流布人间，人世间的和平才有希望。

真正有意义的个体，代表了整体的利益。"拥抱每种境况，承认每次错误，分享每次欢乐，思考每个秘密，体谅每片苦心，宽恕每次冒犯（包括你自己的），治疗每颗心灵；尊重每个人的真相，敬爱每个人的神明，保卫每个人的权利，维护每个人的尊严，提升每个人的利益，满足

① ［美］洛克菲勒：《洛克菲勒留给儿子的 38 封信》，宿奕铭译，中国华侨出版社 2013 年版，第 12 页。

② ［美］尼尔·唐纳德·沃尔什：《与神对话 II》，李继宏译，上海书店出版社 2013 年版，第 271 页。

③ 同上书，第 202 页。

每个人的需求，认可每个人的神圣；向每个人馈赠伟大的礼物，向每个人送出最好的祝福，向每个人宣告神是深爱他们的，他们的未来是安全的。"①

所以，请在每个自己相遇的事件里说，凡事都有神的美意。在现实生活中自在有力地行动，但是不要在意结果会怎样，因为事物的结果自有它的逻辑。无论怎样的结果，都有神的美意，如同中国古语"塞翁失马，焉知非福"。福祸相倚，成败相继，唯一不变的，是生命内在坚定的信念，那种永不言败的坚定信念，那种必定被祝福的坚定信念。

在《明日之神》（*Tomorrow's God*）中沃尔什写道："如果你不相信生命，生命不会'惩罚'你；如果你相信生命，生命也不会'奖赏'你。生命并不客观地创造奖赏和惩罚。生命是一个过程。但是如果'神'和'生命'两个词互换，就成了神是一个过程。"② 沃尔什引用了琼·休斯顿的杰作《跃进的时代》（*Jump Time*）里面的几段话：

"当个人与全球性目的产生共鸣之时，他们的内心能够知道，他们的骨子里也能够感觉到。有一种巨大的认可、一种无比的肯定、一种能量之弧穿过虚空。在这种时刻，那展现出来的正是生命本源，即我们每个人内心都埋藏了富有创造力的崇高的种子。"

"很多人很小就有一种内在的使命感，懂得自己存在的根本原因。这种人如同橡树种子注定要长成橡树。对其他人来说，甚至对很多充实而成功的成年人而言，他们仍面临这样的问题：如何激发对于更多可能性的觉知。"

"我认识的很多人，虽然已经在职业领域取得各种各样的成就，但是在成长的过程中，他们还是疑惑自己会成为什么样的人。彻底领悟到答案的人寥寥无几。"

"但是，当他们领悟这一真相时，他们往往会名垂千古，因为生命本源是各种外在形态的母体，是神性在人类中引发的共鸣。他是大写的我

① ［美］尼尔·唐纳德·沃尔什：《与神对话Ⅱ》，李继宏译，上海书店出版社 2013 年版，第 236 页。
② ［美］尼尔·唐纳德·沃尔什：《明日之神》，赵恒译，中信出版社 2011 年版，第 60 页。

们，是人类目标和可能性与宇宙角色的和声。"①

这些理念是 21 世纪美国主流文化思想中的新灵性原则，生命的创造过程就是神性的运作过程，生命是变化的，而不是凝固的。当我们明白了人我一体的原则之后，国与国之间、族与族之间、人与人之间的争端就毫无意义，这些只是一个人世间按照一定原则运行的游戏。世界最重要的程序，最大利益化，是和平对话，相互支持，友爱协作。

二　人间美好的性爱情感

性爱是人间物种生存的普遍形式，这仅仅是人间普遍的生存方式。因为除了人间及动物界，没有其他生命空间和层次的生命要通过性活动繁殖子孙。但性活动不是人类唯一的生存方式。有些出家修行的佛教人士，那些天主教里面的神父和修女，都选择此生放弃性活动，并且认为，意念中如果还有淫念，就和行淫几乎是一样的罪过。这些人是在走出世间的道路，不再混同于世间凡俗的生命活动。宗教人士以这样的戒律和誓言，认同自己与神同在，或者立志做佛弟子。有时候，因为这些神职人员或者出家人都是未成就的普通人，所以，情爱的痛苦是很常见的。但是，因为已经走上这条出世之路多年，内心就似乎没有办法回头。有些宗教人士是有好的家庭生活的，这同样无可非议。当然，如果生命真正达到高层次的境界，性的活动自然停止。因为人类身体的三宝：精、气、神，人类的身、口、意都要基本无漏失，才能将生命的层次高度提升。否则，还是凡夫，所谓生命的命功修行，几乎就只是一般的养生活动而已，这样种种身心锻炼，还好像是世间人的体育锻炼。

《圣经》里面提倡和认同组建人间夫妻家庭，神许配人间婚姻。人都要找到自己的另一半，过有希望的、儿孙众多的家庭生活。儿女是神赐给的丰盛产业，这是神喜悦的。生儿育女、传宗接代是中华民族传统文化中的重要部分。

从人类的婚姻关系来看，真正能够维持婚姻和谐美好的两方，男人和

---

① ［美］尼尔·唐纳德·沃尔什：《与神对话Ⅱ》，李继宏译，上海书店出版社 2013 年版，第 40—41 页。

女人，由于真爱的第三生命因素的加入，才有了神圣的婚姻，结成神圣不可损坏摧毁的生命盟约。因为爱和生命都是永恒的，所以，"在这熙熙攘攘的世上，有两个灵魂已经相遇。他们的命运从此将会互相交织，他们从此将会悲欢与共，永不分离"①。因为神就是爱。所以，婚姻是最慎重的人类关系，是人类最美好的情感生活。传统文化里那种"婚姻是爱情的坟墓"的调侃感叹，是世人希求美好神圣感情的戏词，如此将爱情扮成无果之花，这是错误虚妄的人间现象。从生命美好的意义上讲，婚姻是爱情的果实，是人世间完美的亲情形式，是人类生命中爱情的最极致表达。

在美好的婚姻家庭中，男女双方的生命得到成长，生命品质得到真正的完善。婚姻的实质不是用来限制、束缚、阻碍对方的生命活动，而是要用慷慨的爱来完善对方、满足对方、成就对方，因为对方就是自己，是灵魂伴侣，不离不弃，两人共同完成生命喜悦的旅程。这是人世间繁衍子孙、接续后代的一种崇高生命形式。

三 尊重人类情感生活

婚姻外性活动普遍被称为淫欲。《圣经·哥林多前书》认为行淫是有罪的："所有的罪恶都发生在外部，只有行淫欲，是败坏自己的身体。"②中国古人十分拒斥婚姻外性活动，认为这样的事情非常辱没损耗人的福报。中国古书《寿康宝鉴》专门记载了一些因为行淫欲而削官损财的现实事件，以警示后人。因此，所谓"万恶淫为首"的中国古话一直都是真实有效的，不是恐吓人们的封建糟粕。

欧洲自文艺复兴以来，反对中世纪封建教会鼓吹的以"神"为本和僧侣制度，主张以"人"为本，肯定人的价值和尊严，反对禁欲主义和蒙昧主义，提倡个性解放，歌颂人类自然真诚的爱情。从某个角度来说，欧洲文学发展史就是神权与人权的对立斗争史，此消彼长，彼此交结。到了21世纪，这样的斗争基本告一段落，人类的文明程度超越了这样一些区别与斗争。只要符合人间法则，爱情成为真诚的人间家庭组织原则，个人情感

---

① ［美］尼尔·唐纳德·沃尔什：《与神对话Ⅱ》，李继宏译，上海书店出版社2013年版，第277页。

② 《圣经·哥林多前书》，第6章第18节。

自由受到热情鼓励。因为宗教修行的需要，禁欲主义只是特殊部分人们遵循的生活原则。

只要真诚生活，怎样都好，所谓无为而治，清静安然。清者自清，浊者自浊，都有道理，自我意志自我选择。

因为人的文明化程度和动物有所不同，人常常无法逃开人间法律，也无法逃开人间的道德律令，也还有宇宙的因果法则在运行。

《与神对话》的作者尼尔·唐纳德·沃尔什自己几度婚姻失败，共有九个子女，潦倒贫困，最后露宿在俄勒冈州的杰克逊温泉公园，依靠捡易拉罐和他人施舍为生。这样的生活，不是偶然产生的，他的工作受到了很多牵制和影响。后来，他愤怒地给神写信，质疑神的存在，这样导致了《与神对话》系列著作的诞生。

欧美人大多非常注重婚姻契约，在婚后会遵守结婚的盟约，守护家人，所以，夜生活并不丰富。在社交场合，在陌生友好的异性面前多多强调自己已经结婚的事实，甚至会让对方觉得不好意思。在美国教堂聚会的时候，确实认识到，不少欧美人夫妇一生不离不弃，是真正的灵魂伴侣，经受了各种不可想象的考验，生死相许。在教堂聚会的时候，那个老先生真诚赞美的超级美女，那个一见钟情不离不弃的亲密爱人，悄悄看去，是一个相貌普通的老太太，几十年来，老先生还保持着丰富热烈的真挚爱情，令人感动。

所以说，无论如何，宽恕自己，谅解他人，爱挽救一切。如果选择了世俗生活，就好好学习和工作，组建美满和谐的家庭，懂得付出，知道感恩，善待他人，养儿育女，体验生命的高贵亲情，内心宁静欢悦。如果选择了佛教出家，佛就是你的灵魂伴侣，是你终生不离不弃、无怨无悔的生命情感。如果选择做神职人员，有的教派不允许结婚，就选择了神作为你的灵魂伴侣，无怨无悔地终生服侍神。这都很蒙福，自然与神圣的力量同在天堂或者同在极乐之国。遵守盟约，清净生命，恩爱世人，是我们生命的职责。

如果是生命境界高超的人，自然完全不需要人世间男女性的活动。因为这时候，人的身体圆满，阴阳调和，身体春意盎然，温煦和畅，皮肤细嫩，身体宿病渐渐不药而愈，身心自然健康长寿。生命到达天人合一的境界。这种人很少见，但并不是绝对没有。中国道家修行历史上多有其人。

现代人福报大，资讯发达便捷，只要有一个人得到生命的大成就，就会传遍天下，越来越多的人会到达高能量的生命境界。所以，当代人类的生命大成就具有无比重要的意义。人类自己营造了自己的人间天堂，人类创造了自己的幸福乐园，这也是宇宙因果的再次显现，是人类众志成城的伟大信念的结果，人类终于回到自己的家园，归家坐稳，这是神喜悦的。

四　人类群体活动只是体育锻炼

生命修行前进以个体活动为主，人类的生命成长是要从人欲到天人合一，性欲望只有在动物界或者人间才会发生，这是人类生命繁衍、传宗接代的自然需要，人间大大兴旺是神喜悦的。

有人借用道家修行，强调男女双修性活动的重要性，名之为阴阳和谐，这是极为错误的，是对道家生命修行的误导，这是人类历史之痛。性命双修与男女双修是绝对不同的两个概念。天人合一的途径，人体自身阴阳和谐的修行方法，不是修行秘密，是人类修行非常显见的结果。仅限于生命自身之内，是生命修行的第一步成就。沟通宇宙能量，天人合一的成就是高端的修行。三家相见，不是三人相见共同修行，而是人身体三宝精、气、神三家相见。

人类要模拟走向神，所有真正的宗教都一样，就要学着做一个神，走生命的向上一路，清净修行是要旨，所有宗教修行都只是生命个体的生命成长活动。不可能有一种成仙成圣的药方需要性活动加以成就。个体生命自身内的阴阳调和是宗教的秘密，也是生命修行的高端境界，是人类个体内部性命双修的高端成就境界，这时候，自然身体年轻润泽，气质貌美清洁。这是生命成长的必经之路，就是要超越人类情欲，内心如如不动，生命寂静圆满。这些都记载在中国古书里，中国古书里有一些真正得道、完成了生命科学大成就的人。

当然，违背国家政策、法律、道德的任何活动，坚决不要沾染。因为时代文明的要求，古代很多情况已经不适用于当代社会。人类现在已经不可能回到原始母系氏族年代，现代文明提倡一夫一妻制。人在青年时代，寻找灵魂伴侣是生命内在的需求，是生命成长的正常需要，因为只有学会了爱护家人，才能汲取勇往直前、勇敢纯洁的生命力量。那个温和柔弱的女人，为了她的孩子，似乎有了超人的勇气，愿意成长为福荫子孙的参天大树；那个男子，因为他爱的家人，老老实实工作，勤勤恳恳生活，为了自己的至爱亲人，生命获得了持久坚定的力量，这是人间寻常图画，也是人类自我成长的爱的园地。人生到了晚年，一定要更清净更坚定，因为岁月催人老。你的妻子就是你一直的神仙眷侣，是这一世男女的生命交托、生死相依的大故事。感情忠诚的人，是生命有福报的特征之一。

有一种特别情况是，有人因为误会而结错了婚，找了品行不相当的伴侣，如果发现，就要及时离开，年轻时就要积极地再度开始新的生活，这不是儿戏。因为人不是神，人改变不了人，只有神才能改变人。或者神也无可奈何，因为人间种种都是人类自我意志的显现。一旦发现男女双方品行有不可调和的危险因素，就要义无反顾地及时离开，因为保卫自己的生命安全和幸福不仅要靠警察，更要靠自己。

五 身边的神仙眷侣

神仙眷侣、灵魂伴侣就是生命相伴的那个人，自己选择结婚的那个人，因为婚姻是生命的盟约。无怨无悔奉献的那一个，就是自己的灵魂伴侣了。真诚的爱情，是生命成长的果实和营养剂。没有结婚之前，一定要坚持等待，认真寻找。结了婚之后要恩恩爱爱，安然度日，不用寻找。自己的真爱，就是自己的亲人，就是自己身边的人。因为人从本质上是没有区别的，只是因缘果报有区别。善待自己的亲人，自己就蒙福。不要计算是吃亏还是得了便宜，善待亲人，就是最大的占了便宜。

所以，离婚的挣扎是很痛苦的，有时好像需要撕裂灵魂，再度漂泊无依。当然，原谅世界，勇敢前行，会再次建立自己新的幸福生活。

中国道教丹道修行是人体生命科学，只涉及个人生命成长，21 世纪的当代生命进化历程，不涉及实际的男女双修、乐空双运。生命只有一次，切切不可沾染。谁能证明自己是神仙，谁能证明自己是佛？在这件事情上，谁都不是神仙，谁都不是佛，都是普通人，这是普通人的行为，就必须接受国家法律的监督管理。

释迦牟尼佛王子出家，从来没有再组建家庭，也没有寻找灵魂伴侣，佛陀大成就后没有再度寻找异性知音，没有寻找爱情。灵魂的寂静纯洁，是生命大成就的一个验相。有的人这样想：释迦牟尼佛本来就是王子，妻子们美貌贤德，佛陀成道后不妨回归家庭，造福家人亲族，与娇妻美妾共度人生。从这个角度来看，我们都还不是佛陀。

生命自然天成，高贵纯洁，不需造作。因为年代久远，良莠不齐，古代道教丹道学说存在很多误区，当代某些说法很令人疑惑，千里之堤溃于蚁穴。因为一光明就全光明，生命的珍贵价值在于一定要走光明大道，不走危险小路，生命要知道自己保护自己，一定记着积德为上，清净为本。当然，福报到了，自然知道真假。

任何情况下大智大勇，滴水不漏，生命才会被尊荣。所以，为了自己的真实生命安全，为了自己能够早些走上真理正路，还是多多做好事，积累善的德行作为生命修行资粮。一定要立场坚定，安静下来，开启你生命的大智慧。

生命的高层次进步，不可能无端损耗任何生命能量，更不可能违背人间文明道德和法律。只要国家反对，就断然不是小事情，自然代表着国情和群体利益。佛教里面讲的生命修行要"报国土恩"，恰逢盛世，国家安全富足，这是个人生命成就的极其有利的条件。中国所谓天时地利人和都具备，个人的生命成就才有更多可能性。天地人三才的中国古代哲学理论，也说明人类的生命高端成就是与天地息息相关的大事因缘。如果仅仅得到些长寿，只是在修身养性的人类层次，谈不上人类生命科学的大成就。人类生命的意识进化，人类生命能量的成功运作，以清净、仁爱为根本。

生命空间开始要提高转换，生命能量要共同增长圆满。因为生命最重要的事情，需要全副精力去前进。人世间万事万物生命都在成长，自然天成的生命成长才是生命真实的智慧福报成就。

《与神对话》写道："你们将会发现，你们自己并没有舍弃性爱，而是在更高的层次享受它。因为生命就是性爱——就是那种神人合一的能量交换。"① 所以，人要过着神一般清净的生活，是生命科学的高层次境界，不是唯心主义迷信。

① ［美］尼尔·唐纳德·沃尔什：《与神对话Ⅲ》，李继宏译，上海书店出版社 2011 年版，第 67 页。

第四节　三位一体的神圣

三位一体是一个非常重要的概念，它代表了某种普遍存在的真理。在老子《道德经》里，一生二，二生三，三生万物。那么，这个"三"，是一个神性数字，是能生产万物的数字。三合一是一个神性的表征。《与神对话》谈道："所有处理生活的神圣关系的人，都能够在那些关系中找到三合一的真相。有些宗教学家将三合一的真相描绘为圣父、圣子和圣灵。有些精神学家使用的术语是超意识、意识和潜意识。有些灵魂学家说是精神、肉体和灵魂。有些科学家认为是能量、物质和以太。有些哲学家说，真实的事物必须在思维、言语和行动上都是真实的。谈论时间的时候，人只会说起三种时态：过去、现在、将来。人的知觉中也只有三种时刻：从前、如今、以后。至于空间关系，不管是考虑到宇宙中的点，还是你自己房间的各个点，你都会辨认出此、彼、彼此之间。"①

所有物质世间的世俗关系都是二元的，好与坏、我与他、男与女，等等，非此即彼。这是世俗世界的真相，在世俗世界，二元对立是恒久存在的。只有在灵性世界，在神圣的关系里，一切都处于融合，没有对立的二，只有和谐的一。所以，三合一的境界，是生命融合的终极真相。对立的关系中间，参与了彼此相联系的第三位因素，于是，合一、完整的境界出现了。对立双方消融了彼此孤立的立场，融合到整一的关系之中。

新的意识，全球的意识，就是在这种三合一的状态中发生的，此世界、他世界，因为彼此之间的联系，而成为一体。这个联系彼此的力量，就是神圣的伟大力量。这样，国与国之间、人与人之间、民族与民族之间，再也不是二元对立的关系，而是三合一的关系。那个第三方，就是神圣的关系，就是神的本质。这个神的本质就是无条件的爱。除此之外，没有其他真正的第三方。人世间的第三方有些是虚假的，是倡导分裂的。第

---

① 　[美]尼尔·唐纳德·沃尔什：《与神对话Ⅰ》，李继宏译，上海书店出版社 2013 年版，第 39 页。

三方，因为利益的关系，要么代表双方中的某一方，要么代表自己的利益，使双方关系的分裂更为深刻。

那些世俗物质世界的第三方，只要是代表着公平与公正，同样是一种神圣的关系的形成。对立的双方在真诚友好的情况下平等对话，友好协商，就能够达成一致的愿望，获得双赢的效果。因为双方之间已经有了理解与爱的神圣能量的介入，这种情况下，就不是两者对立双方的关系，而是三者合一的关系。其中一方是那种隐蔽不现的神圣力量，那就是神，那就是一种伟大的力量，神不是愚昧和迷信，神是这个世界最伟大力量的一个简单称呼，是一个指代。就像老子《道德经》里面说的，强名之为道。神就是道，是人间须臾不离的宇宙大道。如果第三者根本不是某种具有神圣性质的物质存在或者精神存在，那么，它就仅仅代表了又一个新的对立面，是新的双方关系，第三方神圣的关系就断裂了。可以说，三合一的观念，是美国 21 世纪主流文化思想的全新理念，这一理念是对人类意识进化发展的重大贡献。

一　宇宙正能量运作

那些违反人间法制的事件不在本书探讨之列。这一理论绝对不能够成为恐怖分子、军国主义者的口实。现实的政治军事等都有自己严格的规则，必须按照人间规则来接受现实的检验。现实法律严惩犯罪，军队维护国家和平，国家政府管理社会，都是非常正当的。否则，一切都无从谈起。人间秩序的正常有序，是个体生命成长的重要物质基础之一。从某种现代的角度来说，个体生命的成就应该要建立在和平公正的国家社会建设之上。热爱自己的祖国，热爱自己的父母，两者都是一样的性质。

从某种形而上角度来说，在真实的人类关系中，没有受害者，只有创造者。正是人们自己，创造了自己的生存境遇。那些受害者，只要坚强起来，很快就能够获得全然的平安。其他生命事件，只要自己的心灵不容许，伤害就不再成立。有人违反法律，就交给法律处理，这是因果关系。此外，没有人再愿意成为那种受到伤害的情绪奴隶。偶然的意外，可以应对并通过各种途径解决，这只是现实生活中的事件，可以处理掉，没有多大的影响力，不意味着个体生命必须受苦并感到受了伤害。

喜悦而勇敢，是人们必须拥有的人生态度。因为每个人本来圆满自足，内在生命里面都有足够的力量应对一切世间、出世间的问题。当然，有些人意识层次不高，没有受过多少教育，遇到意外事件不知道怎么办，这就需要帮助。那就要去找有智慧的人帮助自己。

这样说来，全球 21 世纪新思想、新文化咨询服务行业具有发展的前景，只要人类没有彻底觉醒，就需要这样一批人来服务社会，造福人类。这样一来，21 世纪新时代的智慧者思想者就会过着富足圆满的生活。哲学咨询不是技术问题，不是物质问题，而是生命意识本身的问题。任何生活中的现实问题的解决，都要从生命意识的根本层面出发，否则生命里面所呈现的问题就难以从根本上解决。因为所有事情不是简单表面物质事件的发生，而是多维度空间的运作。

应该说，世界范畴内真正能够把握新的智慧理念的高端人才极为稀少，这是世界和平的中坚力量。这不是学术机构的要求：所有研究者都要进入某一个学科的问题。而是生命本身就是大课题，在一个形而上的生命意识的伟大境界里，没有什么学科，没有疆界。所有的分裂都是暂时的、表面化的。文史哲与科学、经济、社会、心理等，从本质上是不可分割的。真正的学术大家，是了然宇宙生命一切秘密的人，是人类未来时代的先行者，是生命科学的开拓者，是人类的瑰宝。

二　坚强地站立，深度地宽恕，彻底地放手，是人类神圣的情操

因为本质上"人我一如"，现实里每个人都有无可否认的力量，所以，全然的平安就是活在当下，活在全然放下的生命境界里。那种伤害他人的人，就是伤害他自己的人。

"所有物质生活的运转都遵从自然的规律。只要你回忆起这些规律，并应用它们，你就能够在物质层面掌控生活。你所谓的惩罚——或者你所谓的不幸，或者倒霉——无非是自然规律在维护其自身而已。"① 因果关系

---

① ［美］尼尔·唐纳德·沃尔什：《与神对话Ⅰ》，李继宏译，上海书店出版社 2013 年版，第 53 页。

是宇宙间的一个基本的规律，因果律也是自然规律。所以，创造自己的生存环境，创造自己的爱的本质，创造自己的光明人生，去创造一些可以带来福报的种子，将他们种在自己生命的花园里。用爱和宽恕来联系人与人的关系，这是人类的神圣关系，也是人类的福报的种子的运行。

　　所有的人类关系，都指向一个最真实的宇宙结果，那就是伟大的和平。和平是无条件的，就像所有的真爱都是无条件的一样。无论现实政治军事里面如何应对和布置，和平是 21 世纪全球人类最伟大的呼唤。战争的任何一方都没有真正的胜利，因为战争是人类的无奈，也是人类的局限。《与神对话》里面提到过这个问题："数百年来，你们在战场上呼喊我的名字，挥舞我的旗号，扛着十字架，这一切只是为了证明我对世人的爱不是均等的，并要求你们通过杀人来证明这一点。"①

　　人类历史上的战争，有些是以圣战为名号的，这是人类自欺欺人的政治陷阱。神根本没有必要发起战争。因为神自有永有，无形无相。战争是人类生命自我意识的妄念发作，常常是假借宗教的肆意妄为。"你们今天仍在彼此杀戮，彼此谴责，彼此说对方是'错误'的，实际上，一直鼓励你们这样做的，正是你们的宗教。"② 人类古代战争是人类生命进化发展付出的血腥代价，因为人类精神视野的局限，将其他国家、其他地域的人们看作异于自己的存在，所以，战争和杀戮是为了铲除异己，夺取物质地理的领地。到了现代社会，现代化文明已经明确地显示出人类的整体性视域。那种夺取某种物质、占领某些地域的战争，已经没有挑起的必要，也无法掩饰目的。因为天下昭昭，都会知道怎么回事，保持和平与稳定，是人类最基本的需求。所以，战争狂人，不管在什么位置发动战争，不管是本土的还是外国的，不管什么理由，都是不允许的，这是 21 世纪人类精神意识的新形式，是人类坚定的共同信念。

　　到了现代社会，衣食丰足，战争就完全没有任何理由存在。不如联手起来，共同走向人类富足伟大的新未来。人们用爱铸就钢铁长城，用爱成就这一世理想的天人合一之梦。通过战争解决问题，没有一个人从

────────────

　　① 　［美］尼尔·唐纳德·沃尔什：《与神对话Ⅲ》，李继宏译，上海书店出版社 2011 年版，第 257 页。

　　② 　同上书，第 260 页。

中受益，受益是短暂的，有时也是无奈的，是基于国家保卫和平的一种现实手段。

人的本性应该是公平、合一、爱，但在现实生活中嫉妒、是非、好恶对立而存在。作者接着写道："因为你们创造了一种以排斥为基础的文化，并宣称神是狭隘的，用这种说法来支撑你们的文化。然而，神的文化是建立在包容的基础之上的。在神的爱中，每个人都被包容在内。每个人都接到了进入神的国度的请帖。"① 所以，在 21 世纪，更多的人会进入全新的生活，做自己喜欢的事情，谅解他人无奈的恩怨、无奈的是非争斗，因为，不值得为了他人的错误丢了自己的宝贵生命意识品质。于是就看穿忤逆罪恶的品性，不再顺从罪恶的逻辑，而是坚定地站立，认可自我的美好清净纯洁的本质，运行清净安然的生命程序，高度蔑视和忽略掉恶的暗示，将生命创造性地做成喜悦纯洁的大光明境。

人类在每一个当下困难的时刻，认出自己清净纯洁的本质，不与恶意纠缠一处，放下不甘、怨恨、受伤的情绪、悲哀的感觉，不再问为什么，就将和平、爱、觉醒的微笑挂在脸上，过得胜的生活，这是神喜悦的。所以，《与神对话》不是这个现实世界的文化逻辑，而是神一般的生命境界的展示，是 21 世纪人类新思维的撒播和创造。对话，必须在同一个平台上才能发生。所以，能够与神对话事件，是人类生命的全然改变，是人类生命高度提升的新机遇，千万年来，人类终于出现新的历史转机。

当然，从一个现实角度来说，我们可以把《与神对话》看成另类的文学创作。这些作品用独特的写作方式，将生命境界中的梦幻灵感，看成神的旨意。神是无相无色的存在，不是音声、形象可以求取的。因为自我意识的变现，启动了生命大智慧，于是神就这样存在了。

因为生命的本相是，神就存在一切处，神就是一切。所以，一切庄严的灵感对话就登场出现，与神对话的时刻就发生了。

三　中国是礼仪之邦，人间礼物就是一种祝福

宗教的金钱奉献，佛教的财布施和法布施，都是很重要的。财物捐献

---

① ［美］尼尔·唐纳德·沃尔什：《与神对话Ⅲ》，李继宏译，上海书店出版社 2011 年版，第 257 页。

也是重要的善行德行运作。这是生命灵性修行的重要部分，财物因为心地的无私奉献，连接了伟大神圣的力量，这是个体生命财富高贵的内在原因之一。这个主题需要很多的语言阐释，本书此处不作探讨。在人世间，人间礼物就是一种祝福。

在一个生命意识高度的层次上，没有谁能接受礼物，没有谁能送到礼物。只有神圣的心意礼物，是交流生命信息、传递生命能量的大礼物。信息是去不掉的，谁的东西就是谁的东西。最美好的信息礼物是生命的感恩。

礼物是人与人交结的第三方存在，无论是精神礼物，还是物质礼物都是一样。所以，中国古话说："君子之交淡如水，小人之交甘若醴。"之所以君子之交能够淡如水，是因为生命意识境界的提高。没有利益的交结，只有生命意识的祝福和赞美、感恩。一杯茶，足以表达万千思绪，亲爱与友谊自在其中。所以，礼物是人类关系中的第三方，是神圣的爱的关系。西方人送礼注重微小的意义，有些是亲自手工制作，表达了双方的认同和友情，这是建立在生命支持与理解的基础上的情感交流和物质交流。

到了人类文明进步的今天，人们几乎不再有物质匮乏的因素，那么，不一定要预备丰厚的礼品来表达友谊。君子之交淡如水，越是珍重的恩情，也许越是没有巧妙的语言，因为生命相联系，美好的感恩能量相沟通。我们每一个人在新的时代里都完全有可能会进化成君子，所以，形成清净真诚的社会风气势在必行。生命真诚祝福的信息非常重要。最宝贵的爱，最倾心的友谊，是生命内在的祝福护佑，所以，做一个道德温馨的人，人生福报的到达是无可置疑的，这非常具有吸服力。所以，21世纪新的社会风气是人人都要得到心的祝福，人人都要得到生命的感恩回馈。

21世纪，新的人类历史里面，没有君子与小人的差异。一定要知道，所有的礼物，无论是情意也好，金钱也好，都是因果相报的产物。如果接受了某人的小礼物，是因为感激和爱，那么，神圣的关系就建立起来，双方因果相对。有一种情况：重大的恩情不是金钱和礼物能够报答的，所以，就用生命的感恩来回报。这样，人的好运气就均沾流通。所以，越是高贵的关系，越是不会送礼。真正生命的真诚相许，即使从此无言以对，但是幸福的高能量也会不断传递。能用世间物体、世间语言表达的东西，都是一个象征，都是生灭的东西。真正的爱，超越了一切的世间物体，超越了无量金钱魅力，变化成生命能量的传递、生命的感恩回馈。

神圣的人类关系变成道德运行的福报积累，就是中国古话中所说的积累阴德。多多积累这样的阴德，不仅对自己的福禄寿考有巨大的好影响，也对后代子孙有多多的祝福恩待。如果祖宗不积累德行，单靠自己这一世的行为，是非常难以达到福禄寿考的极致。人们愿意到佛庙里去烧高香，也愿意去叩头求平安，这是好的。如果能够平平常常多做好事，注意做好自己的本职工作，养成习惯，恩待你生命中遇到的每一个人，行善积德自有好命。

佛教对于弟子有一条戒律，就是遇到乞丐要布施。所谓布施就是拿出部分钱物，做一些真心的物质支持帮助。世上的乞丐多是假的，因为现代社会只要认真工作，辛勤劳动，就会有好的物质生活，现代社会已经完全不具备生成乞丐的社会因子。古代人乞讨合情合理，现代人乞讨是生命暂时的迷失。从某种角度来说，即使蹲着给他人擦擦皮鞋，大多数人都不会欠付这个擦皮鞋的钱，因为善良的人很多。恶人毕竟是少数，因为做善良的人，就做回了生命的本来的自我，就简单舒服。人在不知道的时候，就随着世界做魔鬼，等觉醒了，就会格外坚定，绝不屈服，所谓"浪子回头金不换"。所以，那个堕落的人，也许有一天变回来了，成了有杰出成就、高贵富足的好人，这是完全可能的。基督教的《圣经》、佛教的《妙法莲华经》就写了这样的故事。

生命的要义就在于无怨无悔。你没办法改变人心，就只能肯吃亏来施予和美化人心。因为单纯良善的人看别人都是好人，因为他不知道不相信有那么坏的人。因为也许那个蓬头垢面的乞丐就是一个神仙变现的人，是你一生不能忘却的恩人。我们不知道谁有高能量，谁不是一般人。我们只能恩待每一个人，这样就恩待了自己，也就是恩待了自己的师友亲朋。因为谁也不知道，谁也没看见，只有自己看见了自己的美丽心灵。也许神仙的故事是瞎编的，但是有一天凑巧遇到一个，就没有忽略过去，不会终生后悔。

如果无意帮助了一个人，无意中救助了那个普通的人，同样因为因果的关系，就有人善待我们的家人，救助我们的亲友。宇宙之中因果不灭，超越性的生命进化，也是要有一定的因果显现，只是自己不再应对，宁肯无怨无悔地付出。如此因，就生如此果报。只要活着，只要还有肉体存在，只要没有真正成为大成就者，不曾成为真正得道的真人，就会有因果的相应存在。越是那个傻傻的不在乎世间利益的人，那个大智若愚的人，则是会超越世间的计较思虑，在更高的生命层次上成就。所以，善待每一个人，对所有的人友好，性格温和，终于会等到大福报，生命终于会成长，会壮大。所以，每个人的生命都是自己造就的。

做老师和做医生都是积德最快的职业，值得全力以赴。在21世纪，这些学生极有福报，将来会有成就，他们都是被神、被社会、被父母恩爱的人，鼓励他们，培养他们，永远记着用爱的眼睛抚慰他们的美好心灵。做学生的好老师，就是将他人的孩子当成自己的孩子；做了好的医生，就是将他人当作自己的亲人。

因为有彻底的爱，就会有彻底的奉献，就要好好做人，因为要确保知道，在不能随行看到的地方，或者在未来无数的日子，亲人会受到他人的恩待，因为自己是这样真诚恩待过他人。为了让那些亲爱的人，未来的子子孙孙，有环境美好的生命家园，要将自己变得道德高尚，心灵洁净美丽，因为人类别无出路。因为心的美好，是一切人类环境保护的根源，是一切美妙和平事件的出发地。

人的命运是一定的，然而，如果有大的善行，就会有大的福报，命运就会发生改变，消灾避难的效果就这样形成。有个别拥有高官厚禄的人，原本很有福报，因为自己的贪心糊涂，受骗上当，福报渐渐单薄，就成了贪官。群体现象，就是你不准比我高，你不准走在我前面，于是，因果循环、生命轮回，大家都混成一堆，不能出离解脱。这是魔鬼的把戏，要看穿它，清清静静不上当。

如果一个神站在人眼前，或者耶稣站在人面前，人们再也不会把他当作异类，再也不会把他认作傻瓜、蠢货，将他钉到十字架上，流尽他的血。虽然人没有见过神，但到了21世纪，人终于知道神有什么样的特征，那就是无条件的爱。生命因为寂然无我，而成就了大我。无论如何，人类历史到了21世纪，再也不会有耶稣第二次被钉十字架流血，再也不会有耶稣第二次的死。物以类聚，人以群分，神不是人的同类。神是神人的同类。神与人同行。

不要被人用钱收买,不论是谁,不论钱是多少。生命的福报足足够用,那是亲爱的父亲赐予的。那个父亲,是人类生命的源头,不是肉身的这一世这个父亲。一切的物体,一切的人与人,都是一种宇宙物质能量的传递。人所付出的是德行、品性,每一个人都需要用万千德行坚定保卫自己的生命意识安全。不要随便要陌生人的东西,即使那是成千上万的金钱,那是收买你福报的虚幻东西,这本书反复引用了洛克菲勒给他儿子的信中的一句话。他说:我的儿子,通往地狱的路,有时候是用善意铺成的。即使善意的东西或者金钱,再好的东西,即使出于善意,如果是他人的,不要起意掠取。做什么也不如做个老老实实工作生活的平常人。谁稀奇古怪,无论是在钱上,还是在宗教修行作为上,都是走上生命歧路,交付了一定的生命福报,徒然损耗生命能量,是可怜的人。拿人生一时的享受,消了自己千万年的福报,不值得。

四 感情就是一颗真心

中国古话:君子坦荡荡,小人长戚戚。我们过往都做过小人,现在决心要做个君子,君子怎样做,我们就怎样行动。所以,原谅这一切,恩待所有人。人背着重物垃圾不能行进迅速,丢掉这些过往的垃圾,开始新的生活。

在新生活里面,所有的人都是亲人、朋友,都是良善美好的人,都是恩待过你的好人。佛教的放下,就这样成了。终将有一天,我们都有机会认识我们的高贵本性,就是我们高尚纯洁的品性,我们的心就会从此安然,从此宁静,从此幸福,我们看不见世界的芜杂,只看见了神。因为那是我们原本就应该有的生命状态,是我们每个人的日常生活。人类群体清静自然的人生境界就到来了。如是因,如是果,人类的生活就开启了群体性的美好生活。

所以,人类历史到了 21 世纪,慢慢地贪官就越来越少,仇官仇富慢慢也不再有了。除非自己对自己有仇,因为仇官仇富就不会在某些时刻为官为富。不是谁惩罚了谁,不是谁改变了谁,而是人们真正明白,不能出卖自己的德行福报,不能沾染他人的意图因果,清洁自己的生命,过心灵高贵的生活。

《圣经》说，小信的人哪，天空的飞鸟也不种也不收，神尚且养活它们。更何况在本质上，你是神的爱子，你是具有圆满福报良善的人。

五 话语对人间的作用

人类话语是连接宇宙间伟大能量的第三者力量，话语是通达宇宙伟大力量的最重要工具。话语有的是在内心里显现，并没有声音的出现；话语有的情况是用声音宣说出来。祷告是话语作用的最高表达。祷告是将感恩、赞美、喜悦的生命向宇宙伟大力量，或者叫作"道"，做一个回报、确证、回馈。所以，人的语言非常重要。坏的话语尽量一句都不要出口。当然出口也不要紧。这样做，主要是为了养成美好的话语习惯，这样对每个人的生命都有很好的影响。贵人语默，语言清净，对人生的福禄财寿都有好处。

所以，言为心声，有机会也不要胡说八道，尽可能不开不好的玩笑。语言是生命运行的极为有效方式。人的语言如同花的语言。花的语言，就是生命的语言，是生命吉祥的微笑，是祝福的花语。

六 奉献的心态是人生成功富足的重要条件

奉献是人类生命成长的最重要生命基础性心态。人生的很多成功，需要有理有度的道德铺垫，是无怨无悔的工作成绩。如果一个人想不首先奉献你的生命因素，就投机取巧地获得巨大利益，这是不可能的。种种福报都是真心奉献付出的丰厚回报。奉献的心态就是连接人类与宇宙之间伟大力量的重要基石。人类是没有办法在生命这一层面上讨价还价的，因为不种就不收，人种下善良，种下爱，种下和平，这些都是付出奉献的生命作为。人种下道德，捐献财富，就收获福报财富的果实，中国古话说："德能载福。"

一只母鸡，因为生命自然天成的感恩奉献，生了一只蛋，欢天喜地地、莽莽撞撞地唱歌呼唤；一只小狗吠叫着，忠实诚恳地守护着主人的家园；一只鸟声音婉约清丽，渲染炫耀着小小的生命热爱；一棵树，默默地站在那里，呼吸吐纳，奉献着最真实的生命能量。万事万物都是因为生命甘于奉献，而演成平凡高尚的故事，引领着祝福吉祥的宇宙效果。因为这个社会许许多多的人在做着这样的平凡感人的工作和社会奉献，包括警察、军队、公务员等，他们保护了人类生命的家园和社会环境。所以，成熟的生命成长，是和平、感恩、喜悦、幸福，因为这样的人类正能量发散，人类社会变得越来越和谐、平安、幸福，宇宙之间也交换着正能量爱的生命信息，人类慢慢地越来越主动地走向和平安乐的清净道路。

所以，安于生命的本位，好好工作，好好生活，善待自己，保护家人，这种种日常生活本身就是生命高贵能量奉献的结果，普通的工作人员本身就是诚实友善的公民，这就是积累善行，创造人类奇迹。请看众多的人类科技成果，便捷美好的物质环境，难道不是人类自己充分奉献社会的效果吗？没有累世奉献的精神、物质的劳动，就不可能有今天的美好生活。接受事件可能出现的法律、政治、情绪等后果，不做无益的挣扎。一定要认可生命的高贵品行，就是知错就改，向着生命的太阳行进。活在当下的时刻，无怨无悔地开始新的人生。放下当下的生命造作，诚恳纯洁无罪地活着，就是实实在在的凯旋。

生命当下的喜悦圆满，就是神悦纳的最好生命祭献，是天人合一的人类生命状态，是无极而太极的"道"的存在状态。没有过去，因为过去是死亡的现在；没有未来，因为未来是今天所生的孩子。只是在当下，觉醒的生命超越了一切的生命芜杂坎坷状态，高效地工作、学习、生活，在当下的时间空间里，人们活得和神一样快乐。这是我们每一个人都非常需要的生活现实。这样人人日日相续，逐渐成为众人无我利他、人我一如的生活习惯，逐渐成为人类 21 世纪新的社会风气，和平就成为一个新的当代普遍社会现象。因为人类具有时代生命意识进化飞跃的高贵底蕴，有智慧，有福报，走在时代生命意识进化社会的前面。一个人的胜利，就意味着所有的人胜利。

觉醒、爱、和平、理解，心情平静安然，生命成长伟大的情操，成功生命的全面富足状态，成就健康长寿的生命效果，生命科学的成就，就在眼前，记得永远前进，如此奉献快意纯洁的人生。

第七章 《奇迹课程》的奇迹效果

　　《奇迹课程》的问世发表是一个颇为艰难的现实事件。最初以自行印刷的形式于 1976 年 6 月成书，并悄然风行，后来成为 21 世纪美国主流文化思想界的领军性作品，它先期开拓了美国 21 世纪全新的生命理念。《奇迹课程》是综合了东西方哲学思想体系而形成的，从某种形而上思维来讲，东方西方本来就没有什么可区分的意义，人类是一体不分的整体。所以《奇迹课程》是全视角哲学理论课程，是生命得以成功展示运作的大课本。中国的大乘佛教思想、禅宗美学、印度的吠陀哲学、基督教的基督文化，都包含在这部作品中。因为作者来自美国，对基督教文化十分熟悉，所以作品呈现了基督教的哲学表达、理论术语、思维模式，但是与传统的基督教理念有所不同。这是《奇迹课程》成功流行的原因，也是遭到某些基督教派特别质疑反对的肇因。

　　据资料统计，西方基督教的宗派有两万多个，它们都自成一家之言，按照某种方式的理解诠释传讲《圣经》，各自讲述父神和主耶稣的救恩，各派里面的诠释多多少少都有些差异和特色，很多理念并不完全统一。

　　需要特别指出的是，《奇迹课程》虽然是以基督教的名词写作而成，但不是基督教一家之言。它是普世文化的一个总结，一个人类乌托邦之梦的新构想，一个关于生命的讲演，如此而已。其中，词汇"上主"象征生命之源；基督象征我们的"自省和真我"；圣灵象征天人之间从未切断的生命连线；救恩或救赎，代表"心灵的觉醒状态"；罪疚，代表那始终困扰人心的"内疚"或烦恼、那种生命常常自有的罪恶感。作者说："你真的不用相信或者接受这些观念，甚至无须心怀好感。"① 这种写作体现了这是超越世界的无碍潇洒和生命意识即将晋升演化的过程。

《奇迹课程》的作者主要是海伦·舒曼（Schucman H.）和比尔·赛佛（Dr. Bill Thetford）、威廉·赛佛，后称比尔·赛佛两位教授。因为两位作者无意于通过作品得到什么世俗利益，所以作品的作者署名就写成海伦·舒曼编著。除此之外，还有一个最重要的隐在作者 J 兄，就是耶稣。这部书的全部信息来自海伦·舒曼的内心声音，那个 J 兄的临在。海伦·舒曼和威廉·赛佛两位作者都是美国纽约哥伦比亚大学内外科学院的医疗心理系教授。海伦·舒曼坦诚地写了自己写作本书的最早动机。"身为心理学家、教育学家的我，在理论上相当保守，在信仰上属于无神论，任职于颇具名望的学术机构，却因一个事件，引发出一连串意想不到的经历。我们系里的主管有一天意外地表态，他再也受不了我们的钩心斗角，彼此攻讦的心态，他最后断言：'一定另有出路才对！'我那时仿佛冥冥中受到某种暗示，竟然同声附和，愿意与他一起探索出路。这个课程显然就是他所找的'出路'。"②

人们都在寻找摆脱烦恼、压力的办法，因为这个世界虽然以享乐、富裕、发达、经济腾飞的形式出现，但是人们内心常常有不自觉地忧愁烦恼，有人声称：这是人类丧失生命本源之后，来自本能的思念焦躁忧伤，是人类普遍存在的在世之痛。如果找不到生命本源，人类就是丧失生命家园的可怜人，是莫名烦恼的流浪者。《圣经·创世记》中用近似寓言的故事描述了人如何失掉乐园。

《圣经》是永远不会过时的，伟大的智慧依然在书中流泻。据说，人类历史创世记的时候，神造了人。所有人都住在伊甸园中，有生命树上的果子，有智慧树上的果子，有很多各样果子，以及奇花异草，古树奇景。古蛇撒旦引诱人类始祖亚当和夏娃偷吃了智慧树上的果子，因为本来神容许可以吃任何果子，就是不许人吃智慧树上的果子，因为吃了之后就必定要死。人本来是永生的，不需要动什么心机。亚当夏娃偷吃了智慧树上的

---

① ［美］海伦·舒曼编著：《奇迹课程》（教师指南），若水译，云南人民出版社 2011 年版，第 ii 页。

② 同上书，第 iii 页。

果子后，一阵凉风袭过，人开始躲避神，人看见了自己赤身裸体，人有了羞耻感。因为人神的分裂，人不再单纯洁白，有了自以为是的智慧，人类始祖就被诅咒，离开了伊甸园，开始了生生死死的、世世代代的流浪。

依照《圣经》的信息，人吃了生命树上的果子，就会像神一样，永生不死也可以是饮取了生命河里的水，人的灵魂才不会饥渴，就像神一样永远活着。《圣经·启示录》写道："天使又指示我在城内街道当中一道生命水的河，明亮如水晶，从神和羔羊的宝座流出来。在河这边与那边有生命树，结十二样果子，每月都结果子，树上叶子乃为医治万民。以后再没有诅咒。"① 这样的话语，暗示了人类收到神祝福的信息，也意味着人类喜悦平安的生命境界终于会到来。

所以，中国古诗云："人生得意须尽欢，莫使金樽空对月。"在世的生命存在犹如一场红楼金梦。所以一定会有人类特别的生命出路，一定有那种平静喜乐悠然的生命处境。这就是生命的救恩。哪里得到救恩？什么是真正的救恩？谁来救我们？《奇迹课程》里面写作了超越人类思想的观念，是重要的可以信任的灵性信息。因为 J 兄的参与，这本书具有独特的灵性特点和穿透力，成为人类不可多得的财富，是伟大的原创思想，代表着人类灵性发展新天新地式的空间跨越。

《告别娑婆》是美国吉他手葛瑞·雷纳的代表作。这部作品介绍了《奇迹课程》的成书经过。② 此书开始由海伦·舒曼博士（Dr. Helen Schucman）速记笔录生命意识里出现的"声音"，比尔·赛佛博士（Dr. Bill Thetford）协助将记簿的文字打字成稿。随后，海伦·舒曼和比尔·赛佛退到事件的后面，淡化自己的出场，过着平凡的生活。"心灵平安基金会"的主席肯尼斯（Dr. Kenneth）帮助编辑整理文稿，由茱莉（Judy Skutch Whitson）将此文稿带到新时代社团里面。茱莉和罗伯·史考屈将这部课程逐步带入人们的视线内，肯尼斯负责厘定翻译成各种文字的质量。这部课程的思想体系，与西方传统宗教的基督教思想体系完全不同，尽管 J 兄耶稣作为两个思想体系共存的上帝之子。

---

① 《圣经·启示录》，第 22 章第 1—3 节。

② ［美］葛瑞·雷纳：《告别娑婆》，若水译，云南人民出版社 2011 年版，第 125 页。

葛瑞·雷纳认为，《奇迹课程》是训练人们起心动念的课程，是需要长期理解学习的作品，因为我们这个世俗世界，全部都是象征，是生命本质的影子。我们的思维逻辑是关于接受世俗的逻辑、接受文化的逻辑，而这本书籍里，包含了能够产生奇迹的逻辑。

这就需要长期研读和思维的训练。这是出世间的训练。"《奇迹课程》跟这个物质世界一点儿关系都没有，它只跟你如何看待世界的这个选择有关。"① 这样的出世间成就之后，应对此世界就从容淡定，轻松容易多了，因为所有的生命动作开始来源于生命的大智慧。生命到达这样的境界，就解断疑惑，生命自在，生命的圆满和喜乐同样在这个世界就会有所显现。本章只是进行基本的理论介绍，真正的作品内涵需要读者亲历。因为这部作品的奇异在于：没有办法通过他人诠释来理解作品的内涵。所有的诠释都会是隔岸观花，花的鲜艳本色，只有亲历。

第一节　世界是虚幻不实的

《奇迹课程》的一个重要特点之一，就是非常明确地宣说了现实世界是虚妄不实的，像梦境一样。所以人类觉醒的时候，一切都不再存在，也就没有什么障碍。佛教说，梦里明明有六趣，醒来空空无大千。三千大千世界，从哲学、生命的层次来讲，都是外在的，是虚妄意识的变现。《奇迹课程》是在西方文化背景中写出来的，使用了基督教的基本名词，但是作品思想视角是全方位的，没有东西文化之别，没有某种宗教的立场。

"你眼前的世界只是一个幻相而已。上主从来没有创造过这样的世界，因为他的创造必是永恒的，正如他自身一般。然而，你眼前的世界没有一物是永世长存的。也许有些会比其他东西持久一些。然而，时辰一到，一切有形之物都有个结束。"② 实际上，这是从生命意识的高层次的角度来谈人世间的现象，不是从俗世的角度来分析的。有人会说，明明可以见到有

---

① ［美］葛瑞·雷纳：《告别娑婆》，若水译，云南人民出版社 2011 年版，第 125 页。
② ［美］海伦·舒曼编著：《奇迹课程》（教师指南），若水译，云南人民出版社 2011 年版，第 83 页。

房子，有树，有山，为什么说是虚幻的？

这是从本相来说的，不是从现象来说的。在这个世界上，只有人是上帝创造的，人是"有灵"的活人，生命是真实长存的。人有身体的生生死死，但是人里面的灵从来没有死，因此就有了美国 21 世纪主流文化思想这样的文化思潮。这个文化思潮不从宗教意义，而从文化意义上肯定人的永生，肯定人类生命的创造性。这是所有美国 21 世纪主流文化思想逻辑的基础。人的自我意识，选择了自己的生命道路，眼前的一切都是自己的创造。人类在世间演化的命运，是自己累世造成的，所以丝毫怨怪不到别人。

人类自己借助自由意志，有了各种造作和思维，于是创造了这样一个虚幻的俗世界。人类创造的这个世界是虚幻的，不能久存的。而上帝创造的世界是永生的，是永恒不变的，是人类的灵魂的家园和归宿。所以《奇迹课程》的作者海伦·舒曼博士说这个世界不是上主（上帝）创造的，不具有上主永远长存的本性。

在西方文化传统里，自古就有人类流浪与追寻灵魂家园的主题。例如：拉伯雷的《巨人传》、弗雷泽的《金枝》、乔伊斯的《尤利西斯》，等等。人类永远在渴望回到终极家园的路途之中。就像柏拉图的"洞穴理论"里谈到，有一些人在洞穴的深处，就如同罪犯般被束缚捆绑。这些人背对着出口，只能观测到墙壁。墙壁上映现了很多人的影像和生活。这些人认为生活就是这样，那些生活的幻象是真实的。其实这仅仅是他们自己生活的虚幻的影子。这样很多年过去了，有一个人站起来，原来他是自由的，没有被捆绑。他见到了一线阳光，知道了洞穴的出口，于是就回来告诉洞穴中的其他人。所有其他人都不相信，也不肯从洞口出去，依然面对着黑暗的生活，背对着光明，那些影子就是他们自己的生活显现。

柏拉图描述的这个洞穴理论图像可见于美国 21 世纪前后的很多书籍。它隐喻性地提醒人们：这个世界从本质来说，不是真实永存的。走出生命的洞穴，走到阳光下，生命才有出路，人生才会真正开始。这里的阳光，就是真理之光，来自生命本源的永恒之光。人类整体的觉醒和生命意识的转变迫在眉睫。如果仅仅追求经济的发展、物质的奢华，忽视人类灵性的饥渴和生命能量的匮乏，就会导致外在环境的恶劣，生态环境的恶化，人类生命内心世界和外部世界的种种艰难。所以，到达天人合一的境界是人世间所有一切问题的核心和关键。

《奇迹课程》的第三位参与者——临床生理学博士肯尼斯（Kenneth Wapnik），是资深的心理治疗师。早年，他和海伦·舒曼博士以及比尔·赛佛博士（Dr. Bill Thetford）过从甚密。1973 年，肯尼斯博士就参与了《奇迹课程》成书及运作，后来根据海伦·舒曼博士的异象，白色的楼宇上面是金色的十字架，创办了国际静心中心，肯尼斯博士是这个中心的主席。这个中心的基本理念和模式是柏拉图的雅典学院，它用黑暗的海上灯塔的一束光照，作为该中心的灵性标志，阐明这个中心旨在为人们生存的汪洋之中，提供光明的精神导引。该中心的基地在美国加利福尼亚的特曼库拉（Temecula），这里是位于洛杉矶和圣地亚哥之间的一个靠海小城。

近年来，西方国家经常提到灵性资本，所谓灵性资本和金融资本通行于不同的世界，灵性资本是看不见、摸不着的，却是个体生命平静幸福的关键之所在，它通行于灵性世界，属于精神层次。而金融资本是人在这个世界的生存需要，属于物质层次。

在哲学理念中，我们说生活于此世界是虚幻的，并不是说我们当下要放下这个世界，死掉，寻找到他世界。大千世界还在，所有的本真世界都离不开现实世界的显现，只是我们的生命在不可见的意识境界里重生了，当前人类能够达到的最高境界是光明境界，黑暗不是不存在了，而是加入了光明的重生境界。这种重生，就像凤凰涅槃一样。每个人在自己的生命历程中，都会有多次重生。

所谓生命的重生，是生命内心更生的故事，与肉体死亡从来就没有分毫的关系。永恒的世界、永恒的生命在我们的内心，从来没有离开我们。我们说回家，回到永恒的家，不是在后退，而是一种永恒的演进，是永远地到达被祝福的境地，是宁静满足喜悦的存在状态。现实中，有人提起去到天堂和极乐，以为是受了刺激要去死，其实，老、病、死是这个世界最大的假象，它的可恶之处不在于肉体的老化衰败，而在于它勾起人们绝望、恐惧、悲伤的感觉，这是人活着最大的误会。人的生命从来都没有老病死，它是年轻的、新的、圆满无缺的、生而富足的。当然，那种寂静涅槃的完美证悟，是终极到达。这不是我们能够理解和探讨的，属于人类的终极秘密。

为什么呢？自我的生命是永生之体，每个人都是在借假修真。假的身体存在几十年，不是永恒的，当这一期生命结束了，就开始了另一期的生命。所以，中国古代圣人庄子的妻子去世，庄子鼓盆而歌。有人说，所有离开人世的人，都是天使。确实是这样的，他们以不可见的生命形式存在，对人类是善意的。如果我们尊重他们，爱惜他们，能量就在这种独特的形式之间传递。只要人类是善意的，所有的物质形式都会是善意的。就像日本江本胜先生的水试验一样，当我们说爱的时候，水也会呈现美丽的结晶分子。

进一步讲，作为普通人，如果没有人身体的存在，当下生命就难以找到自己生命的本源，就到处流浪，所以这个身体是当下生命重要的工具。我们需要用身体做舟筏，回归自己的自性，回到自己的自性的家园，当家做主，不在外面卖身为奴。这一切都在生命的内部发生，在此世界之中发生。生命是多维度空间的存在，不是目前显现的这样简单。当然，身体只是心灵的依附和外壳，只是舟筏，不是主人。主人是心灵，是大而无外、小而无内的生命存在。心灵就是可以实现"芥子纳须弥"的奇迹所在。

我们是作者和读者，因为我们可以接过并延伸这个高端生命话题，我们从来就有未曾谋面的亲缘关系，所以思想上有些模糊的似曾相识。这就是宇宙的机缘。没有机缘，就没有今天思想的相遇、生命的相遇，就看不到这些文字。在内在生命里，我们有着亲密的机缘。所以，"机缘"一词是 21 世纪美国文化思想界典型的名词，它引领和重塑人类生命，是可以燎原的星星之火。没有机缘巧合，就没有生命的大成就。《奇迹课程》的作者是很特别的，此书完成于 1976 年，三十多年过去了，这部作品从来没有过时。

第二节　天人相通之境

天人合一，是每个当下生命经常发生的事情，否则你就不会看起来如此精彩。当你夜晚从睡眠中醒来，也许你刚刚回到你的生命本源之家。你的生命在你沉睡的时候，新的能量被灌注进来。如果你拒绝睡眠，想出很多属世的思绪来阻碍睡眠，没有宁静地休息，一段时间之后，生命的能量就开始慢慢耗竭，人的身体就会生病。所以，人的老病死，很多是人的妄念，也就是世俗的念想所带来的。

放下这个，统统放下，就回归生命的零极限，到达天人合一的境界，这就是天人相通之境。我们的家族、命脉不是来自血，而是来自灵。来自血的，有老病死；来自灵的，活着就像上帝般永恒。问题是：你会承认自己的来路吗？你会承认自己来自天界的事实吗？这个天界，不是佛教的大梵天之类，而是极乐之地，永恒之"道"。

有人说：我就是放不下。我可以宽恕仇敌，但是我放不下亲人和爱着的人。当然，宽恕是这样的：连"放不下"这个概念也要放下，生命原本就自在，你放不下什么呢？

说"放不下"亲人的人，是最大的自我欺骗和欺世盗名。你从来就没有为任何人真正负责过，你从来就没有挽救谁，你没有找到救恩，自己也就救不了自己，就是泥菩萨过河。其实，这样的话是很矫情的，爱就是生命的质素，永恒常在，很正常，有什么放下放不下的？真正的爱是无私的爱，是生命真诚的祝福，从来就没有据为己有，就没有什么放不下的。那个放不下的爱，是个人私情，是难言之隐，是虚妄非分的个体想象，不值一提。

人生原本就在自然的状态中得到宁静和喜乐。没有什么心灵意识是外在的，所以，一切都不必再计较。其实，所谓宽恕，是在灵性意识层面的"无诤"①。

一个商人朋友说，在现实里，宽恕不是又去找那苦害人的人签协议了，不再受第二次的伤害。没有什么被伤害，这就是现实生活的生存距离。所谓宽恕，是不再在自己生命意识里计较，不是去和那些暂为仇敌的人混在一起。即使耶稣，宽恕了那些害他的刽子手们，也没有在实际现实中跑去跟他们混在一处。

所以，那些总是良善不忍的人，在现实中受到良心的禁锢，总是跑去给仇敌苦害。宽恕，是深度地宽恕自己，是在现实中也一样深爱自己。

---

① "无诤"：佛教用语，指人开悟见性后内心不再挣扎、不再辩解的超然境界。

"物以类聚，人以群分。"不要再把一切状况和人都混为一谈，把生命搞得支离破碎。

因此，当我们读到耶稣是"道成肉身"，心里极度渴慕，自叹不如。直到有一天，突然醒悟：谁在"道"之外呢？"道"包罗天地，也包有小小的我。那么，我是从哪里生的呢？我是从哪里得来的灵感呢？如果没有活的灵，灵感从哪里来呢？《奇迹课程》说，耶稣是你的兄弟，上主是你的父，单单要认他。一般世界的自然率往往涉及的是你做人时的苦痛，你不耕种就没有粮食吃。而奇迹是超自然律，是上帝儿女存在的经常性状态。

所谓疗愈，就是弥合了天人分裂之苦。当你不能得到生命能量的持续灌注，当你越来越老，背负越来越多的生存经验的老包袱，就渐渐走不动了，接受的能量就越来越少。因为世俗的心绪阻塞了生命之源的灌注。小孩子倒是很好，倒头就睡，不加思考。简单自然，一无所虑，所以小孩子总是睡一觉就很精神。当然，人间的小孩子还仅仅是一种物质化的存在，和灵性世界的小孩子只有类比的关系，没有本质的相似性。

在《圣经》故事里，耶稣说，人若不变成小孩子的样式，断然进不了天国。所以尼哥底母就问：难道人要回到娘胎里重生一次吗？那能回去吗？实际上，重新回到娘胎里，是血脉的重生，不是灵的重生。人体血脉里的重生，再生十次也是要死的，有什么意义呢？

变成小孩子的样式，不同于变成小孩子。所谓小孩子的样式，就是灵性意识做主的生命状态，童心无忌，率真自然，心想事成。所谓重生，是从世俗的妄念中死去，从本性之源中生存。佛教讲，人要时时观照自性，与实相相应合。这是佛教极高层次的宣讲。所以，愿我们共同来到人天相通之处，生命达到极高的境界。生命就是当下，当下就是永恒，此外什么都没有，什么都不存在。过去是当下的幻壳，未来是当下所生的，所以同样是当下。此刻，当下的生命才具有了神性临在的生命力量。

第三节 圆满的心灵

所谓神性意识，就是圆满存在的生命意识，它也存在于人类内心之中，因为人来自终极的生命之源。世界上每个人都是本来圆满、本来自足的生命存在，没有一个例外。每个人都要回忆起自己本来圆满的品性，要将这种生命圆满的理念在生命实践中反复训练，反复宣说，直到变成生命的真正潜在的本能。

喜悦是神的天性。每个人都要尽可能地活在喜悦的生命境界里。因为神与人从来就未曾分离过。那个说服你与自己神性分离的是自己的小我，那个虚幻世界的小我存在。所谓小我，就是生活在这个现实世界的物质主义的我，它很世俗，也很精明，让你追逐世俗的那些功名利禄的大玩具，你就越走越远。"明白自己的神圣，对我们大部分人来说都非常困难，因为我们都受到自我的迫害和欺骗。"①

实际上，每个生命自己的真实永生之家里，应有尽有，包罗万象，天生富贵，自在圆满，一无所缺。耶稣说：小信的人哪，那地里的百合花，它不收也不种，可是所罗门最繁盛的时候也不如它。这是对于宇宙生命的形而上的比喻。人心灵的匮乏，在外部就显现为过度追求物质生活，这是可怜的生命状态。人类为什么一定要追逐物质的需要？就是因为不知道自己是富足的，更不相信自己是富足的，需要得到外在的确认，需要更多的金钱来满足自己心灵的匮乏需要。在当代人类社会，人们在开悟成就以后，肯定不会再像以往时代的修行者一样，辛苦、贫穷、受迫害，而是会被待为上宾，会受到众人真诚拥戴，自然会有富足的生活。

"生命之主的圣殿"已经重建，再度成为人子的安居之所；这圣殿本来就是神的创造。神的圣殿，就是宝贵的人身。因为作为当代成就者，已经破除了一切诅咒。历史上曾经有一个耶稣在十字架上被处死，已经够了，再也不会有成道者这样牺牲了。因为《圣经》里耶稣说，我已胜了这世界。所谓成道，就是表明已经不会受到外在任何力量的束缚。

小我是谁？小我是傲慢的自我打造出来的。小我认为自己是人而已，除了自己的肉体之外，一切都是外部的东西。这样，没有神，没有终极之源，进而否认了作为生命之源的主权存在。所以，小我在心灵意识上认为自己生命短暂，认为一切的成绩都是来自自己辛苦的劳动和血汗，

---

① 乐后圣：《光明的秘密》，团结出版社 2015 年版，第 1132 页。

认为这个充满冲突、矛盾、二元对立的世俗世界就是自己最后的一世。没有什么来世。小我说：身体死亡之后，什么都没有。人的老病死之大病，没有人能够战胜，这是这个世界的正常现象。所以，《奇迹课程》谈道："你只需记住一点：你不用相信或接受这些观念，甚至无须心怀好感。"[①] 抛弃那些沉重的、苦痛的传统理念，清静自然地活着，也就是祝福自己、祝福他人。

圆满的心灵，就不需要任何其他的偶像。所谓疾病老死之苦，就是人的现实生命祭拜的偶像，看穿它虚幻的本质，从此就获得了自由。心灵的自由会带来身体的健康和疗愈，安然地享有奇迹伴随的生命。即使身体这一生命载体终有一天要弃下，但是心灵再也不必恐惧了，自然知道自己会喜悦地回家。

第四节　因果不昧

耶稣说，人不论断人。你怎么论断别人，别人就怎么论断你。这是至理名言。己所不欲，勿施于人。但是，在世俗人间的层次上，人们常常以眼还眼，以牙还牙，因果报应丝毫不爽。真正超越因果、"不昧因果"的能有几个？真正超越因果的人，不会有作恶的欲望了。有什么作恶的必要呢？所以，没有因，也就没有果。这种情况是超物质空间的事情。因此，只要是个人，还在做人，就必须遵循因果法则，这就要求：诸善奉行，诸恶莫做。《圣经》故事里，耶稣救了毕士大池边瘫痪了 38 年的病人，让他立刻拿起褥子行走。后来，耶稣在殿里遇见他，对他说："你已经痊愈了，不要再犯罪，恐怕你遭遇得更加厉害。"[②] 因果法则是这个宇宙的自然律，是基本法则。这里没有任何可以怀疑之处。世间人们往往在此处跌倒，似乎变得勇敢起来，存着某种侥幸的心理，仅仅注重顾念自己的眼前小利。或者，因果规律并不存在？并没有神？并没有人看见？这样，人类的肆意

---

① ［美］海伦·舒曼编著：《奇迹课程》（教师指南），若水译，云南人民出版社 2011 年版，第 v 页。

② 《圣经·约翰福音》，第 5 章第 14 节。

妄为就出现了。

《奇迹课程》里面所阐述的，是因果不昧的道理。它是在人类意识基本觉醒的基础上写作的，超越了善恶的染杂，预先认定了人类的纯洁无罪，所以，就产生了超自然力，一种奇迹力量。《奇迹课程》的全部阐述，是基于人类之果而进行的。其阐述特点自然与从"因"开始阐述的书籍有所不同。可以说，能够走到《奇迹课程》境界里的任何一个修行者，能够欣赏这一课程的任何一个人，都必定具备了做人的基本原则，经历了一段自觉或不自觉的艰苦修行之路，才走到如今。所以，作恶的行为自然基本不存在视线之内，作恶的因，早就消失了。

其实，现实操作起来，为善似乎容易些，可以当下去做就好了。但是宽恕却不容易彻底做到。所以佛教说，"不怕念起，就怕觉迟"。你的哀伤和不甘、苦痛，往往被压抑到意识的最深层，在潜意识里，那些不宽恕的种子还在。所以，做人，佛教说，翻种子。过去的事情落谢的意识种子，在潜意识里常常翻腾出来，让人受第二次的伤害。

所以，宽恕自己是一切宽恕的前提。过去的苦痛仇恨，人一旦意识到后，马上断掉这个妄念，就好了，这也是觉醒。没有什么可计较的，过去的事，犹如梦中，佛教说，"梦里明明有六趣，醒来空空无大千"。觉醒，就会活在当下，就会爱，爱自己也爱别人，就有力量，生命就深深地被祝福了。

所谓宽恕，也是生命达到"无为"的一个层面，只有当生命意识的挣扎沉寂下来，才能开始觉醒的过程。"无为"这个词来自中国，在老子《道德经》中出现。"无为"才能"无不为"，所谓"无不为"就是实现生命的所有愿望。"作为一个身处人类生物机器中的生灵，我们的任务并不重，但却对整个宇宙系统非常重要。我们需要观察和感受这个机器的机能而不去介入，直到它恢复清醒，也就是所有的中心一起运作。我们的任务就是不去介入、'修复'和评判。这理解起来容易，做起来却很难。达到无为的状态需要很多年的努力。"[1]

---

[1] ［美］雷德·霍克：《自我观察——第四道入门手册》，孙霖译，深圳报业集团出版社 2013年版，第 141 页。

第五节 《告别娑婆》的思想内蕴

《告别娑婆》的作者葛瑞·雷纳（Gary R. Renard）生命意识偶然获得启发，1992年圣诞节，两位高灵上师阿顿和白莎前来拜访。白莎自述曾有一世是男身的多玛斯，所以《多玛斯福音》也被反复提到；而阿顿则是那个时候的圣达太（St. Thaddaeaus）。

我们且不谈高灵上师奇异之处，因为无论如何解释，这个世界上的人都是无法理解，是行不通的。因为人类生命的存在具有不同的维次空间，不同的思维平台。我们仅仅吸取这本书的营养信息，以便滋养我们的灵性生命就可以了。因为，其实笔者认为，以葛瑞·雷纳的学识、见解和生命经历，不可能写出这样具有震撼力的作品，所以，就对高灵上师的存在不再怀疑。问题是，这个想法有待改进。虽然从逻辑的角度是这样，包括葛瑞·雷纳作者本人也是这样认为的，所以写作时故意露出粗话，以证明不是自己的创作。其实，高灵上师就是自我意识空间的特别转换，不是外在于生命的古怪信息。如若葛瑞·雷纳不认同高灵上师，这就是分离梦，也是计较梦。书中粗话，特意证明葛瑞·雷纳自己是个不完美的人，这非常令人难以接受。

既然是在写灵性作品，便是超越了此世间，到底是谁在写，就没有必要在潜意识里面计较，既然是在写作，人类是一个整体。人我一如，白莎和阿顿都是作者自我意识变现出来的，是另外生命层次的"我"。不是另外有什么古怪神秘莫测的东西。这种写作，与世间人的抄袭，是不同的概念和内涵。后来，葛瑞·雷纳又写作了《断轮回》，作为《告别娑婆》的续集。作为《奇迹课程》的资深学习者，这本书里又特别介绍了《奇迹课程》的相关思想。在《断轮回》前部分，作者葛瑞·雷纳预感到白莎和阿顿要来到。周围也有几个人感到这个事件会再次发生。这就是葛瑞·雷纳自己潜意识变现的结果。因为葛瑞·雷纳潜意识里面渴望再次见到白莎和阿顿，而他们又有很好的缘分，于是他们就来了，事情就是这样简单。

那么，潜意识为什么能够变现出这样那样东西？因为潜意识是生命的储藏库，佛教叫种子库，所有人类观念，都可以在潜意识里找到踪迹。从这个意义上讲，人类是一个整体，人我一体。从生命意识来讲，这是一个真命题，不是假命题。那么为什么葛瑞·雷纳是这样，而白莎、阿顿是那样？这是特定空间的显现，丝毫不用惊讶。葛瑞·雷纳还是没有醒来，或者是半睡半醒。真的醒来，就知道自己是很有才华的，圆满无缺，没有什么不是自己的东西。

作品中，他一直坚定地认为一切都是白莎和阿顿的作为，那么，这个戏剧就演下去，这就是典型的分离梦。真正的证悟实相，当下生命境界就呈现出清明光亮，有什么白莎、阿顿？什么都没有。什么都有。生命的真相当下临在。

无论如何，只要能够让生命内在得到滋养和更新，就没有什么可判断的，因为在21世纪美国主流文化思想进展中的人类新意识觉醒时，判断是一个被积极地忽略的理念。如果一定要判断与分辨，或者争鸣，就不要看这样的书了，涉及21世纪美国主流文化思想发展的所有书都不要看，因为对你的观念会是个冲击，这种冲击会造成生命的疼痛。

这种判断和日常生活的常识性判断显然不同，而是精神上的认定。形而上的很多事件是无法用一般的逻辑进行判断的，人们只能够靠灵性本身的规律运作，于是一切都不是偶然的，都是生命中的必然。只要人世间的判断还很强大，《奇迹课程》等系列书籍就会遭到种种质疑，这就证明目前此人还没有准备好进入灵性世界。那么就先不要看，甚至此世完全不要看。那么，暂且在这个世间先游戏一番，或者当真潇洒走一回，没有什么不好。只有当适宜的契机出现，人们才会选择走那条出离世间的路。

正睡着的人，往往讨厌人家把他叫醒，即使母亲轻声关爱地来叫醒，也很烦人。这种事情不是母爱就能解决的。所谓被控制的情绪就是这样，只要是感觉被控制了，就不自由，就要拼命抵抗。所以，大千世界，千姿百态。人人自得其乐，就万事大吉。所谓《告别娑婆》《断轮回》，不是一般人能够接受的。断轮回，人们有时根本不愿意费那个劲。好好的，断什么轮回？有人告诉其父要如何断轮回，遭到其父的痛骂，好好的，断什么轮回，告别什么娑婆，是不是要不认"我"这个父亲？这样说来，其实无所谓，告别娑婆也好，不告别也好，和和气气、高高兴兴，一切都好商量。没有什么人会强迫，上帝也早已经给了人类自由意志，一切都在于个人的自由意志与选择。

"我们说过，与圣灵结合，发挥你的正念，这种慧见能够造就天国的境界，不必等待来世的幸福。你只需选择'神圣一刻'，便能经验到那种平安。不过，你需要积累很多这类经验，才能抵达'最神圣的一刻'，也就是彻悟之境。"① 这里的观点一语道破生命灵性境界的现实性，不是要等着来世才有平安与幸福，而是活在生命的每个当下。所谓人生的幸福，就是渐渐走向完美的境界，这是生命存在的现实之路，也是当下的现实，当然，这需要心灵意识的转变，需要对生命的真实的认可。

第六节　小我的聪明梦

"小我"是21世纪美国文学哲理作品中的常见名词，代表人的世俗生命。"小我"是"世智辩聪"的营谋者，也就是人们完全无意识地运用这个世俗世界的生命观和世界观来生存。在这个现实世界里，功名利禄是人生最大的追求，也是"小我"一贯使用的伎俩。如果人们知道人天生就是富贵无比的，有什么必要追逐那些虚假的世间大玩具？如果找到自己本来尊贵的身份，佛教讲所谓"思衣得衣，思食得食"，就好像天生就是王子身份，却取了奴仆的作为。原本是正正当当的"大我"，却乔装成"小我"。

"大我"运作，就是深度意识上的疗愈和清理，绝对的宽恕方能制止幻境障碍的重播。有时那种来自工作的"痛"招引了"痛"，认清此处，彻底地宽恕他人，就是宽恕自己。这样的事件再也不可能重演，你是安全的，你是喜悦的，没有什么恐惧再藏在角落里攻击你。如果你到达了人天合一之境，即使暂时的到达，也会自然蒙福，所以，前面章节所谈的修蓝博士"荷欧波诺波诺疗法"是很有效的。清理这样的信息，就是清理生命的垢染。

---

① ［美］葛瑞·雷纳：《告别娑婆》，若水译，云南人民出版社2011年版，第315页。

　　所以耶稣说，要爱你的仇敌。不是跑去道歉、卑微、讨好、低头，而是拿出"大我"的情操，在心灵意识里宽恕。生命本来就是洁白美丽的，没有一丝尘垢。放掉恐惧，坦然选择，都是好路。不需恐惧，也没有什么可怕。人不是神，阻碍不了什么事，只要你的生命不容许，就不会再发生。人与人的生命是平等的，并不是因为他躲在阴暗的角落里攻击你，他就变得有力量。不是这样。看穿这个把戏，从此，生命就不会再出现这一套。如果没有你的容许，没有人能够伤害得了你，也没有人能够阻碍得了你。没有人能够改变你的命运，你的命运是你自己创造的。"小我"就是那个在虚妄的现实中恐吓你，让你心生恐惧的可怕力量。这是人天分裂所带来的持久"伤痛"，是你在此世界所要体验的一种生命形式，不是那个人，而是那个人所代表的黑暗的力量。当你的生命光明大放，所有的黑暗都消失不见了。

　　从哲学意义上讲，人只有早早回家才是安全的，在外面流浪吃尽了苦头。话又说回来，如果在家之外还是平安快乐舒服的，谁肯回家？这里的"家"，就是生命的本源。所以，人不必肉体死才可以回家，在生命的每一个当下，你都可以归家坐稳，那么大成就非你莫属。这就是古今流传的故事核心内涵：浪子回头，金不换。你的父在家里殷切地等着你，你的苦他都知道，你的作为他都看见，他不忍心审判你，他怜惜你，他给你他丰富的产业，他给你他的祝福，他无比慈爱你，不是因为你做了什么，不是因为你表现好不好，而是因为一开始，开始之前的开始，他生了你，你就是他的爱子，永远都是。《圣经》里有这个故事；佛教经典《法华经》（即《妙法莲华经》）里也有这个故事。我们的生命历程里，都有这个故事。

第七节　海伦·舒曼的救恩

　　我们完全能理解读者阅读《奇迹课程》的震撼和疑惑，这书写得这么好，海伦·舒曼博士个人情况如何？因为作者的生命历程和书往往是对应的，言为心声。实际上，作品中出现的灵性声音，那个 J 兄（意指耶稣），是我们自己超意识的变现。既然人类从超空间的意义上来说是一体的，那么，就没有 J 兄与海伦·舒曼博士之间的区别。可以说，虽然海伦·舒曼博士借助 J 兄写出了伟大书籍，但是就她本人来说，还没有进入灵性世界的高层次。那个觉知，还是焦灼着，被思想判断和知识所覆盖，不肯寂静下来。她将自己外在于"那声音"，她没有和耶稣的能量振动同步。只是记录，外在观望，没有认同"那声音"，没有生命的融合，没有爱的投入，没有臣服柔顺的心。这样说来，海伦·舒曼博士就会生病短寿。因为内心生命的分裂对抗，过多过早消耗了生命的能量。《圣经》故事里得到耶稣能量治愈的人，都将全然的信任交到耶稣的手里，所以治愈的神迹一再发生。进一步讲，因为某种特殊的原因，海伦·舒曼博士，以及《奇迹课程》的几个其他参加者，因为灵修历程的短暂，有很多灵性的进步，但是还是没有全然将《奇迹课程》运用到生命里去。这些人还是在路途之中，还没有到达生命源头之处。当然，成为上主、上主之子，已经不再是自己显在意识可以操控的，而是宇宙共同的力量凝聚而成。因此，仅仅写了一本书，仅仅过了一些岁月，人们还是不一定会达到至高的境界。因为生生世世习惯做人，突然要求做一个圣者，这是天大的难题。

有人善意提问：为什么 J 兄不履行诺言，保守海伦·舒曼博士的身体平安？这里在于，海伦·舒曼博士并没有真正接受 J 兄作为自己的本真存在，一直不肯承认 J 兄在自己生命中的存在地位。不仅仅因为做人的谦卑，也不仅仅因为"那声音"与传统文化理念里的观念有很大差距，也因为海伦·舒曼博士的学术地位和一直以来的学术训练，科学、逻辑遭到了严峻的挑战。所以，从某种程度上，从某种角度讲，海伦·舒曼博士是以自己不得不听到"那声音"为耻的。这样，就是以 J 兄为耻。生命的尊荣是共在的。

爱的宽容会消化掉疾病的信息，温暖和顺从是解除生命中的阴性伤害的妙药。当生命和平的信息在心里升起，生命灵性的战场上就会传来第一个好消息。生命天空的大雨，会冲刷掉一切病毒和晦气，光明、爱、和平、信念、坚定、纯洁，这些字眼都是救心的良药，是太空飞来的喜讯。

只要海伦·舒曼博士不肯认同自己的生活，也同时就拒绝了 J 兄的祝福与临在。那种亲人之间完全的信任，没有到来。《奇迹课程》的境界，代表了 J 兄的境界，是 J 兄的话语，来自超空间的传达，但是，海伦·舒曼博士滞留于自己个人的境地，她有作为心理研究学者的潜在意识和深层顾虑。这种小小的不认同，不臣服，不理解，造成海伦·舒曼博士无法接受 J 兄超然能量的灌注。她只是一个代言者，在灵性世界她也是学习者，没有最后毕业，所以，肯定是会受到疾病一定的影响。言为心声。J 兄既然有这种言谈，自然不可能是假的。J 兄不可能出于任何的不平衡心理漠视海伦·舒曼博士的疾病，进而有意不保守海伦·舒曼博士的平安，不是这样。而是她内在的拒绝。海伦·舒曼博士的内在拒绝是她内在的挣扎和有意识或者无意识的选择。每个人都拥有自由意志，神从来就不会干预。当质问到来时，所有的关系已经暂且破裂。

"身为（20 世纪）六十年代心理学家的海伦，担心被人视为迷信或疯狂而沦为学术界的笑柄，始终抗拒这些无法解释的经验，若非比尔的谅解及鼓励，她简直无法面对这类事情。"① "《奇迹课程》的内容对海伦的生活心态造成了很大的威胁，她想尽办法找出话中的毛病，但那声音始终耐心地解释。海伦感到最荒谬的是，那'声音'竟然自称是耶稣，而海伦是根本不信耶稣的犹太人。七年来她不断向那声音抱怨，挑剔文字与内容，若非比尔的陪伴与开导，她大概很难支撑下去。"② "笔录的工程一直到一九七七年才圆满完成，由于职业及身份的顾虑，此书深锁柜中，成了两位学者'不可告人之密'，更不敢轻易示人。直到研究心灵学的茱丽出现，这本书才开始在一小群有缘的朋友间传诵。很快地，他们了解这本书不是只为比尔与海伦而写的，便开始以佚名的方式慢慢影印流传出去。奇妙的是，这么艰深的资料，不论印多少，都供不应求，于是正式出版成书势在必行。"③

海伦·舒曼博士最后的成就是必然的，她选择了那一条灵魂回归的路。当她离开自己的肉体幻身，她的初步成就是会按照预期到来的。所有的人都有这样的机会，无论肉身如何，只要选择，都会行进到这里。只是时机不同，样式不同。就像《奇迹课程》里述说的，J 兄那种恳切而温和的语气，将一切问题解答周到，一切都是那样。那不是彼岸的故事，也不

---

① 参见 http：//bbs. xmfish. com/read-htm-tid-3215042. html。
② 同上。
③ 同上。

是此岸的故事，而是我们自己的故事。终于会有一天，当此岸彼岸消匿于当下的时候，生命就再一次重生。

那么，科学和灵性的冲突我们应该如何面对？美国替代疗法医学权威迪帕克·乔普拉博士，曾被称为诗人和先知。他说："我们关于医学和生物学的知识从根本上被动摇了。基因并不能控制自己，它们受控于整个身心系统：换言之，我们不是基因的俘虏，而是它们的主人。它们会对我们的所思所想作出反应。从外部获得的信号，以及围绕在 DNA 周围的蛋白质能够让一个基因产生上千种表达形式。生命的过程是不断变化的，会受到我们所作的或好或坏决定的影响。"[①] 那么，代表着人类心灵意识的最高存在的那个存在，人类如何表达呢？称为上帝、道、佛等一切伟大的力量。语言和真实是存在距离的，语言是一种象征形式，除了心的体悟联结，人类无法用其他办法得到生命真相。

上帝是存在的，为什么你自己也从来没有领受到？为什么总是质疑？上帝有什么办法来对你从头说起，一点点来给你讲述？当你质疑并精明闪烁的时候，灵性的距离，上帝无言以对。在此，人类的精明狡黠毫无用处，反而那些大智若愚的人，似乎占尽了先机。在世俗世界已经得到不少的人，就是"骆驼穿针眼的人"，灵性世界有些亏欠也未尝不可，反正可以慢慢来，总有机会。上帝是大能者，但是他已经给予人类自由意志。在他看来，一切都是完美的。因为他是上帝，一切都是他的儿女，他没有什么好坏的分别。只有我们在分别，在创造自己的世界，也同时在消受自己的世界。

在上帝看来，疾病、苦难根本就没有，因为他是上帝，他不认为这种种世间百态有什么差别。人的世寿，五十和七十有什么差别？都是瞬间。甚至瞬间也是没有的。因为上帝自有永有，一切都在当下，全方位、全视角，没有时间空间概念。时间空间是为众生而设的，是假定的虚线。有差别的东西就是人的心，不是上帝的心。当我们质疑上帝的时候，就把上帝当作人了。对话和交流只有在一个平台上才可以发生，此外，无法进行。

---

① ［英］伦纳德·蒙洛迪诺、［美］迪帕克·乔普拉：《世界之战——科学与灵性如何决定未来》，梁海英译，中信出版社 2012 年版，第 130 页。

或者，人可以用祷告来到上帝面前，来述说生命的意愿。

英国著名物理学家，曾经以写作《时间简史》和《大设计》而闻名的科学家伦纳德·蒙洛迪诺认为："许多人都是凭着直觉相信有超自然的力量，而且从中获取安慰、力量和勇气。当一个人感觉信仰是真的，而且又不与我们所看到的物质世界有什么冲突，科学也就没有反对的理由。然而，如果有人让我们相信上帝几千年前创造了宇宙，但我们有充足的理由证明宇宙要古老得多，这就有了冲突。但科学不排除灵性的回报。事实上，在思维清晰度和推理能力上几乎算得上超人的阿尔伯特·爱因斯坦也为与宇宙间的灵性关联而欣喜不已。就他而言，正是宇宙的合理性形成了他的灵性生活。'任何在科学上取得巨大进步的人都非常尊重宇宙存在的理性。'基于对世界的这种理解，科学远远超脱了个人希望和愿望的种种羁绊。因此在我看来，科学有助于我们理解人生的宗教精神。"[①]

这里需要说明的是，蒙洛迪诺这里说，"如果有人让我们相信上帝几千年前创造了宇宙，但我们有充足的理由证明宇宙要古老得多，这就有了冲突"。上帝不是一个人，或者也不是超人，而是一种力量之源，那个自有永有，先天地而在的存在，上帝不是几千年的存在或者造物主，这个想法是蒙洛迪诺自己的一个误解。与宇宙源头的关联，是一切世间与出世间成就的内在原因。所以，从某种角度来说，见证上帝是不能使用判断的。判断、科学、语言等都是人世间的使用手段，是一种象征力，不属于心灵世界，更不属于除了人间之外的多维度空间的存在。评判是一种通向终极之乡的最大障碍。当一个评判或者判断升起的时候，人间事务可以以此处理周到，可是已经离开了灵性之路。

只有爱和来自于对最伟大力量的信任，才必定带来胜利。如果不能相信天地间的浩然正气，如果不能相信宇宙之间的最伟大的力量存在着，那么，人就很容易在一些环节上被击败。单单凭借个人的力量，无法赢得这一期生命的真正胜利。《圣经》故事里，那些极度渴望耶稣的人，他们全然接受耶稣的救治，不是他们有多么高的觉悟，不是他们都拥有多么了不

---

① ［英］伦纳德·蒙洛迪诺、［美］迪帕克·乔普拉：《世界之战——科学与灵性如何决定未来》，梁海英译，中信出版社 2012 年版，第 231 页。

起的学问，而是因为他们太苦太苦了。极度的渴望，凝塑成坚定的信念。从这个角度说，人是很骄傲的生命存在，只要世间还走得比较顺利，尚且没有走到绝路之处，就没有心思来找上帝，没有时间搞些没影子的虚幻东西，没有任何心灵需要来全然交付。世间人很精明，觉得可能赔本不赚的事情，是不会干的。因为没有什么确切的物质证据，能够证实伟大力量存在。

全然交付，就是相信天地间的浩然正气。相信纯然的生命，自有天地间伟大力量的护佑。当一个人总是得到宇宙天地的护佑，生命的奇迹常在，全然信任伟大的力量，不再有恐惧的时候，就离完全证悟生命的真相近了。这里所谓"宇宙天地的护佑"，也是说能够接收到祝福和爱，对宇宙伟大力量的全然信任，不是搞来什么迷信的东西。

所以，中国古人称：修行者，是大丈夫行为。修行之路不是短暂的，往往因为过于稚嫩，还需一再磨炼脚力，才会将自己的身份牢牢记住，变成生命的临在本能。每个人都不仅仅是一个祈求神明保守平安、祈求神明治愈疾病的人，人的生命是紧紧与伟大的力量相连并存的。从这个角度来讲，我们需要经常阅读《奇迹课程》这本书，体悟而不评判。生命的秘密就在你知道和不知道之间，在完全的轻松信任里，相遇。我们借用佛教三身成就的道理，也许会给人一些启发。所谓三身成就，是法身、报身、化身三身成就。海伦·舒曼博士在世间时，还处于化身成就之前阶段，当她离开肉身的时候，才可能开始生命的进化。而在《奇迹课程》里J兄处于报身成就阶段。上主、道、佛处于法身成就的阶段，法身成就，一切成就。法身，就是完全临在自己的本来身份，是生命之源本身。这个成就，不仅仅是停留在意识层面，而且要表现为能量显现。绝对的光、永恒的光、自有永有的光，就是上帝的本体，是那个力量之源。

老子《道德经》第一章曰："道可道，非常道，名可名，非常名。无名，万物之始，有名，万物之母也。故恒无欲也，以观其妙，恒有欲也，以观其徼。两者同出，异名同谓。玄之又玄，众妙之门。"

第一，法身境界。湛然常寂的大道，不可能说明白，说了就不是。就是中国修行者的那个"言语道断，心行处灭"之境，这个也不是。也是指路标。

第二，报身境界。无名，万物之始。有名，万物之母也。这就是上帝的境地。纯然的光，育养万物，滋润万物，是万物之父母。

第三，化身境界。故恒无欲也，以观其妙，恒有欲也，以观其徼。

三身成就的人，就是真正开悟见性并最终成就了断的大修行人，他会超越世间的疾病，转变色身，健康快乐，预知时至，自然离世，前往永恒之家。因为大成就者来自法界持续能量的灌注，可以扫除一切的不完美和病患。所以，《奇迹课程》指导了三身成就的修行之路，是了然的修行大道，没有什么可以怀疑的。当然，现在人世间行走的大多数作者和传道者本身常常还是处在化身成就之前阶段，也就是处于灵性修行的初级阶段。真正大成就的人，不是人们能够理解和见到的。早期开悟的狂喜时刻是有的，就像《塞莱斯预言》里描写的，《告别娑婆》里写的，《灵性的自我开战》的作者杰德·麦肯纳也写了，这么多美国 21 世纪文化思想呈现的作者都经历过，体验过，才有如此贴切的讲述。

真正的化身成就，也是人世间的至宝，那是了不起的，万事万物都会受到这个力量的光照。理悟和亲自证悟是有一段距离的。所谓化身成就，就是当下此生领悟到实相，就是亲见不生不灭的本质。证悟实相，就是在修行实践中真正遭遇到那种万物寂然，物我一体，不生不灭，能量灌注的特殊生命时刻。这只是人生修行的第一步。那个生命几乎爆炸、粉碎、惺寂的时刻，佛教描写为"大地平沉，虚空粉碎"，这些时刻很短暂，也可以很长，后来就消失了，也可能再来。那么，在这个过程中，我们发现了什么？生命的秘密在于什么？如人饮水，冷暖自知，这需要实证得来。语言是媒介，而不是本体。生命的道路这时才真正开始，后面还有一些要走的路。到了一定时期，人的修行阶段，几乎完全就是天地之间伟大力量的造化，人的努力是不可能参与进去的，甚至可能越努力越远。只有臣服和宁静，才是最后的进阶。有人眼见一些奇迹事件开始发生，也眼见自己的光身出来隐没。这时候有人总是会到处参访提问：这是怎么回事？四顾无人，这样生活和修行对不对？没有指路标。有时很久才遇见一个知音，那种不用交代就相认的人，在无语的交流中感激涕零，原来没有走错路。有人在那边若隐若现地走着，知道自己还要继续前行，生命得到新的鼓舞。那个远远存在的人，似乎就是一个生命沙漠里的标志。

在这样的生命历程中,生命的维度空间渐渐被改变,在经历了一些年的磨炼和萃取之后,坦然无惧,一切了然于心的境界就会出现。与人相遇,不再浮于表面,而是心念相交际,或者相冲撞。微笑是生命中爱的花朵,人生已然成为一个真正漫游和感恩的旅行。所谓悬崖撒手,彻底了断,生命进入另外的生命空间,重生的新时代来到了。那个清明的临在,一直都在,意识随意多空间穿梭,于是,终于不再需要人来陪伴,也知道没有孤独的存在,只有被爱的温暖感觉弥漫着,一种特别的能量温煦着身体。这个临在似乎是一个爸爸妈妈,在喜悦地看着自己的稚儿玩耍娱乐,知道天黑之前,儿子会回来休息。在这样当下的临在中,一路的艰辛、受伤的眼泪已经永远洗净擦干了。这时候,生命宁静、自然,甚至没有突然被提升的狂喜。虽然表面看来,生活还是以他的老面孔持续,但是已经沧海桑田。

处于众生阶段的人,是人类绝对的大多数。生活中很多事情常常无法沟通,说不清楚,因为生命层次的差异,所谓话不投机,或者说,没有共同语言。因为宇宙之间,猫说猫话,狗说狗话,人说人话。没有谁对与谁错,只是众语喧哗。世间人们都有生命智慧,只是有时自己不知道。

那么,那些离开人世的人,就是那些我们爱过的人呢?有一种说法,就是说离开人世的人都成了天使,他们有的时候就在我们的周围,只是我们看不见。这种说法是爱的祝愿。因为人们的爱的能量和信息,在意识空间里,化解了人类的死别之苦。他们的存在,都是天使,都是爱的状态,当人类用这样的意识来思考时,就沟通了一切的非物质力量。只有爱才能够转化一切的能量。

这是一个天地间很大的秘密。当我们用爱去接纳离开肉体之灵魂的时候,阴阳永隔的故事就结束了。所有逝去的人,都是天使,他们祝福着我们的生命存在,爱着我们,有时环绕着我们。天地之间,再也没有什么恐怖的事情了,因为有这么多的天使存在。人类所有的不幸和不甘心,就在这种爱的意识里化解了。爱是沟通一切的凝聚力,爱是舒缓一切的成就力,爱是永恒共享的生命话语。从一个特别的角度来说,爱就是上帝。只有爱,才是承载天地、成就宏业的伟大力量。

从某个角度来说,时间是给人们此世界来使用的,当下此在是时间最重要的构成。爱是一切时间的本真内蕴。除了这个世界，其他维次空间都没有时间的概念。也就是说，时间是人的造作，不是真的这样，而是人类集体无意识投射的结果。时间和此世界其他一切都是一样的，是虚幻的，某种程度上都是虚幻的大玩具。因为人类欲望的需要，这些东西就应运而生。所有人都在做梦，修行人在做修行梦，世间人在做世间梦，半睡半醒的人在做既留恋在世间，又出世间的梦。直到有一天，真正的梦醒，发现原来自己毫发无伤，一直在睡觉。所谓恐惧，是睡梦中的怪物在追逐，闹着玩的。

只有当我们解构了时间的虚幻实质，这样，衰老和死亡，就变成了一场戏剧。人类再也不需要害怕它们的出场。当衰老和死亡来临的时候，人们毫无恐惧，喜悦安详，就像一个微笑安眠的幻梦，就像一个化蛹成蝶的生命过程。

第八章　无量之网与中国道家思想之网

　　《无量之网》（*The Divine Matrix*）是美国著名畅销书作家格雷格·布雷登（Gregg Braden）的重要作品，在科学与无法实验的灵性之间，布雷登似乎寻找到一个基本的意识平衡点。科学的新发现，常常能够引发人们新的意识革命，使人们对宇宙的了解更为精细化。布雷登认为，1980 年大卫·波姆的作品《全体和内隐序》具有革命性价值。"波姆提出，如果我们站在更高的视角上，就可以把宇宙看作一个整体，我们世界里的事物也就会成为另外一个我们无法观察到的领域的投射。他认为，这些可见的和不可见的都是一个更高且更普遍的秩序的不同体现。为了区分这两者，他将其称为'内隐'和'外显'两个领域。"①

第一节　宇宙网络化信息存在

　　在布雷登看来，量子科学家大卫·波姆的这个理论在西方文化中是很独到新颖的，而在东方文化思想里，这是已存在的基本逻辑。就中国的道家文化思想来说，这个宇宙包含着隐态世界和显态世界，其中，看不见的隐态世界是决定性力量，当隐态世界事情已经开始发生，才会带来显态世界的变化。也就是说，世间的成败主要在于内因，外相是内在事件发作的结果。特别是重大的人间事件，在隐态世界成型以后，才会在现实生活中发生。

―――――――――――――

① ［美］格雷格·布雷登：《无量之网》，胡尧译，华夏出版社 2013 年版，第 12 页。

所以，大的事情在未发生之前，往往就出现过很多信息和警示。那些先知先觉的人，往往能够发现事情的端倪，能够及时对自己的人生进行调整，这种现象，中国成语叫作"见微知著"①。

中国道家认为，世界就是一种看不见的生物能量场，相互关联，彼此发送着各种信息。所以，道家相信宇宙能量场，也相信某些地方的能量场信息强，某些地方信息弱。所以，道观、寺庙大多建立在山水风景秀丽的地方，在那种圣地，某些修道的朋友能够看见其独特的红、白、金黄等颜色的光芒。再一种说法，修为层次很高的人，他所居住、生存的空间范围里，能量信号非常强。有一个高人在这个城市居住，这个城市就蒙受了很多福报和生命兴旺的信息。当然，从终极意义上说，人都是平等的，其生命含量是一样的，但是在生命显示过程中，有灵性显发层次的差别。有的生命灵性显现层次高，有的低。这在佛教文化里也有阐述。佛法修为层次高的圣者，往往周围有很多护法神在保护，有一种无形的光罩着这一个地方。所谓护法神，就是善的阴性能量的存在。天使也可以被认为是护法神。

修行者经过修行，达到一定的境界，就可以通灵和知玄；知道有两个世界，即在有相的世界之中，还有一个虚玄的真如世界同时存在；这两个同时存在的世界，都是道演化而来的。肉眼见的是有相有形的世界，慧眼观的是无形无相的真如世界。真如世界，其梯级分明，无边无际，清静自然而长久。有相的世界，有形有相，变化不断，生生不息，虚幻不实。修行者，要超脱出有相的世界，而不离开有相世界，同时恒常处于无相世界的清静无为境地之中。

目前西方文化界非常流行一句话：上行下效，成于中形于外。这是中国古老的成语。一个雷声预示着大雨的到来，其他事件也是一样。所以，事情并不是像表面看来那么简单，但是人们必须依照表面事件的情况，来

---

① 笔者写作本书时中国正在热播《武媚娘传奇》，里面有一个道家修炼者袁天罡和弟子李淳风预知：唐朝三代之后衰亡，女主武氏取代李氏唐朝，君临天下。预言一出，天机泄露，武媚娘遭受了所有现存力量的围剿，灾难重重。但是，几十年后，她真的君临天下，成为中国历史上的一代女皇帝。她的故事诠释和佐证了人类意识预知后来大事的能力和可能性。这一段中国历史佐证了本书的逻辑可能性。

处理问题。只有那些智慧程度高的人才会预占先机，出奇制胜。"许多年来，有许多人追随着往圣先贤的脚步，他们所带来的动能，让我们拥有了往圣先贤所具备的优势。"① 比如《圣经》里的以赛亚、但以理、耶利米、约伯等，中国的姜太公、诸葛亮、范蠡等都是这类先知先觉的人物。

"精巧的人体正好为我们提供了一个非常完美的生命全息图示例，每个人对此都很熟悉。身体里的 DNA 包含了我们的基因密码。——DNA 的整体范型，不论细胞取自哪里，都包含了我们全身的信息。不论我们从自身的头发、指甲，还是血液里取样，所有的遗传范型都包含在内。而且永恒不变。"②

生命就在每个 DNA 里面，也在物质构成的每个细胞里。生命存在是构成万事万物的本质。那个红的树叶、那个绿的藤萝，都如同人的个性一样，仅仅是生命物质的一个不同显现状态，本质是一样的，没有例外，也永恒不变。所以，生命的智慧状态是宁静和爱，是开出最美的生命之花。爱不仅仅是爱情之爱，更是生命之爱，是生命构成的最基本因素和最基本的底色。没有爱，生命就似乎衰竭和枯萎。所谓衰竭和枯萎，也是宇宙的一种生命状态，并没有特别的悲剧价值。生命如果悲伤、痛苦、徒自憔悴，没有任何本质意义，只是大千世界又多了千姿百态而已。

"量子理论和古代文献都曾暗示：在那个不可见的领域里，我们创造了自己在这个可见世界里的人际、事业、成功和失败的蓝图。从这个角度讲，'无量之网'以巨大的宇宙般的银幕在运作，让我们的情绪和信念，这些非物质的能量也对我们所生活这个物质世界进行了投射。"③ 所谓"投射"，是一个两点之间的动作，是两个物质层面的复制和彰显。这个投射是双向的，其起源和本质是创造性的能量。

这样，人世间的成败得失，是可以运作的，只要遵循一定的创造性原理。那就是：绝对的臣服、爱、宽恕、想象、正能量，等等。在宇宙中，每一个全然的观察者，都是一个优秀的参与者。每一个躁动的无意识生命，都是这个宇宙混乱无序的微型制造者。构建宇宙的材料，就是每一个

① ［美］格雷格·布雷登：《无量之网》，胡尧译，华夏出版社 2013 年版，第 226 页。
② 同上书，第 14 页。
③ 同上书，第 15 页。

个体生命的运作状态。宇宙制造着人类的物质构成和非物质构成，人类又全然参与了宇宙的创造性运作。

宇宙间所有事物是互相连接的，没有什么是孤立的。就如同一个深山修道人，他从不参与人间事务，但是他的能量在那里放送着，远远地闪耀着奇妙的光，有知音者就会寻路找来，高谈阔论，汪洋恣肆。这个修道人真实地参与了宇宙的能量运作。到了高的修行层次，人甚至是不需要名片和世间名字，便自然能在众人拥趸中，发现同类。寻缘而行，自然而为，名字已经不再是个体存在的符号，而是曾经似乎被遗忘的一个痕迹。所以，在心灵空间里，历史几乎是不存在的，存在的是当下的显现。再次重逢，不知道又过了几度春秋、几度轮回，因为很多人的现实相遇几乎都是短暂的，只有当下的生命存在，才是人类呈现爱和友谊的最佳平台。

第二节 "道"是无量之网

中国道家修行，是一种生命科学的展现，是需要特殊大福报、大智慧、特殊机缘、使命成熟的大修行人参与的人间生命实践，这是人类生命高端的科学实验，他所显现的结果是超越疾病、超越寿命、超越物质束缚，这一科学成果，具有惠及全人类生命成长的意义。既然生命实验已经做成，人类超越老病死的现实途径、科学理路，就不是虚妄，而是一个可以显现的事实。时间到了，老子一类的人示现人间并不令人惊奇。

所谓应运而生，就是要到了时间才可以。耶稣做了援救世人的先行者，但他的时代远远没有来到，于是他被恶劣的众人挂在十字架上，为了世人的罪恶，成了永恒的祭品。耶稣的复活，耶稣的永生，到了 21 世纪，终于都成为时代的光明，时代的愿望，世界的热爱。道成了肉身，欢欢喜喜住在我们中间。他已经永远原谅了人类钉他到十字架流血的罪过。耶稣在十字架上祷告说："父啊，原谅他们，因为他们不知道。"耶稣的原谅，是一切世间人生命被彻底宽恕更新的和平信息。

布雷登认为，"实验表明，无量之网由一种我们过去不知道的能量形式构成。这就是科学家用了这么久才找到它的原因所在。它被称为'微妙的能量'，那是因为它的运作形式不同于传统的电场"①。宇宙的无量之网，究其实质，就是道的无量之网。"道"的内涵问题是一个重要生命课题。老子曰："道可道，非常道；名可名，非常名。"这句话的内涵深不可测。"在他看来，真正的本体内容，是不可能用语言符号来加以表述的，一旦我们用有限的符号来形容'道'的时候，这个本体的无限意蕴便不可避免地被遮蔽起来，这就是所谓'道隐无名'。"②

　　"道"总是自己在诉说着，从未止息。"道"是生命本体，是世界的终极真理。对这个问题的不同理解、认识，甚至体悟，这些决定了人的生命运化层次。所有的文化、哲学、宗教都会阐发关于"道"的种种解释。这种知识之网，就是生命之网的一个投影，宇宙信息就在其中得到演化。中国道学认为，"道"以清静为宗，虚无为体，柔弱为用。中国《道藏·玄纲论》中说，"道"是虚无之系，造化之根，神明之本，天地之元。万物以之生，五行以之成。

　　不同的文化语境，有不同的表达和生命演进方式，就如东方人、西方人、白人、黑人，这些都是人类品相上的差别，居住地不同、肤色不同、生活习性不同，等等，这些是属世界的外在差别，而其根本的生命之"道"从来就没有差别，一切都是从"道"演化而来的生命存在方式。所以，"道"某种程度上就是生命存在的无量之网。布雷登在《无量之网》中并没有明确提到"道"的主题，但是他说："无量之网无处不在，无所不是。从天空中的飞鸟，到穿梭于我们身体之内外的宇宙微粒，所有的物质都存在于一个相同的容器中，那就是无量之网。"③

　　另外，1954年德国物理学家舒曼（W. O. Schumann）发表一项理论，他认为距离地面约一百英里的天空有一层环电离层（Ionosphere），它会随着日光强弱发生变化，与地球表面刚好形成一个类如空穴谐振器（Cavity resonator）的空间。大气内的各种震动频波与电波则不停地于其间到处传播，有的愈传愈弱，终至销声匿迹；有的则发生谐振而持续存在。这样，舒曼波能就成为宇宙能量撒播呈现的代名词。

①　［美］格雷格·布雷登：《无量之网》，胡尧译，华夏出版社2013年版，第15页。
②　陈炎：《多维视野中的儒家文化》，山东教育出版社2006年版，第80页。
③　［美］格雷格·布雷登：《无量之网》，胡尧译，华夏出版社2013年版，第61页。

舒曼波是一种低频波，可穿透任何物质，包括地面上的人在内。而我们每个人都相当于一个电网路，若经常受到舒曼波激励，便可能产生谐振；至于谐振的强度，则与电网路（人体）内部结构有关。有的人体电网路结构较好，可轻而易举接收舒曼波；有的人则否，只能接收到微弱的舒曼波，其情形与收音机的调频类同。由于舒曼波是天然能源，取之不尽，因此凡容易与舒曼波谐振的人，等于经常在充电，自然精神饱满、身体健康。[①]

进一步举例：荷兰科学家、虔诚的基督徒惠更斯，在 1665 年注意到，挂在邻近位置的两个钟摆总是以相同的节奏工作。这是一个普遍的规律。我们可以说，所有有生气的事物都是谐振子，它们不停地振动和改变自己的频率。即使最简单的单细胞生物体也处于复杂的振动状态，所有的亚原子、原子、分子、亚细胞、细胞水平的运动都是一致的。说单细胞生物体像人一样很难，甚至不可能找到一个起决定的相应参量。我们的内在节奏是密切相互联系着的，它们也和外部世界保持一致。人的生理和精神状态的改变与地球围绕太阳的转动、退潮、洋流、日夜交替和其他许多宇宙运动都是同一个节奏。要是打破这种和谐，生物体就会感到不舒服甚至有要生病的预感。[②] 这种科学研究证实了生命能量的连接和存在。人类处于能量之网的振动中。

天地之间，只有"道"才具有类似这样的性质。"道"是指一切的高能量、大智慧，它显现为一切的存有，又不是一切的存有。如同电子信号一样是虚无不见的，可是它处处显现出存在的证据，是人的创造性的显现。中国《易经》"系辞"谈到，形而上者谓之道，形而下者谓之器。人们能够循着人的先天本性而生活，过着喜悦、宁静的生活，这是得到"道"的能量光照，中国《易经》上说："君子以独立不惧。遁世无闷。"（大过卦辞）这里的"君子"就是指隐世修行的人，因为受到"道"的恩泽，能够超出世俗的竞逐，过着安然自在的生活，虽然君子是孤独无群的，其内心境界无惧、无杂，但是，不足与外人道，无法用语言表达，心

---

① 参见 http：//blog. sina. com. cn/s/blog_ 5ea104b00101ap3g. html。

② 同上。

情是喜悦、晴丽的。

"道"不可说，说了都不是，这就是"遁世无闷"的君子的内在心境，如果没有"道"的滋味在心头，人如何能够超越世俗的烦恼与搅扰，能够到达"无闷""无惧"的人生境地呢？佛教讲累世修行，修行者种种持咒诵经，尽力达到"摩诃波若波罗蜜"的大境界，就如香象渡河的勇敢无惧，快刀斩断一切烦恼，渡到幸福彼岸的至高境界。至此，君子的生命存在才有了真实的创造性意义。他是与"道"同在，是一种高层次的生命状态。老子就堪称这样的圣者。生命的本真存在状态，是指生命炼净一切芜杂的质素，让宁静喜悦穿透自身，完成生命诗意化的创造。这种生命本真的运化，绝对不是奥地利现代主义小说家卡夫卡的人生"异化"。

卡夫卡的《变形记》发表于 1915 年。19 世纪末 20 世纪初，西方思想领域描写的"异化"现象是指人的无可奈何的被动人生境地，是一种人生的异变和扭曲，是离人的本真生命状态越来越远的俗变，这是人性的失败。小说《变形记》中描写人如何变成了大甲虫，被社会和家人全然压榨和抛弃，过着人性被彻底压抑扭曲的人生。到了 20 世纪中后期，科学的迅速发展，启发了人们对生命科学的新兴趣，已经有新的理念和思想在社会上流行。21 世纪，生命"异化"已经远远不再是社会的主流，而意识的解放，生命的释放和新生命信念的造就，成为人类新希望和新生命形式。

时空是假设的，是人类生存的需要，而"道"是永存的，没有时空的局限，"道"是以"无量之网"的形式存在的。人类相约过美好生活的愿望来自生命本体，是世界文化的根本需要。无论人类生命有什么样的存在形式，处于什么样的空间时间状态，都是被祝福的，是被伟大的"道"的力量孕育着的，是一种深植在人类内心的伟大动力。所以人生无惧，坦然自在，是生命存在的大境界，是生命存在的基础所在。

人类生命就是一个蒙福的生命运行过程，人们可以和无言的圣者和成道者在一起，他们虽然不可见，肉体也许不存在了，但是生命的能量还在那些经典书籍的言说里蕴藏，或者在其他物质空间里长存。

一个持守大道的人，静而无欲，平淡而仁和，处无为之事，行不言之教。然而天下的人都愿意向他靠拢，因为靠拢圣者对他者自身有百利而无一害。这种圣者会给天下带来祥和太平，给人的生活带来安定。美食和音乐常常能吸引人驻足，但是它有时阻碍修行者的行程。真正的"道"很平淡，隐蔽化现在万物万事中，无形无色，不能用肉眼看见、听见。但是万物都依从"道"而生化。"道"具有生发一切的能力，道是无量"无为而无不为"的。①

"无为"是一个人生命创造性运化的基本原则，也是人类生命的一种高层次生存状态。这种"无为"，不是什么都不干。在生命意识上消歇的人会处于一种特定的高效运作的生命境界。

老子认为，一个人想取天下为自己所用，是不可能的。人是天下最有灵动创造性的神器，不是随便就能够创造出来的。人如若强行控制自己的灵性，就会导致行动失败，并失掉人自己生命的灵动创造性，所以，"无为"是人类终极本真生命实证成功的关键规则。

"无为"是顺乎天下自然万物的宇宙法则，是一种生命运化的高层次境界，真正的"无为"的人生状态，能够达到"无不为"的效果。但是"无为而无不为"是圣者如老子的修行境界，同声相应、同气相求，和圣者的交谈、领悟，这就是生命的欢宴。真正圣者的力量，就如电脑芯片一样，储存在他的作品和语言里，每当我们思考他们的时候，就完成了能量传递的过程。所以任何真正有效果的理论建设和学习过程，都是一种接受、渐悟和建造的过程，要遵循先天本性，按照道的原则，才有生命创造性的过程和结果。

"无为而无不为"的"道"的生命原则是一种形而上的生命理性指导，形而下的人的生活还是一样要过的。所谓"天行健，君子以自强不息"。例如，在基督教中，"上帝来此与人一起受苦，并不是使人的受苦得到正当的释解或者解脱，而是在对人世的受苦提出抗议的同时，为人的受苦提供了一种意义"②。

这个事件的本真意义就是生命的重生，耶稣为我们人类指出了生命永

---

① 参见华岳散人《体悟〈道德经〉》，齐鲁书社 2010 年版，第 69 页。
② 参见刘小枫《走向十字架的真》，华东师范大学出版社 2011 年版，第 151 页。

生的真理道路。耶稣成为终极殉道者。他用实实在在的人类肉体，用道成
的肉身，来演示上帝宽恕了人类的罪。因为耶稣的存在，人们开始领受生
命的救恩，那个洁白无罪、圆满富足的本真自我。因为圣灵的导引，人类
走了艰难的路，终于走到今天。因为广大无私的奉献，终于成就了人天
极大的福报。所有的苦难都成为德行的报答。所谓当代殉道者，以纯洁
清净的心灵，将会承受历代祖先的丰厚荣耀，成为幸福富足的继承者，
这样超越了苦难的内涵，终于成了时代的幸运者，是圆满的生命科学的
大成就者。

人类愿意拥有被祝福的生命和重生的希望，人子耶稣就给我们做了样
子，也给我们开出了生命永生的道路。人类相约创造美好的生命状态，创
造美好的生命境界，必须是人类拥有坚定不移的决心，这也是生命创造性
理念的核心之所在。众人的信念就是一座不朽的万里长城。无论世界的形
象有什么变化，生命的外在环境有什么变化，人类必须坚定地相信自己是
被祝福的，因为"道"是永存不死、亘古不变的。

人类被上帝祝福必须是一个显见的事实。人们只能这样选择，并因此
形成强大的人类群体的生命集体无意识，只有这样一种生命意识才能真正
拯救人类。因为上帝的意志是由人的自由意志选择决定的。上帝本身无善
无恶，亘古如常。无论人类社会到底发生什么事情，有着怎样激烈的时
代，遇到多少艰辛，有过多少苦难，这都不重要。重要的是：人类的集体
无意识里必须要拥有一种无比强大的信念：人类是被祝福的。当我们这样
创造和想象，事就这样成了。这是生命的原理，也是人类的出路，是生命
大"道"在天地间的真实显现。

在人类文明发展史上，每一个阶段都有少数伟人，他们对人类历史
发展起了重要的作用。比如，柏拉图、苏格拉底、奥古斯丁、托马斯·
阿奎那、康德、黑格尔，等等，他们是属于未来我们这个时代的，他们
的作品，有时候似乎是一个人类思想的预言。在他们自己的时代里，几
乎没有人理解他们，甚至他们的个人生活、个人健康都还没有达到自在
圆满的程度。他们是真理的早产儿，从某种意义上说，他们是人类历史
上的真理的早期殉道者。例如，康德、黑格尔都实证地理解作为真理的
道路，他们是属于世界历史的，是属于所有人类的。只是到了 21 世纪，

人类的这种时代先行者，将会圆满富足地享有美好的生活，因为这少数人不再是时代的早产儿，而是新时代的圆满幸福的呈现者，是现实的喜悦生命的成熟呈现。

为了 21 世纪伟大的意识进化运动，人类的祖先，那些伟大的往圣先贤，人类历史上的伟大哲学家，有很多到达某种程度的真理层次，是我们时代的思想预备者和先行者。例如，黑格尔的思想达到一定的证悟真理的高度。因为黑格尔把人类作为上帝真理的媒介来理解，人类是上帝在宇宙中的体现，人类是借由自由意志和生命觉醒走向上帝之国的国民。所以，爱、仁慈、道德，是上帝早就预置在生命内在里面的良知。人认可上帝的品行和作为，从此顺从道德至善的上帝基因，就会走上生命幸福的道路。

美国哲学家威尔·杜兰特根据对亚里士多德哲学的解读，认为：上帝是自然的终极力量，是世间万物的动力和目的，是世界唯一的形式；是生命根本的原则，是全部生命力量和驱动力量的总和，是生命成长的内在目标，是全部宇宙中独具活力的生命原理。他是纯粹的能，是历代杰出学者所提到的"活力本身"，也许还是现代物理、现代哲学探讨的神秘的力。同时，亚里士多德又认为，上帝是一种自思自觉的圣灵，是一种玄妙莫测的精神。上帝绝对完美，不希冀任何东西，他自在无为，没有欲望本身就是万事万物的唯一精髓形式。如此看来，伟大的哲学家的形象常常具有共同性，就是沉寂恬静，不事浪漫，远离喧嚣，躲在人类思想的象牙塔里，整个世界都在自己的视野之外。① 如此一来，我们看到柏拉图是这样，亚里士多德是这样，黑格尔是这样，康德也是这样，斯宾诺莎更是如此。因此追寻真理的旅程从来都是代代相续，在这些少数人的生命存在里，思想已经达到了至高的境界，这是人类进化发展的潜在无形力量。这些伟大的哲人的存在，是上帝伟大本真力量的彰显。

黑格尔说："由于认不清世界历史人物的实体性性格，和不理解伟大的事业只有通过伟大的性格才完成，就作出据信是巧妙的尝试，试图从那些英雄们偶然的特性，从他们那些信以为真的渺小意图、爱好和激情中，

---

① ［美］威尔·杜兰特：《探索的思想》，朱安、武国强、周兴亚等译，文化艺术出版社 1991年版，第 81 页。

推导出最伟大的历史事件；由于这样的处理，神圣天意支配的历史就堕落成为一场无意义的活动和种种偶然事变的游戏。"① 宇宙之间，大的事件都不是偶然的，而是久久蕴含运作的必然事件。所以，伟大人物的作用就是推动和体现这个事件的历史进程，具有精神领袖的作用。这种事件，是以神圣天意为起点的。

另外，在人类社会与生命发展的历史上，有很多残酷事件引起人们的思想混乱和疑惑，人们常常被人世间的种种惊人恶行恐吓住，无意间就做了恶的奴仆，被囚禁在恶行的死牢里，做了恶势力可怜的看客。有一句西方名言，"在奥斯维辛之后写诗是野蛮的"。但是从此不再写诗，让生命消解了歌唱欢乐的力量，中了屠杀者的诡计，这是比现实遭遇更为可怕的。纳粹肆意杀人目的不就是给人类观看的吗？第二次世界大战后，人们精神失丧，堕落颓废，找不到精神的依托，怨怪上帝的隐蔽不出。这不就是某部分人的恶意与恶行所要达到的效果吗？

奥斯维辛纳粹事件的发生告诉我们，无论如何，人类要决然超越一切的暴力和屠戮，更加坚强地相信生命要美好，不能被恶遏制住生命的愉悦高贵。人类要站立起来，行动更加有力，更加创造自己美好的生活。重要的不是纳粹恶行怎样凌虐了人类，而是人类要坚定地选择坚强、果决，生命美好，坚决不做任何形式的恶的俘虏。这种罪恶的事件，应该永远在宇宙意识中从根本上消失，从心灵的因地上彻底消失。人们要更加热爱地球家人，也更加热爱世人。

《圣经·传道书》② 中写道："我认为既善又美的，就是人在所赐给他一生中有限的年日中吃喝，享受他在日光中劳碌所得的一切，因为这是他的份。蒙神赐予财富与资产的人，神都使他能够享用，并取自己的份，在劳碌中自得其乐，这是神的恩赐。他不多思念自己一生的年日，因为神使喜乐充满他的心。"喜乐地过好生命每一个当下，就是人生大智慧的呈现。

喜乐是圣洁的情绪，是能够影响宇宙的本真情绪，是神的表情。布雷登在《无量之网》中写道："我们与宇宙的量子连接是如此深刻，以至于

---

① ［德］黑格尔：《精神哲学》（《哲学全书》第二部分），杨祖陶译，人民出版社 2006 年版，第 3 页。

② 《圣经·传道书》，第 5 章第 18—20 节。

科学家们不得不创造一个新的词汇来描述这种连接的真正意义：蝴蝶效应。蝴蝶效应是著名的'对初始条件极为敏感的依赖性'，这种现象的基本观点是：当某个地方发生一小点变化，就会成为引起另外一个时空产生巨大变迁的触媒。"[1]

这样看来，微小的人类的情绪，类似于蝴蝶效应的存在，是宇宙间不可忽略的创造性力量，布雷登写道："军方的实验以及克里夫·巴克斯特后续的研究表明，情绪影响 DNA 的效应不受时间与距离的限制。试验的最终结果表明，你我能引导自身内所存在的一股力量，它不受今日我们所知的物理学的任何限制。"[2]

人的生存和世界的演变是多维度空间的事件，但是人只能用眼睛见证这个世界的存在。如果要能够见到其他空间的种种事件，则要用心灵的眼睛。人人都有心灵的眼睛，但是大多不知道启用，因为心眼有时被属世界的欲望遮蔽了。一切的运作不仅仅是这个空间维度的事情，人的心思意念是无法隐瞒的。有人以为人能够看见的行为才是存在的，其实这是人类缺乏见识的误会。在科学家看来，"这个宇宙因我们的出现而改变。生命意识的展现，就是一种宇宙间的创造性行为。就像物理学家约翰·维勒所说，我们活在一种'参与式'宇宙，而不是一个令人类感到被动消极的宇宙。宇宙不曾操纵我们，也不曾掌控我们。我们的个人意愿不会受到强迫，我们周遭的世界也不会受到全面掌控"[3]。

除了有形的人类以外，很多能量虽然没有人的相，但是却完全能知道人的一切行为。所以交朋友最高的境界是心的交往、心的祝福。人的生命存在，不仅仅是外表这个肉体形式，而且有更智慧的不可见的心地层次。"幸好我们不必去推测那样的世界到底会怎样，因为我们身边的空间一点也不空。不论我们怎样去称呼它，或是科学和宗教如何界定它，很明显的是，有一个场域存在着，它如同一张'大网'连接了被创造的一切，并让

---

① ［德］黑格尔：《精神哲学》（《哲学全书》第二部分），杨祖陶译，人民出版社 2006 年版，第 3 页。

② ［美］格雷格·布雷登：《无量之网》，胡尧译同，华夏出版社 2013 年版，第 99—100 页。

③ 同上书，第 99 页。

我们与伟大世界的至高力量相通。"①

人如果仅仅让可见的肉体人来运作，让不可见的能量做奴仆，就难以达到生命和谐的美好之境。"生命就是改变、持续不断地活动、转化及更新。如果你能允许改变自然发生，生命就能永葆清新。创造力便是一种生命活动。如果你能允许自己存在而不去改变什么，你就会变成一个有创意的人。"② 这里阿玛斯写出了生命改变的秘密，那就是放下这个世界显在的意识，让生命自然地运作，这样就能收获创造性的生命清新自在的美好境界。

一切的幸福起点在于尊重自己生命的本然高贵，让不可见的伟大力量带领自己走真正的"道"路，人的本真力量就在人心里面，它是生命伟大荣耀的内在力量。

《道德经》里隐含了多维度空间的秘密，是全息生命信息能量的记载。中国清代黄元吉在《道德经精义》中透彻谈到人生命"道"的生存状态和生命修行方法。这类书籍的阅读是接受生命能量的重要形式之一。

"道本虚无自然，顺天而动，率性以行，一与天地同其造化，日月同其升恒，无有而无不有，无为而无不为也。"③ 人在世界上有不同的思维层次，在超自然维度空间里也有不同的生命层次。真正的经典不单单是用来看的，而且是用来做能量的传递的，所有文字符号，都放射着不可见的信息。"道"可以用人的语言写，但是人们具体悟解了什么内涵，是语言控制不了的。人们的思维在什么样的生命维度空间层次上，人们就会有什么样的理解。正是通过这样生命的思维运作，我们参与创造了宇宙的构建。

"作为可见世界的一部分，我们参与了自我、世界及其之外的一切的旷日持久的量子对话之中。正是这种宇宙性的交流，将我们每一刻的感受、情绪、祈祷和信念传达给了宇宙。从我们身体的活力到世界的和平都是宇宙给我们的回应。"④ 只要我们的意识存在，我们就向这个宇宙发送着

---

① ［美］格雷格·布雷登：《无量之网》，胡尧译，华夏出版社2013年版，第31页。

② ［美］阿玛斯：《解脱之道》，胡因梦译，深圳报业集团出版社2009年版，第99页。

③ （清）黄元吉：《道德经精义》，中央编译出版社2014年版，第121页。

④ ［美］格雷格·布雷登：《无量之网》，胡尧译，华夏出版社2013年版，第67页。

信息，人生的一切活动，都在量子之网中，人与宇宙的对话从不止息，所以，我们可以用祈祷、想象、情绪向这个宇宙发送信息，提高生命存在的质量，完成内心的愿望。

第三节　量子全息图谱

在《量子之网》一书中，有很多有价值的洞见，布雷登将科学的态度和灵性的思考结合起来，提供了一个全新的视野。在布雷登的陈述里，量子之网理论有三个原则：第一，万事万物都存在于无量之网内，并相互连接。第二，无量之网是全息的，场域内任何一部分都包含着整个场域的信息。第三，过去、现在、未来紧紧相连。

网络式的联结，是无量之网的基本特点，是宇宙能量的一种根本存在形式。生命与生命之间、生命与非物质世界的隐在的联系是这个宇宙基本的现象。这就揭示了人类善良动机能够引发良性后果的根本原因。大至政府机构团体，小到每个个体生命，为了整体利他的动机而做出的行动，是这个宇宙的良性精神力量，也是一种人类意识进化的显现。人类意识的进化，是在科学研究的基础之上，是具有极大科学依据的行为。生命的存在从来都不是孤立的，没有分离，而是深深地连接着，并具有全息的特点，这意味着每个生命都是全然圆满自足的。因为连接万有能量场的存在，生命本身的力量就存在其中。"尽管语言不同，我们仍然可以想象出无量之网的特性，它是众力之源。它是宇宙的容器，同时又是描画物质世界的蓝图。由于它是宇宙的本体，毫无疑问它也就存在于创业之初。"①

无量之网存在着本然无限的力量，这是创造的本质。这种力量，也被称为一种自然智能体系，或者以太，是一种存在于宇宙的能量状态。在量子蓝图中，宇宙存在着一种"具有意识和智能的心态"。这个宇宙巨大生物智能场域，回应着人类的生命情绪，答复人类的内在心灵愿望。但是如何启动智能的程序是一个伟大的秘密。

---

① ［美］格雷格·布雷登：《无量之网》，胡尧译，华夏出版社 2013 年版，第 45 页。

无论如何，心灵智慧领域已经向人类开放，它以各种形式挑战着人们的传统极限，唤醒人们沉睡的力量。对无量之网的认识和体悟，是人类生命意识成长的一个重要的事件。在这样的范畴里，创造人们的美好生活，就是一个可能实现的状态。说得更为实际一点，无量之网连接了人类的物质、非物质生活，也连接着人们本真的生存状态。"我们知道，通过升级我们与无量之网对话的语言，只要一小部分，就能带来巨变。"① 这一小部分人，就是开悟见性的得道者，也是彻悟觉醒的新人类。

"前沿科学明确显示，从一个深层意义上讲，宇宙之家中一切事物皆互相联系。如我们所知，这种联系也存在于人脑中：在大脑思维进行转换的时候，不同个体的脑电波会同时发生运动，即使他们相隔一段距离，一个人所发出的脑电波频率也会被另一个人捕获。世间万物，包括人类在内，基本上从诞生之日起，就是非定域相关的。"② 这段话从科学的角度说明了万物一体的道理，人类相互之间的"心电感应"，不是一种偶然的假说，而是颇有科学依据的。照此看来，人类的精神活动与人类的物质活动一样重要，是不可忽视的一种能量存在。

传统灵性观点认为，"没有必要为人类假设一个特殊的精神外壳，时空中的一切物质，小到量子，大到银河系，都会在宇宙稳压区域中留下足迹，这些足迹构成了自然的全息图谱。在空间中，这些图谱是不会轻易衰竭消失的。当新的波长出现时，就会与已有的全息图谱重叠，其中所包含的信息也会被保留下来。原有的信息不会被覆盖，而是形成了多元信息图谱"③。这就是说，每个人都是宇宙中现实存在的一员，都对宇宙负有极大的责任，每个个体的生命能量，都向这个宇宙发出自己的信息，宇宙所回馈的是宇宙能量场的整体信息。

人类心灵的起心动念，就是这个宇宙的创造性发射塔。我们创造了自己的世界。世界是变化的，一切都是变化的，一切都在于人类的创造和选择。我们相约过美好的生活，立志成为觉醒的新人类，这是我们生命中不变的坚定信念。生物全息图谱技术，承认了我们每个个体的存在价值以及

---

① ［美］格雷格·布雷登：《无量之网》，胡尧译，华夏出版社 2013 年版，第 226 页。
② ［美］欧文·拉兹洛：《全球脑的量子跃进》，刘钢译，金城出版社 2010 年版，第 180 页。
③ 同上书，第 203 页。

信念力量，我们每个人在宇宙中都不是渺小的，而是全息地代表了人类整体的利益，具有无比珍贵的价值。

　　量子全息科学为人类精神意识的进化提供了重要的科学依据，说明人类生命意识进化的存在，是有科学的理论基础的，并不是少数人的想入非非。21 世纪美国主流文化思想新潮流也必将引起越来越多人们的重视。"我们可以认为神经圈是德日进（Teilhard de Chardin）① 所谓的'心智圈'的延伸或衍生物。在《人的现象》和《人的未来》这两部里程碑式的著作中，德日进论述道，进化是一个复杂不断增加的过程，最终将形成统一的意识。他用'心智圈'指代人类的知识和互相联系不断扩大积累的现象：人类思想领域的持续扩展。他提出这样的理论，进化的方向一定是更加复杂伟大的意识，重点也许是欧米茄点，这是意识的终极复合统一体。"②

　　"差不多在同一时期，印度哲学家 Sri Aurohindu 亦在研究相同的思想。可能灵修的觉醒正在不断蔓延，使灵性的追寻者走出他们固有的文化，进入一个新的整合，就如德日进所提出的：整个创造正迈向人类过往历史的终结。即是说：人类亦迈向旧的存在的终结。若是如此，人类的宗教、文化、历史背景及经验就算怎样不同，最终亦会整合归一。"③

　　科学已经显示，尽管千百年来人类的身体没有变化，但是人类的意识是不断演化的。人类意识能够演变，这是一个全球的共识。美国未来学家戴维·霍尔在《大转折时代》中提到，我们生活的时代很有可能产生新的意识。④ "在全球脑⑤范围内的量子跃进是人类最好的机会。门德（Margaret Mend）说：'永远不要怀疑少数一群人改变整个世界的力量。这是最常发生的事。'假如拥有演变的意识的少数人及时地成为关键的一群中的成员，他们将改变世界。在我们这个时代，没有比授权这种演变更高

　　① 德日进（1881—1955），法国神父，主要著作有《智慧圈》《人之现象》《神的氛围》等，倡导灵修，有独特的宇宙意识见解。
　　② ［美］戴维·霍尔：《大转折时代》，熊祥译，中信出版社 2013 年版，第 139 页。
　　③ 参见 http://www.philosophyprofessor.com/images/philosophers/pierre-teilhard-de-chardin.jpg。
　　④ ［美］戴维·霍尔：《大转折时代》，熊祥译，中信出版社 2013 年版，第 136 页。
　　⑤ 这里的全球脑类似一种比喻，是指那种模拟人类大脑神经的流通能量和多重信息有效处理的网络。因为有地球 65 亿多人的共同创造，全球脑能够通过私人的或者公共的、局部的或全球的多种方式、多个维度空间、多个思维层次进行互动。参见 ［美］欧文·拉罗兹《全球脑的量子跃进》，刘钢等译，金城出版社 2010 年版，扉页。

尚的了。"①

曾经写作《精神的宇宙》的弗雷德·艾伦·沃尔夫教授②，对量子科学体系与精神宇宙的关联非常感兴趣，他写作了《量子心世界——在宇宙无限的可能性中创造奇迹》（*Taking the Quantum—The New Physics Leap for Non-scientists*）。

应该说，将量子力学研究与心理学、超心理学，以及生命科学现象的研究结合起来，这是世界科学界、思想界的一个风潮。很多的科学家加入了这个行列，同时开始转换自己的生命意识的空间构成，就像弗雷德·艾伦·沃尔夫教授一样。对生命本真的探索，是全人类的需要。所有的意识进化的参加者，都不约而同地热切关注人类的命运，渴望着人类的得救和生命的进化。

沃尔夫教授的《量子心世界——在宇宙无限的可能性中创造奇迹》里面第六章标题是"从未有人见过风"。风是这样寻常的存在，我们只能够感觉它，不能够见到它。就像生命本身，我们使用它，感觉它，但是我们没有办法拿出个生命来看。它是一个无相的存在。它存在于一切处，又到处找不见。你可以找到生命现象，但是找不到生命本身。我们对生命本身的信任越是彻底，越是明白生命的真相。因为生命本身比我们的显在意识智慧多了。信任生命，就是信任生命之源，就是找到了自己的本来身份。只有在这个基础上，才能够活出自己的本来身份，才是走向了人类的终极归途。"我们最终且根本地影响着宇宙，我们的存在在原子的层面上有着巨大的影响。而在宏观世界中，却显得微乎其微。"③

尽管量子是微小的，但是它不等于不存在。人类以微妙的能量形式影响着自己的宇宙，创造着自己的命运。思想意识以及它的体现形式：言谈话语以及行动，都是创造我们这个世界的力量。从这个角度来说，语言是做功的。一句不经意的话，也是一种生命心念的发射。所以，有时候人们发现：一语成谶。所谓言中，是因为语言参与了这个宇宙的运行。因此知

---

① ［美］欧文·拉罗兹：《全球脑的量子跃进》，刘钢译，金城出版社2010年版，第149页。

② ［美］弗雷德·艾伦·沃尔夫（Fred Alan Wolf），曾任美国圣地亚哥州立大学教授，物理学博士，美国图书奖得主。现在在世界各地讲学，教授关于意识和新物理学方面的知识。

③ ［美］弗雷德·艾伦·沃尔夫：《量子心世界——在宇宙无限的可能性中创造奇迹》，艾琦译，华夏出版社2013年版，第134页。

道这个道理，就不会轻易开玩笑，就少言寡语，所谓君子言贵。坏话一句不可以出口，说出口的话，就如同墙上钉的钉子，在宇宙中是有痕迹的，只是人类的眼睛看不见。

"我们当然会感受到新的觉知的出现。这一新的觉知是宇宙意识吗？这是否就是以前发生在我们许多人身上的事呢？比如佛陀、耶稣等人？这也是目前正发生在我们许多人身上的事吗？我想是的。我们正在走向一个意识觉知的新纪元，量子意识的纪元，有意识的原子的纪元。借由向内看，我们或许能够解决在终极前沿等待我们去面对的问题，亦即人类精神的前沿。"①

这个时代人类的伟大机遇就在于此，人类历史行到此处，不仅衣食丰足，而且具有精神全面得救的机缘。

在《量子心世界——在宇宙无限的可能性中创造奇迹》里，沃尔夫教授谈到自己的观点："从某种意义上讲，我们必须具备两个事件同时运行——外在世界的某一活动以及内在世界对此活动的观察，两者合一，才能观察到一个现象。二者任缺其一，另一个都不可能发生。假如这是真的，只有在两个或者两个以上的事件具有如此的量子关联，才会出现意识。如果没有与神经细胞产生关联，单一独立的感官事件就不会成为意识事件。"② 沃尔夫教授从科学的角度探讨了意识产生的可能性。

意识的运作，是生命运作的一种表现形式，它永远是宇宙中有关联性的行为。它就像一粒种子，在宇宙的空间的田地里撒播，到了时间，秋后必有收获。这个世界没有一件事情是独立性的行为，都是相互联系的，所有一切都是宇宙整体的一个部分。在宇宙生存空间里，人类的意识虽然不可见，但是具有巨大的隐蔽性能量。所有的生存现象显露出来的层面都只是冰山的一角。因此，从这个角度来说，人类的每一个起心动念，都是在创造自己的命运，没有什么例外。所以，佛家要求佛弟子在开悟后要看住念头，要念起能够不随着想下去，要会断掉念头，从此不生死流浪，养成生命的清净习惯，这叫保任。人的"心念"十分切要，是生命创造的意识运作，是人类命运造作的一个最早出发点。

---

① ［美］弗雷德·艾伦·沃尔夫：《量子心世界——在宇宙无限的可能性中创造奇迹》，艾琦译，华夏出版社 2013 年版，第 231 页。

② 同上书，第 249 页。

第九章　健康与疗愈

人类真正的健康和疗愈发生在人们的内心。老、病、死是人类最大的幻象和梦魇，真正的治愈，只有成道者才能够做到。在这个世界上，医生只是暂时缓解病痛，暂时治疗好某些疾病。物质的医疗手段或者一种好的活动和方法，或许短期内能够隐蔽祛除一些人类的疾病，但是老、病与死一直都存在，只是外相表现层次有所差别。因为世间的生命，就表现为生老病死的实际情况，没有人能够逃离老病死。在老病死这些人生事件发生的时候，还是要不被恐吓住，意识坦然，才有可能超越现实生存的局限。释迦牟尼早年知道这些人生事实以后，就放弃了王子的地位和家庭，寻求生命能够出离生死之路。当今时代，人类接受了宇宙无极限的祝福和善意，越来越多的人，不需要放弃外在的生存方式，不需要离家修道走入深山，就有可能趋近生命开悟觉醒的程度，看破老病死的招式和把戏，这是千千万万年不可想象的人类机遇，值得所有人类生命的共舞和庆贺。

第一节　觉醒才能真正健康和疗愈

人类早就接受了"人生自古谁无死""江山依旧在，几度夕阳红"的生命状态。山河大地都在，曾几何时，那些包括帝王将相的所有伟大人物都烟消云散，人生就是几十年的事情。富贵功名是人类最大的玩具，人类信假以为真，不再哭泣，也忘记了自己回家的路，忘记了自己的真正的父母。人们普遍认为世俗世界的肉身之父母那里是自己的家，就不去寻找了，于是就找不到真正回家的路，生生世世流浪生死。

人类无论多么成功，内心都隐藏着悲伤无奈的眼泪，因为生离死别。人的内心里，谁看见了真正的最真实的成功？如果有人看见了，就大成就了，大事已毕。所以，觉醒、解脱是这个多媒体时代最大的任务。它以个人的意识提高、生命意识觉醒为特征，没有什么教主，不是什么新宗教，没有什么政治目的，而是地球整体的觉醒和意识转化。因为网络技术的演进，人类延伸了自己的能力和视域，因此，时不我待，没有任何一个有记载的历史时期有这样一些开悟和成就者出现，他们是安静随缘的，充满着对天地万物的祝福，没有任何对立和抗争的意识。这些人虽然过着平常人的生活，表面看起来似乎没有什么特殊，但其生命层次已经超越了地球空间，进入更高的异次元空间存在。这种人真正擦掉内心里作为人的忧伤的眼泪，再也没有恐惧和分裂，进入深度喜悦的高贵状态。真富贵者，不是钱的富贵，不是地位的富贵，而是生命能量的富贵自足。人类的内在生命本来就是被祝福和富足成功的，没有任何匮乏，有的只是寂静、静寂与灵魂的深度安宁。这样的生命状态和一群人的出现，21 世纪美国主流文化思想的产生和流布功不可没。

第二节　修行路上的歧途与露易丝·海的正念

需要特别谈到的是，《健康之道》① 详细记录了赛斯的传导者珍·罗伯兹（Jane Roberts）的病情和最后离开人间的情景。在赛斯的书里，她被称为成道者、开悟的成就者。可以肯定地说，珍·罗伯兹无论写了多少书，成就有多么大，她的境界还只是在路途之中，她并没有成道，不是开悟的成就者。那些书并不能够代替珍·罗伯兹鲜活生动的生命。任何一个人类要离开人间回家，进入永生的家园，从此不再生死流浪，肯定会有很多示现和踪迹，但是珍·罗伯兹似乎不同。赛斯始终在珍·罗伯兹的生命里前行，珍·罗伯兹肉体的彻底的疗愈应该是可行的。内心的力量肯定会在身体上有所彰显。预知生死，是成道者最平常基本的生命事件。珍·罗伯兹的生命状态，

---

① ［美］珍·罗伯兹：《健康之道》，是最后一本由赛斯传导写作的书。

同样是一个虚幻的存在①。所以，除了人类自己的内心生命存在，任何的外求，都是错误可怕的，甚至会付出金钱与生命的多重代价。

那么，真正的成道者是否会像珍·罗伯兹那样经年等待着赛斯降临，等待着来自赛斯思维的传导和写作？答案是否定的。没有一个成道的人最后的生命会是一种附体的状态，或者是不能自主的状态。成道者往往能够预知自己这一期生命终结的时间，自在前往终极世界，即神的世界，或者说永生之国。除非很快要离开人世，人在活着的时候，肉体和灵魂必须是整一的，当二者分离的时候，精神与肉体都会是病态的，这种情况离死亡不远了。对于修行者来说，个体生命灵性意识的清净而纯洁是第一要务，绝对没有必要招引任何非物质能量。

任何一种附体，都不会是成道者应该有的状态，而只可能是个体在生命探索的特殊短暂时期的存在。因为传导者被某种非物质能量占用，所以有时身体会渐渐衰弱，以致很早就离开人世。这与老子的成道有天壤之别。老子成道后骑青牛出函谷关西去，不知所终。所以，有时候人们认为这样的成道者根本就没有离开人间，所谓死亡，就是演一场戏给这一世的有缘者看看而已。真正的成道者必定在离开人世的时候生死自在，来去自由，而不可能是充满挣扎与无奈。可以肯定地说，人生在世，老病死的生命大病不疗愈，就谈不上是成道甚至真正开悟，或许初步成就是有的，但是离大成就者还差很远很远。

美国21世纪文化思想的传播者和研究者很少特别谈到人被高灵、古灵、异空间灵性附体的危害。像上帝、耶稣是不可能采取附体的形式存在的，所谓某种圣名附体，可以理解，但都不是真的。一段时间后，身体可能就会出现病症。灵性纯洁、清净才是正途。无论是谁，无论是多么高的修行人都不可以容许自己长期处于被附体的状态。可以是被神、圣灵灌注能量而运行思维，可以是生命体之间的对话和能量交流，但绝对不会是附

---

① 这里要提到的是：修行者随着生命修行层次的提高，能够找到和靠近修行者的去世魂灵越来越少。因为修行人在修行成就一段时间后，身体的隐在光明就会出现，护法天使也都在，所以，一般灵魂，或者叫非物质阴性能量很难靠近。能够被附体的人，基本上都是修行还不够的人，也是护法不到位的人。这里的关键是不要贪恋任何的稀奇古怪，更不要吁求任何的通灵信息。全然放弃，才可能开始真正的修行。老老实实做人，真诚地祷告，依照经典著作进行体悟，是走向伟大开悟之路的第一步。

体，附体会导致个人平常的生命意识退场，发生个体人格改变。被狐仙、灵怪、精灵等低层次附体，与高级别灵性附体是一样的性质，这些只是修行的部分特殊歧途。

需要特别注意的是：被低层次非物质附体的大多是文化水平不高的乡村妇女；被高层次的非物质附体的则大多是一些有一定修行经历、有文化的女性存在者。因为女性的柔弱和顺服，没有名师的指导，就可能发生修行的误会，误以为自己生命已经修行到了很高的境界，似乎超出了常人，现实生活中也由此获得了一些世间利益，这样就造成这种附体情况的经年长久存在。其实所谓的高灵、古灵以及其他灵界信息，肯定有出色之处，但绝对不一定都是正确的，最好敬而远之，不要被鱼饵诱惑。过分沉迷，后果不堪设想。

每个人的生命都是无价的。实质上，没有任何真正的高灵或者伟大的能量会附着人体而成就。这一点必须明确。伟大的力量绝不可能长久附着在任何人的生命里，造成他者生命特异的存在效果。这种伟大的力量，或者称作圣灵，可以瞬间或者在特定时间段借助灵感的形式传递能量和信息，双方应该都完全清醒。如果灵感信息一来，就昏过去，就变成另外一个人，这就是附体了，这是遇到生命危险了。这时候不要到处跑，到处盲目求人，需要自己持久地祷告清理，一直到纯净平安的感觉来临。灵界是复杂的，人类是好奇而单纯的，在这一点上必须要有原则和坚定的认识。除了解脱自在，修行成道，清静无为而无不为，绝不可以做任何灵界的灵媒，这件事情是绝对不能好奇的。在 21 世纪所有的修行秘密都已经出版发行，在书籍里，你能够找到你所需要的所有东西。

哪怕是为了全人类的福祉，也不可以做附体的牺牲和替代，也不可以做吁求附体通灵的尝试，这是骗人的把戏，可能是要付出惨痛代价的。因为这是幻局，绝对不可能有这样的正确能量存在形式，也绝对不可能在这样的情况下人类得以拯救。这个理由本身就完全不成立。即使是耶稣，他也只有道成了肉身，示现人间，治病赶鬼，温柔平和，他不可能会借助灵媒说话，不可能借助人体说话。这些只是一种文学表达方式。

当今时代，万物复兴，多种能量进入人类空间，传导着善与爱的信息。高灵的信息传递是正常的，但是高灵附体的情况是要坚决拒绝的。二者的关键在于，在生命交往的过程中两者应该都是真正清醒的。高灵不是圣灵。高灵的信息有价值，但是在一些最关键的重要地方，高灵不一定是正确的。高灵不一定比人类更智慧，否则高灵就不会仅仅是高灵，而是至高无上的伟大的"道"的真理显现，是圣灵的临在和信息呈现。

《健康之道》中珍·罗伯兹的临终病况就是一个颇为发人深省的状态，这种情况可能是人类特异能量的思维误区。珍·罗伯兹一直在祈求外在的力量。尽管珍·罗伯兹被西方人称为成道者，但是她没有成道，甚至不如一般没有修行的健康人。当然，赛斯传导的信息有很大的教益，是人生特别时期的学习资料，但是，它不具有任何终极价值。在某些方面，人类的好奇心是要有一定限度的。

珍·罗伯兹（Jane Roberts）还借助赛斯写了很多有影响的著作。例如《实习神明手册》，精细地记录了珍·罗伯兹自己找寻到赛斯的历史进程。他们使用"灵应盘"。一切都是存在的，"灵应盘"必然招致了不可见的阴性能量，也许他们有高深的见解，有人类不可知的秘密和知见，因为他们生存的维次空间与人类完全不同。但是没有什么可值得羡慕的。有些阴性物质的生存能量是低于人类生命的存在，所以要借助人来显现。人类终究可以知道所有秘密，时间到了，路程够了，自然就会有新天新地。

即使有再多诱惑，甚至一个可以开悟成佛的许诺，或者成为上帝的许诺，都绝对不能够接受阴性能量进入生命存在。天人合一，是唯一应该坚持的生命立场。《实习神明手册》中写道："我或多或少是用我平常的音调说话，只不过字句不是自己的。在我的手继续变形时，赛斯一直在评论那个现象，提到就第一次尝试而言，他的表现比他以为自己所能做的好多了。"[1] 生命是不可以这样试验的。珍·罗伯兹以自己生命的奉献牺牲精神，贡献人类关于生命迷途的所见所闻，是有一定实验价值的，但是绝对不可以模仿，除非自己真的不想活了。

所以中国20世纪任何玄虚奇怪的宗教宣传和气功大师的另类表演，都是有争议的，特别是种种大师的玄妙身份，都是现实生存的权宜之计，没有什么神秘的。从终极意义上讲，没有一个人能够比他人更高超。有些精

---

① ［美］珍·罗伯兹：《实习神明手册》，王季庆译，湖南人民出版社2013年版，第45页。

神导师作出各种装扮，是应众生心理所求。没有办法，玄奥的装扮似乎吸引了大众的眼球，能够带来一些效果和利益。当然，从正常求道的角度讲，闻道有先后，导师的尊贵身份是一种合理的存在，因为精神的投入远甚于物质的付出。

但是，显然，大众气功修行是一个误会。早年的气功修行实践是小部分人的生命实践活动，是需要高度德行支撑的，需要很多特别的指导和学习，不是随随便便大批量生产的物质活动。一般人必须特别清楚这件事情的性质，有人用气功治病，不明白理路，没有师父的指导，不知道行善积德，往往小病治好了，大病又来了。中国古话说"厚德载物"，德行是一切生命实践成功的先决条件。可以说，德行是人世间、非人世间的通行货币，是宇宙之间的通行货币。所以，看一个人有没有福报，就看他有什么样的德行，这种德行，是人随身携带的隐形广告牌。

珍·罗伯兹（Jane Roberts）的《实习神明手册》中曾经记载：她和丈夫只单纯地坐在安静的起居室里等着，很快便开始说话，虽然声音是自己的，但措辞、节奏、速度和语调都和珍·罗伯兹平常的正常状态不同，声音相当微弱和莽撞。这样，她被死去的梅尔巴·布朗生附体了，[①]类似附体现象经常发生，被写成书籍流传，是美国 21 世纪文化思想界一个需要注意的特别现象，这是一种误导和失误。阴阳和谐是一个人身体健康的基础，总是与阴境界的鬼神接触，是一个人走向死亡的前奏，没有什么特别有意义的地方。可以说，这些阴性信息如果不特别想办法清除，被附体者的健康就可能会慢慢受损，局面就难以控制，这是不好尝试和等待、好奇的事情。只要这样的情况出现过几次，如果没有高能量的导师指导清理，一生都难以摆脱。所谓神明实习，神明不是能够实习得来的，而是在生命的进展过程中，人的心灵越来越宏大宽容、清净无净，做人成功了，做神才有了基础。不做人了，仅仅追求生命特异现象，肯定做不了神，已经走上了生命的迷途。中国古话："至人只是常。"所谓至人、真人是中国对于生命境界极高的人，了达生命实相的人，进入到天人合一状态中的人的称呼。这些人从无玄奇古怪，就是普普普通的

① ［美］珍·罗伯兹：《实习神明手册》，王季庆译，湖南人民出版社 2013 年版，第 213 页。

人。如果谁玄奇古怪，就不具有多么大的生命成就，就是在路途之人，而不是归家坐稳的人。

我们的身体是完整的、阴阳和谐自主的生命体，任何其他阴性存在都绝对不可进入。这是生命修行的重要原则。真正的觉悟，是寂静和了达实相，生命被能量覆盖，头脑无比纯洁清静、充满生命的大智慧。但是，任何信息穿梭乃至头脑的混乱，都是生命力量弱小的显现，都是错误危险的人生活动，根本不是修行的高境界。再者，除了真正的生命大成就者，或者中国的道家、佛家修行达到了极高境界之外，如果是一般的修行人的灵魂出窍，就是一个生命特异的现象，是生命短暂的偶然现象。普通人的出阴神，都是在死后不得不发生的，不足为奇。生命本身是无法死亡的，但是身体是会死亡的。出阴神，和中国神话故事中的铁拐李①的出阳神不是一样的。出阳神，是生命境界达到相当程度的一个重要验证之一，是诸多生命奇迹登场的前期信息之一。

美国女性露易丝·海（Louise L. Hay）的生命状态与赛斯的传导者珍·罗伯兹决然不同。

露易丝·海写的书很少，1984 年发表的《生命的重建》是她的代表作。但是她被人们亲切地称为"最接近圣人"的人。露易丝·海早年的家庭生活近似于人间地狱，不能复述，不堪想象。但是她勇敢地从幼年的生活阴影里走出来，后来过上了富足成功的生活。她成功地转化了贫穷、受害的内在生命意识，将之永远重新建立成为富足、健康、美丽、成功的理念。这就是一种生命的重生。这种在废墟上重建生命大厦的理念，这样一种生命转化、创造、成功的女性在世榜样，是非常有力量，也是非常有启发作用的，她鼓舞了许许多多的人，她的故事让全球很多人重拾生活的信心。

珍·罗伯兹总是求助于灵应盘，也大量求助于灵的信息，露易丝·海则完全不同，展现了不一样的人生风采。露易丝·海总是关照自己生命里

---

① 铁拐李是中国道家神话故事"八仙过海"中八仙之一。他原本是英俊书生，因为出阳神到外面访友拜师，七天后回来，徒弟以为师父死了，就违背师父诺言烧掉尸体，回家奔母丧事了。结果，书生回来后找不到肉身，就附在一个乞丐的尸身上还魂重生，称名为"铁拐李"。其实，铁拐李的这个生命事件师父早有预言。

的"内心小孩",总是爱他,关心他,这种不外求的方法是会带来成功和健康的。"内在小孩"就是本我的化身,就像本书第二章里讲的华莱士说的"生命无形体"存在是一样的,后来的那位推广"荷藕波诺波诺大我意识法"的修·蓝博士也采用一致的理念。

那个"内心小孩",是和大众联系在一起的,他代表着人性的普遍存在,是纯洁人生的象征。事实上,这个"内心小孩",就是另外维度空间与自己同时存在的存有,只是我们的慧眼没有张开,所以看不见。其实,一些超越空间的人,是能够看见的。所以,这个"内心小孩"不是造作出来的,而是生命意义的真实展现。就是生命的婴儿态,一般人因为生命的欲望妄念太多,就遮蔽了这种婴儿态或者叫作赤子之心的呈现。它是存在于生命之中的力量,代表着除肉体之外的精神存在。

露易丝·海中年时期,身患癌症,但是她并没有屈服于命运,仅仅用了六个月的时间,没有动医学手术,她重建了生命的大厦,获得了完全的健康。1976 年,她的书《治愈你的身体》出版,奠定了她作为一个美国颇负盛名的心理咨询专家、杰出的心灵导师的地位。身心的和谐力量,就是宇宙的和谐力量。按照生命全息学说和量子理论,每一个真正成功建立自己的人,都是这个宇宙最伟大的创造者,是真实的生命超越的领路人。这里要特别提到的是,露易丝·海的故事是一个信心勇气的实证。如果是普通人,尚无特殊的验证情况,没有绝对的信心和勇气,生病是必须要到医院治疗的。生命的科学体验,不是一般人的生病不到医院的事件,这里一定不要误会。人们一定要学习露易丝·海的德行成就,超大信心,其他都是随之而来的。

露易丝·海帮助那些生活困苦中的少女,救援被虐待的妇女,援助那些生了艾滋病的人,那种生活在社会底层的穷苦人,发现生命的价值,重新建立生命的信心和勇气,探索了人类消除贫穷、走向和谐新生活的出路。从生命意识的角度来讲,人们的生活贫穷是由自己的生命意识造成的,没有贫穷的因,就没有贫穷的果子。所以,改变生活,就要先改变自己的生命理念。人们遭到损害也是这样,应该从思想意识着手消除受伤害的根源,练习做一个被爱的人,做永不受到伤害的人。

"向两边伸出你的双臂,说:'我敞开自己,接受世界上所有的财富和幸运。'这个练习我每天至少做一次，它给我带来了扩张的感觉。"①

她不仅创办了露易丝·海慈善基金会，她的每月一期的专栏《亲爱的露易丝》广泛发布在全球五十多种出版物上，为这个宇宙意识的进化做着持续的努力。

1984 年，《生命的重建》出版，这本书展示了露易丝·海的健康理念和不屈的精神。二十多年来，露易丝·海引领了美国 21 世纪文化思想发展的风潮，是 21 世纪人类意识转化运动的开拓者之一。她用生命诠释了人类心灵意识以及精神思想的伟大力量。露易丝·海是全球"整体健康"理念的倡导者，也是生命"自助运动"的发起者。从生命的一无所有，被凌辱、被损害的可怕人生处境，露易丝·海彻底走出了人生健康成功的路。现在露易丝·海七十多岁了，过着自然清心的美好生活，和自然融合在一起，将晚年生活变成生命的花园。她不仅仅富足、自然，也充满生命自在的力量，她的存在本身就是对这个宇宙生命意识的杰出贡献，因为她总是放射出富足愉悦的信息，肯定了人生的奇迹转化，展示了人类心灵意识的巨大力量。她的生命给了全球很多知道她的人以信心、勇气和力量。

第三节　从苏格拉底到唐望书系

这里还要谈到唐望书系。1960 年夏天，卡洛斯·卡斯塔尼达（Carlos Castaneda）② 写了《唐望的教诲》等一系列书籍，描述了在公交车站偶遇的雅基族印第安老人唐望，老人对他的非物质生命状态的教诲，奇特迷幻，引起了美国各阶层人的深刻好奇心。一时，唐望书系成为人们争相购阅的热门书籍。这里面涉及灵性修行的另一个误区。因为好奇，人们愿意进入尚且不理解、不明白的未知领域，比如印第安民族的巫术世界，或者

---

① ［美］露易丝·海：《生命的重建》，徐克茹译，中国宇航出版社 2013 年版，第 106 页。
② 1960 年夏天，卡洛斯·卡斯塔尼达在美国南加州大学洛杉矶分校人类学系读研究生。他在收集资料的时候认识了 Juan Matus，就是后来翻译为唐望的人。从此，三十多年的时间，卡洛斯·卡斯塔尼达一直在研究印第安巫术文化，颇有建树，因此造就了其特异的人生。

吉普赛人的迷离卜算的怪异之境，这是值得理解的。但这不是真正的灵性修行，这是非常危险的灵性探索，只是一个灵性世界的迷航探索。人们一定不要好奇，不要去做这样的事情。

一　灵界是复杂的，唯有清静是根本

灵性世界是很复杂的，有很多灵体并没有修行到终极之境，只是在修行的过程中脱离了人类的生存空间，在另类的非物质空间里继续修行。所以，并不是任何一个非人类的灵都高于人类的肉体，都可以认真信赖。在这一点上要非常严格，要非常严肃。一切不理会，直接往前走，要找到永恒的真理。清静自在才是正途。绝对不要在修行路上好奇和玩耍，这是非常重要的心灵意识进化的原则。人体附有灵的情况有史以来早就存在，这些他空间生命信息有些是人类的朋友和指导者，因为他们往往能够看到超空间的存在，进而对这个世俗世界有很好的指导作用。

在《柏拉图对话录·苏格拉底的申辩篇》中写道："也许有人感到奇怪，我走来走去，干涉别人的事务，以私人的身份提出劝告，却不敢参加议院，向城邦提意见。我这样做是有原因的：有个神物或者灵机附在我身上，这就是梅雷多的状子里以嘲笑的口吻提到的。这是一个声音，我从小就感到它的降临，它每次让我听见的时候，都是阻止我做我打算做的事，却从不叫我去做什么。就是它反对我从政。"①

这里，苏格拉底说在他的生命里有一个声音，是一个灵②，它指导苏

---

① ［古希腊］柏拉图：《柏拉图对话集·苏格拉底的申辩篇》，王太庆等译，商务印书馆2007年版，第21页。

② 在欧文·拉兹洛的《全球脑的量子跃进》一书最后一章"超越生死的交流：寻求一个解释"，谈到了对通灵现象的科学考察。他亲历一项通灵事件实验。因为大量通灵事件的发生，引起了大众的好奇，但是还没有媒体正面报道这个情况。作者认为，这个问题是属于超心理学领域要回答的。因为超心理学，是专门研究特异现象的训练有素的学科，但是他们往往回避谈到死后的灵魂现象，宗教也很少提供类似事实。确切地说，通灵不是和死人灵魂沟通，这种与死人通灵，没有研究的价值。死后灵魂是有的，这早就不证自明。他们并不比人高超，是低于人类的非物质层次。确切的通灵概念应该是与高智慧能量的沟通。这一事件是个人化隐秘的现象，即使经常出现，当事人也不会声张这样的事情，因为它不是以公开形式能够呈现的。只要公开，和高智慧能量的沟通事件就结束了。如果有人以此故意在世界上展示任何通灵的人和事件，除非特殊情况，否则就要警醒注意。人根本不用通灵，人是除了神（圣灵）以外最伟大的生命存在。圣灵也不在生命之外，就在生命里面。这应该就是科学探索实验的结论。参见［美］欧文·拉罗（转下页）

格拉底的行为。比如，这声音制止苏格拉底进入行政机构工作，因为苏格拉底的性情真实率直，在政界，他很容易因为主张正义而招致祸事，进而可能不会长寿。然而，苏格拉底成了民间自由传道者，其命运更为艰险。因为他将自己的真知灼见暴露在大众愚昧消极的理解上，这些民众如何能够容忍一个生命的矫正者暗示他们的生命是错误的？因此，苏格拉底的时代没有到来，他是一个先知，是世界的异类。人们享用他，但是不肯容忍他。最后，苏格拉底还是因为"以思想毒害青年"而被起诉，被判服毒，享年 70 岁。

在苏格拉底看来，死并不是什么可怕的东西，只是一趟灵性之旅而已，是件好事。但是，他如若耐心地活着，以肉体的生命见证人性的神奇，岂不更好？人类有一种品性，就是好奇，更容不得伟大的东西存在。在权力阶层，真理对他们是一种决然的挑战。在人类历史上，有些极度傲慢的当权者因为人性中的独裁，普通民众也是一样，决定必须除掉高于自己的一切力量。在古老的时代，苏格拉底的命运就这样形成了。无论如何，人们都会有一个理由，对他处死。因为他有智慧和真理，而其他人少有。

二　诗意的栖居

新的时代，灵性修行成为世界精神界的一种风潮，不会再有苏格拉底式的被害事件了。如若苏格拉底活着，必定门庭显赫。真理之境的追寻，是人类的新希望、新境界。从某种形而上的意义上讲，上帝给予人类生命自由意志，人不是神。人没有权利改变他人的生命状态，人无法改变他人的生存境界，人不能干涉任何人。神也从不干涉人。设若神来干涉人的行为，世上的坏人就都灭掉了。神爱世人，人类都是他的孩子，他爱自己的孩子，没有一个人例外。当然，如果违反了人间法律，自有法律制裁。

中国古话："绝学无为闲道人。"就是说，真正的成道，意味着从此悠闲度岁月。中国古语又说："天下本无事，庸人自扰之。"在上帝眼

（接上页）兹《全球脑的量子跃进》，刘钢等译，金城出版社 2010 年版，第 180—200 页。弗雷德·艾伦·沃尔夫在《精神的宇宙》中全面探讨灵魂的存在，他说："记住你的灵魂无处不在。"参见弗雷德·艾伦·沃尔夫《精神的宇宙》，吕捷译，商务印书馆 2005 年版。

里，一切都是好的。只有意识到人不能改变他人，只能先行改变自己，世界才会为之改变。所以，苏格拉底以自由的身份去改变他人行为，本身就是一种梦幻。

所谓灵性开悟者，那种彻悟的人，他们并不以为自己有什么了不起，因为他会眼见万物一体，一切都是神性的显现，自己并没有多得到什么，也没有少一些什么。自己与大众一样，并无差别。但是，在世修行，必须要有必要的生存条件，也必须要有相应的物质基础，所以，当代的修行者，基本不会再到山林里隐居起来，他们来到大众中间，过着因为智慧而自然富足的生活。

当代最富有智慧的人，那种彻悟成就的修行人，必然善于跟自己的神性相联结，不怕金钱的打扰，也不怕任何物质的、非物质的打扰，更不怕人世间功名利禄的牵引。有一个躲避和害怕存在，所谓彻悟成就的境界就是假的，就要重新再来。禅宗公案里的六祖慧能，得到衣钵传宗之后，隐藏躲避在猎人堆里十五年之后，才敢渐渐出世，因为总有一些人要害他。那些虚妄的修行人，那些似乎抛弃了世间欲望的人，想抢他的衣钵，害他的性命。可见，修行界里，更有一番风险。

所以，开悟见性只是初步的事情，后来的生命磨炼并祛除生命之习气的事情，都是必不可少的。所以，六祖慧能彻悟生命的事情，应该是十五年之后才发生的。真正彻悟的人，自有真实的、有力量的、可见的、不可见的保护力量，谁敢轻易造次呢？所以，尽管一切都谨慎按照规矩来，个人安危已经没有威胁。既然觉悟了，就没有什么好怕的。一切平平常常。恬然安居在世上，就像荷尔德林写的，"诗意的栖居"。

三　精神劳动可以获取生活报酬

"我这样一个人是神灵赐给城邦的，你们可以想想，我多年来不理个人的私利，不顾一己的私利，经常为你们的利益而奔波，一个一个地帮助你们，像兄弟对待子弟一样，敦促你们关心美德，这怎能是关注个人私利？"[①] 个人的私利，是个体生存的出发点，如若没有自己作为个体，如何

---

① ［古希腊］柏拉图：《柏拉图对话集》，王太庆等译，商务印书馆 2007 年版，第 21 页。

能够奉献他人？设若苏格拉底做了什么挣钱的事情，这是非常正当的，因为他已经没有作恶的欲望，挣钱养家并没有什么可耻的。

再者，苏格拉底说："如果我这样做是为了获利，我的劝告和勉力得到了报偿，那就是别有用心。可是你们看得出，我的原告们无耻地指控了很多其他的方面，可是尽管厚颜无耻，却不能证明我勒索过钱财，收取过报酬。我倒有充分的证明说明我说的句句真实，这就是我的贫寒。"① 这样看来，苏格拉底怎样生存并养家糊口，很令人忧心，或许做他的家人是很不容易的，因为必须超越物质而生存，但人是需要物质的养活，才会活下来，才会有心灵追寻的可能性。

苏格拉底不工作，不接受钱财，如何生存，如何养活家人？这里，有个概念要澄清一下：牟取私利和生活赚钱是两个概念。精神劳动也是劳动，而且是比物质劳动更为重要的、关键的劳动，以此作为收入来源，并无可耻之处。牟取私利，是用不正当的手段谋划夺取集体或他人的经济利益，这是可耻的行为。

在苏格拉底看来，以智慧的方式获利，似乎是一种不能容忍的事情，所以，他从来没有为此获利。他的清贫似乎证实了他的高尚。这是一个传统的不正确的金钱观念。其实，清贫就是一种病，是病态的财富观，是内心喜欢穷困的人的病态生命体现。富足的人生才是健康的人生，有贫穷的病在心头，如何能够真正解脱？

在21世纪，美国主流文化思想的倡导者们认为，人们用自己的生命智慧获取一定的钱财，一点儿也不会羞耻，人们也不会因为证悟真理的存在而导致生活的清贫。富贵自足的生活，是生命在世界上的圆满境界。高贵的生命应该没有匮乏，有智慧的生活，必定伴随着金钱上的满足。不是越穷越有理，不是金钱是罪恶，而是金钱只是一个符号。金钱是一个美好的祝福。因为穷困和匮乏而强加在金钱之上的诅咒早就应该祛除了。

只有有了金钱之后，才会真正具有那种超越金钱的力量。自己的金钱还是匮乏的，就说钱是万恶之源，那不就是对有钱人的一种诅咒吗？只有当自己真的有了钱以后，自己还是一个慷慨的人，一个宽容的人，一个有

---

① ［古希腊］柏拉图：《柏拉图对话集》，王太庆等译，商务印书馆2007年版，第21页。

良知的人，这时候，才能说自己超越了金钱的力量。金钱没有力量，是你自己赋予了金钱不同的力量。进一步讲，不是钱是万恶之源。钱就是物质存在，钱是一种交易符号，只有心，才可能为善或者作恶。这与金钱没有关系，仅仅与人生命的心灵的境界和层次有关系。

四　金钱并不比人高贵

金钱并不比人高贵，人不用受着它的威压和恐吓，正当地拥有金钱并不是罪恶。有一句话"哲学是贫困的"，这是错误的。哲学无论从哪个角度说，从精神上也好，从物质上也好，都是富足的，是被祝福的。贫困与哲学没有必然的联系。作为人类最高的心灵探索者，必然不会受到金钱的压迫。之所以受到金钱的压迫，是因为金钱观念的匮乏和缺憾造成的。这种人类集体无意识的呼唤，是哲学思想不值钱的深层原因。当然，如果哲学思想没有形成，精神层次还没有提高，从事哲学学科的人在现实生存中暂时不如其他学科赚钱是有的，但是贫困就谈不上。只有思想不匮乏了，物质才会真的富足。

金钱算什么呢？为什么要害怕它，躲避着它呢？并不是开悟成就了，就一定要从此不吃不喝，像济公和尚一样穿着破衣烂衫，没有家人；也不会像苏格拉底那样清贫。对于新时代的苏格拉底来说，如果不在一个生命层次，不在一个交流平台，就没有必要浪费口舌"毒害"青年。生命无比珍贵，没有必要"申辩"，不需要向那些逼他服毒的人解释什么。花自开放水自流，一切自然而然，没有什么要执着的。

同样，贪婪的危害性，是众人都知道的事实，但是人们从来都喜欢贪婪，因为心里病态的不满足，这是足以害人的大病。贪婪是一种心病，可能为此丧身。"人为财死，鸟为食亡"是一句古老的中国谚语，它道出了贪婪可怕的本质。但是，并没有纵容贫穷。贫穷也是病。21 世纪美国主流文化思想里面反复讲的"疗愈"，就包括疗愈这种精神心灵的疾病，只有真正的精神上的超越甚至是明智，才会摆脱贪婪或者贫穷匮乏的梦魇纠缠。

正常情况下，人的高贵心灵不会因为过多的金钱而变质，或者变得贪婪。富足是生命的礼赞，是人生的凯歌，是美好的祝福，是人生健康的状态。贪婪的存在，是因为生命里的匮乏，是因为生命灵性里的穷困。生命灵性的感觉里，越穷越贪，越贪越穷，无法停止，直至丧命。这样说来，人类总还是上了穷困的当。灵性里穷困，会表现为生命的卑贱和贪婪；物质的贫困会导致教育程度、生命质量的下降。能够真正超越贫困的人，从来就不是贫困者，而是更高程度的富贵者，是真正的富贵者。

人们倒是常常容易因为贫穷而变得琐碎、猥琐或者吝啬。贫穷不一定必然会对应高贵的心灵，除了极为个别的人，那种人其实是人间奇迹。除了隐居的修行人，一个能够超越物质贫困的人在这个人间社会是极为少见的。只要能够超越贫困，或者超越贫困的生存状态以及生命状态，后来基本都将是具有卓越贡献的人，将会成长为走向富足成功的人。

人们在一般情况下，因为年轻，没有很多金钱，也没有很少的钱，这种人仅仅是生命经历的暂且贫困者，其实是真正的有钱人。所以，有时候，金钱似乎是包裹着一层牛皮纸，而渐渐到来。那层类似牛皮纸的东西，就是年轻暂时的贫困。父母的馈赠仅仅只是一种祝福，只有具备了德行的家庭才会遗传到真正的金钱。真正有钱的人，自然超越了父母的金钱馈赠，变得比父母更加富有，这同样是父母生命被祝福的显现，是世代得以传承的生命福报。中国的古话说："忠厚传家宝。"

21世纪，新时代的哲理思想家，金钱将会是很丰裕的。因为没有匮乏的因，就没有匮乏的果。特别是灵性开悟、证悟真理的人，肯定会有丰厚的回报，世代过着富足的生活。终于，所谓"内圣外王"的事业和生命梦想，就在这样天地祝福的境界里得到实现。心灵的开悟成就，是这个世界的终极成就，是这个世界最宝贵的财富，金钱问题不再是一个苦难的问题，一切都是一个深深的祝福。

五　人要一直向前走，一直走向自己的生命之源

唐望书系就是在人类意欲觉醒的大潮前期产生的，出现了意想不到的神奇效果，开启了人们对于印第安巫术的好奇心，打开了人类意识发展的新境界。人类的生存原来并不是眼见的物质世界这样简单，看见"另一个世界"，知觉、觉察到另一个世界的存在，是很有可能的。这对人们的见

识，是一个具有革命性意义的启发，从这个角度讲，唐望书系具有功不可没的影响。

但是，卡斯塔尼达却走上另外一条灵性修行的歧路。卡斯塔尼达最新一本《做梦的艺术》一书就详细描写了在巫术的作用下，做梦对于自己灵性世界的各种影响。如若唐望是开悟见性、彻悟生命本源的老人，他一开始就不会给卡斯塔尼达服用植物迷幻药物，也不会让卡斯塔尼达进入这些似见非见的梦幻之境，包括另外一些特别的灵性世界的开启和经历，都是十分没有必要的。卡斯塔尼达能够全身而退，已经是万幸了。那种无机魔幻世界，危险很大，若非生命实验，绝对没有必要进入。

人类生命存在本身境界就够高的了，仅次于神的世界，人不用宝贵的人身来开悟成就，反倒好奇进入其他层次灵性世界，是自找苦吃，真的很危险。一定要知道，自己的肉身世界尽管不完美，是虚幻的梦境，但是其他层次的世界更是梦境，更为虚幻，绝对不要理会它，千万不要沾染到生命里来。清净是根本。不要染杂。彻底放下一切。人要一直向前走，一直走向自己的生命之源，那个充满爱的终极家园，切切不要到处玩。

六　切切不要好奇，随时清净意念

特别是在灵性修行中，有很多特异现象，有的这样神奇，有的那样神奇，都切切不要理会，切切不要好奇。不要观看理会它们，保持视而不见，闭目塞听。人生的大境界，那个生命终极之源是永恒存在的，它会带来能量、带来平静、带来纯洁、带来奇迹般的爱。因为生命终极力量的存在，很多物质的需要都会渐渐达成，它是以爱的形式呈现的。只要想想人世间父母怎样爱儿女，神就怎么爱人，甚至是千百倍的爱，无条件的真爱。

唐望身上那种沉静通达的力量，并不一定是觉醒了的大修行者的力量。包括他能看见它维度空间的事物和人，都不能说明灵性修行的高境界。因为整个法界，整个灵界都在修行，达到相当生命层次的灵体很多，这种沉静的力量并不是多么罕见的证据，只要超越了人的物质范畴，都会有一种非同寻常的寂静的力量。这是所有灵界的共同之处。

作为终极之源的灵，是一种清醒的、临在的觉知，伴随着巨大的能量流入，甚至强烈的震动，让人知道并感觉得被深爱着、温暖着，这肯定是有温度的。其他的就不要理会，都是一路风光。其实，它世界灵性空间的所有生灵，都期望人类的出现，它们好借此修行，以便进入生命的终极之源。你的那份好奇，就是对它们可能到来的呼唤与邀请。当然，请来很容易，送走就困难了，就需要更大灵性力量的介入帮助。

我们从某种积极的意义上讲，唐望的出现，是人类开启新思路、新世界观的一个前行功课。这是他的奇异世界，引导了人们更多真实的灵性探索，为人类开示了多维度空间的存在情景，卡斯塔尼达以自己的生命巨大历险，为人类做出了难得的贡献。

但是，唐望的灵性世界只是生命存在的一个层面，并未与人类的终极实相合为一体，没有找到那个终极的生命之源。唐望只是在修行的路上，多维度空间的变现，更加迷惑了人的见解。这显然是一种生命意识的歧路。在特殊的人类灵性阶段，这是有一些作用的。然而，人的真正觉醒，必然是在唐望很久之后。

第四节　珍贵的肉体生命

生命本身如此清洁、美丽、珍贵，为什么要因灵异而放弃？如果无形存有真想要救度世人，就像主耶稣基督一样，会道成肉身。真正的圣灵，自然不必附着人体，也不用借助什么灵媒，是与人的生命共在的。因为人的肉身虽然司空见惯，但是无比珍贵，佛教讲如同"盲龟穿洞"[①]一样，是百千万年难遭遇的，是"圣灵的圣殿"，是成道的器皿，是人类成就的要道。

一　敬鬼神而远之

人类不需要与阴性物质沟通往来，中国孔子说："不知生，焉知死？"

[①]　"盲龟穿洞"是佛教典故。佛教谈到人身宝贵时打了个比方，每个人能够得到人身的概率就像盲的乌龟在翻腾的大海穿过浮起不定的木塞之小洞，几乎是个不可想象的奇迹。

敬鬼神而远之，见地十分到位。修行达到一定的维次空间，幽灵魂魄不再随意进入自己的意识层次，这时候见怪不怪了，生命达到了一定的境界，习以为常了，才可以谈到鬼神之事。所以，降神会、灵应盘等都是一个真正修行人绝不可取的。

《奇迹课程》（教师指南）写道："根本没有'超自然力'这一回事。那显然是怪力乱神者凭空造出的一种能力。无可否认，每个人都藏有许多自己尚未发掘的能力。随着觉知力的增长，他很可能发展出让自己惊讶的力量来。"① 也就是说，一切的现象都是自我意识，乃至潜意识的变现，也可能是神性智慧的外显，不是什么神秘奇怪的本事。人的一生，找到自己本真的自性，那个终极本质，才是一切生命的根本，这不是一些神通怪事可以搪塞比拟的。

"不论什么特异功能，与他忆起自己真相时的荣耀和惊喜相比，简直不值一提。愿所有的修行功夫都以最终的'大惊喜'为目标，不再满足于路边的小小礼物而耽误了前程。"② 所谓大惊喜，就是人性终极目的实现，即圆满成就。当然，这个目标十分高远，但是，迷于幻城，就可能忘了回家的路，或者走背离生命的正途，无论如何都不值得。

耶稣基督的出现，是一个人类真正的生命意识进化史上最为重要的标志之一。耶稣曾经提到，我所做的，你们都能做，只是你们不相信。这句话太重要了。耶稣在最后的人生岁月，没有人和他朝夕相处，他总是避开人群，单独在一处祷告。这是他全部生命能量的来源。当患病流血十多年的女人摸他的衣服，血就止住了。耶稣觉得有能量从他的身体里出去。众人总是要耶稣提供更充足的能量，或者，这些人喊道："钉他十字架。"这不是世间人的行为吗？尽管知道自己受益了，但还是觉得将耶稣钉到十字架痛快，不是吗？

人类几千年来的悲愤、哀怨、恼怒、不甘、黑暗，都在钉耶稣到十字架这个事件中得到舒缓。每次人们这样做之后，就会无比后悔。人们忏悔，不是为了他人的生命利益损失忏悔，而是为了自己能够得到内心的平

---

① ［美］海伦·舒曼编著：《奇迹课程》（教师指南），若水译，云南人民出版社 2011 年版，第 61 页。

② 同上。

安。人们作恶之后，内心恐惧不安，因为常常被潜意识里面的恶意恐吓住。这种对恶的恐惧，以及对自己行为评判的不可言说的恐惧，将心灵变成审判的战场。这样，老、病、死的生命大病就逐渐登场。

因为，从根本上来说，人根本就不是魔鬼，也根本没有什么魔鬼。什么人都当不成魔鬼。魔鬼是人类内心的恐惧而幻化出来的非物质存在，不用理会它就好了。所以，要么老老实实做人，要么就尽量觉醒以成就本真的存在，因为人类真正地没有别的出路。如果在人世间做了虚幻的假魔鬼，内心又早被上帝预设了人的美好良知，人的心灵就会处于很苦痛、很挣扎的状态。原本清净高贵的心灵，就这样变成了审判自己的战场。外在世界里面没有任何一种刑罚，能够比得过人自己的心灵对自己的审判更残酷。所以，那种做了不好的事情的人，常常活得很惊恐，很可怜。这就是命运的惩罚，也是人生的果报。

查尔斯·哈奈尔早在 20 世纪初就特别强调："无须向外界求助，你自己就是力量的源泉，没有谁比你更强大。只要你了解了你自己的潜能，坚定不移地朝着目标努力，你在生命中的旅途就不会被绊倒，就没有任何困难能阻止你向前迈进。因为精神力量随时随地都准备向坚定的意愿伸出援手，帮助你把想法和渴望变为明确的行动、事件与条件，只要你愿意开启它。"[①] 到了 21 世纪，这种极具开拓性的创造理念已经变成了思想文化之流，引领了美国 21 世纪文化思想的迅猛发展。

二　耶稣永恒的生命

耶稣被钉到十字架上，又再次复活，为的是人类从此真正要领受这个纯洁无罪的救恩。人类从此可以没有罪恶，没有死亡，没有苦痛和挣扎。那么，人类里面真正领受了救恩的有多少？自古以来，谁领受了，谁就真正得道了。因此，施予和接受一样重要。如果众人能够领受到耶稣的救恩，那么，一切都变得富有意义。那些真正接受了耶稣救恩的人，是能够得到生命永生的人。

---

① ［美］查尔斯·哈奈尔：《世界上最神奇的 24 堂课》，福源译，中国出版集团现代出版社 2013 年版，第 21 页。

　　从另一个角度讲，钉耶稣到十字架，这也是令人不解和争议颇多的问题，人们尽管从灵性境界可以明白，但是很多人是有疑惑的。将耶稣钉到十字架上是天父的安排吗？这是不可能的，天父慈爱一切，不可能为任何目的来牺牲自己的儿子，所有宗教的解释在这点上都很牵强附会。这件事的发生，是因为人类自己的罪恶的行径集体发作，也因为耶稣至爱人类的生命选择。从这样的意义上来说，无论如何，耶稣的故事已经永远终结，再也不会有耶稣的第二次钉十字架，再也没有耶稣复活，因为从此没有死，永恒的生命已经完成了。这一切并不是因为人类始祖在先亚当夏娃后一起吃了善恶树上的果子造成的，那是原罪，那时罪恶并没有开始发作。到亚当的儿子该隐杀死亚伯时，人类的罪开始发作。几千年来，都是如此，人世间充满争斗和流血，重归伊甸园成为人类之梦。这是人类集体无意识的一个显著证明。直到上帝用洪水冲刷了人间罪恶，150 天之后，诺亚的亲人并一切活物，都有了被上帝祝福的生命，来到地上，人类从此大大兴旺。因为诺亚在当时的时代是个义人。

　　在人类集体无意识里，有爱的欢歌，也有恨的杀戮。所有恨的种子，将来都必须在人类意识空间里真正转化成爱的种子。人类就自然重返伊甸园，自然沐浴着天国的关爱。当然，这是一次艰难的行动，转化只有在小部分人，甚至半秘密的状态中进行。因为众人还是不允许，那种充满精明争执的集体无意识还是在，也依然强大。这些少数的人，就是"一灯能照千年暗"的人，世间自有特殊的保护力量保护其存在，所以人类历史再一次耶稣事件，永远不复返了，彻底消失了。耶稣的门徒们和众先知们，再也不会遭遇苦难的困境，不会遭遇生命危险，而自然生活圆满丰足。

　　其实，人类历史有时是很可笑的，只是闹剧。人们公开投票，以多数票毒死苏格拉底。人们隆重审判并在十字架上钉死耶稣，流基督的血，释放暴徒。人们烧死布鲁诺，软禁伽利略。人类然后就忏悔，为他们塑立丰碑，做成画像，为他们建造高堂华舍，并高唱他们为真理而牺牲的意义，传讲这些永恒的流血话题和千年不褪色的老故事。这样的事情，发生在任何一个人的家庭里，都是痛彻心扉的事件，而人类曾经是这样狂热喧燥，难解心头之恨。这些不是隐蔽进行的，而是光天化日，肆无忌惮。那些罪恶的领头人，在反省过来的人群中，就被石头打死，或者跌倒而死。

这是人类自我的罪恶集体无意识的一次次重播，早就是终止的时候了。人类是一个整体，这些伟大奉献者和觉醒者的苦，就是人类之苦本身。从深度意义上说，人们不再仅仅是血肉至亲的问题，人类生命在灵性层面上是至亲无间的、永不分离的。人类必将一步步迈向光明，这是一个艰难的过程，也是已经开始的过程。

21 世纪，人类历史上这样伤痛的心和无奈的悲剧故事将被治愈，也会终结。这是人类生命意识的整体的新进步，也是人类生命不肯屈服的伟大信念。

　　三　持续阅读圣贤书，生命日日祷告

人生来就是自足富贵的，只要不再妄作，内心清净整洁，"心想事成"就开始有机会到来。中国社会倡导传统文化，提倡经典阅读，这对人的思想健康十分有益处。尽量争取多与圣贤待在一起，常常翻看圣贤之书十分重要。即使看不懂，时时诵读也是很好的行为。人要接受超越性的伟大能量，文字书籍功不可没。它们都是尚且依存于物质的能量符号，有人认为只有深藏未现的古代典籍才有非凡的能量，所以玛雅文化一时风行，《塞莱斯廷预言》故事神秘高深。实际上，这都是玩的。没有什么深藏和神秘的了。

看圣贤书看不懂也要看。要持续地看，经常地看，圣贤书是生命更新的精神食粮，伟大的真理之光就在圣贤经典里流泻。

一部《道德经》就包含了一切。真理和永生，就在每个个体的心里。佛教说，每个人都怀揣着摩尼宝珠，生来就是家财万贯的大王子。现代复制出版的书与经典，包括电子传媒，除了低层次的糟粕，基本对人类都是有益的。

无论多么神秘，真理只有一个，永恒不变。

但是戏剧的装扮却有古有今、形形色色。你身边的人、那些书、那些树木，甚至那条狗，从某种角度上说，都是你的贵人，都是你接受伟大力量的媒介。吸收别人的长处，内心充满了爱和赞美，感受心灵的宁静，你就当下超越，活得与上帝一样快乐。不需其他办法来头上按头，脚上按脚。人的心灵这个纯洁纯善的过程可能很短暂，因为有的时候，生命中新的烦恼又来了。因为人长久以来，习惯了做善恶染杂的人。

这里面有一个关键：就是当你即使达到了耶稣般神奇的境界，也必须绝对臣服，臣服于天父绝对的能量和权威。耶稣时时祷告，不曾与天父分离，这是他神奇力量的秘密来源。祷告，或者东方的冥想、静坐等活动，是充盈生命力量、净化灵魂的重要管道。通俗地说就是给生命充电。向伟大的力量祷告，不可放弃。因为我们都有肉身，完全的证悟和融化，需要时机，也需要完成自己的人间使命。所以，肉身的时候，耶稣祷告是生命存在必需的日常行为，只有当他末后一次复活永生，祷告的时代就过去了。因为在天堂里，他已经永远地坐在了天父的右边，是天父永远的爱子。

祷告，是与伟大力量连接的最有效的途径。祷告，就是和生命的父母做一个汇报和交流。祷告就是心灵纯洁的语言表达，也可以是默默的心的交流，从某种角度讲，人类的起心动念，就是一种祷告。祷告是净化心灵的最佳方法，是每个生命每天应该备有的精神食粮。所以，灵性修行是有很多阶段性的，有的时候，在这个阶段只是一个大玩具，在另一个阶段就可能是必不可少的生命修行道具，或者必须完成，并要求高分才能毕业的功课。这一切的人间显现，最重大的价值在于：走向真理的路已经启程，路上的辛苦虽然自不待言，但是，总有一天，你到达目的地，就会完全释然，一切都值了。

所有的人最终都会走向终极成功的道路，这是肯定的，不需疑惑，没有例外。只是时间问题。只是时间尚且不足够。怀胎十月，一朝分娩。没到一定的时间，生命还是处在生死流浪的境地里。这里面有什么特别的东西吗？没有。放下屠刀立地成佛，这就是深度的爱与宽恕。生命如果能行进到这里，时间就隐匿了，空间转化提升到更高的维度。

四　当下纯洁宁静，生命的花朵全然开放

时间和空间都是人类虚设的坐标系，是人类生存的必需品，也是大玩具。当意识空间超越了，所有的过去、现在、将来都在此刻悄然发生，当下纯洁宁静，生命的花朵就开放了。那个著名的"世尊拈花，迦叶微笑"①的公案，就是这样。真正开悟成就的人，再次看到修行课本，常常就会有些宁静不动的感觉。在他看来，都是在重复，都是在反反复复言说，所谓"老婆心切"，是像老婆婆一样心切切地，而不是像夫人一样心切。中国古语里的"老婆婆"，那种老太婆，叮嘱来叮嘱去，一片苦心令人感动。比如佛教大经典《大智度论》，说来说去，就是重复，就是让你找到佛性，见性成佛。但是，有几个人看了《大智度论》，就见性成佛？

老婆婆年龄大了，她的心切切关乎你的平安快乐。除极少的特例外，夫人的心切，在于情感、利益等。夫妇超越的情感是一个罕见的词汇，除非神仙眷侣。就是西方文化里一直强调的：灵魂伴侣。找到灵魂伴侣，生命就达到全新的境界。因为只有在一个高的平台上，生命意识达成共识的可能性才是存在的。因此人间夫妇出现一些不和谐是完全正常的。所有种种事情都是这样。从终级的意义上，在灵性空间里，人是平等的，绝对平等，平等到人皆不认识的程度。但是在人间世界层面，人是没有平等的，平等就是人间一个象征，像所有的象征一样。

五　秀才遇到兵

就像中国古谚语：秀才遇到兵，有理说不清。然后现实世界谁胜利了？当然是那个兵了。灵性世界，是来源于西方的名词，中国叫作隐态世界。在隐态世界，秀才并不吃亏，他无为而为，不战而胜。中国古语：吃亏就是福。从这个意义上，是正确的。那种一生绝对不肯吃亏的人，是世间精明人，也是一生劳苦无功的吃亏人。

我们说，人世纷争的存在是因为生命存在的层次的不同。竞争的存在，是因为人类目前整体意识的平台就在于此。人类灵性生命意识稍稍提

---

① 佛祖"世尊拈花，迦叶微笑"典故出于《五灯会元》卷一。据载：世尊在古印度灵鹫山的灵山会上，拈花示众，是时众皆默然，唯迦叶尊者破颜微笑。世尊曰："吾有正法眼藏，涅槃妙心，实相无相，微妙法门，不立文字，教外别传，付嘱摩柯迦叶。"迦叶尊者，通常称大迦叶，一名饮光，是两千五百年前释迦牟尼的十大弟子之一，也是释迦牟尼弟子中道德高尚的长者。释迦牟尼对大众说法时拈花不语，五百弟子都默然不说话，唯独迦叶微笑。于是佛祖把衣钵交付给迦叶，嘱他等待未来弥勒佛下世降生，再把衣钵交付给弥勒。衣是袈裟，钵是食具，衣钵代表佛教的法统。

高，就不会有竞争的意识空间存在。竞争的概念，是这个世界的最大假象。人类本来就是一体，没有什么竞争可以存在，只有生命意识的选择。选择了过什么样的生活，就去争取，记着与最伟大的力量连接，因为真正的竞争是不存在的。在诸多的不同里，找到共同的东西，只有爱。爱是没有分歧的。

六　拉开生存的距离，不受一切受

有位美国教会的长老说：你可以原谅所有人，可以不记恨所有人。但是不要再凑上去。这样，各方面的生命成长才会不受影响。不再凑上去，是正当合理的人间原则。在人世间，你绝对不可以让人打了左脸，就再把右脸递过去。

《圣经》故事里，耶稣是要你不要和人作对，别人打了左脸，就给他打右脸；别人抢你的内衣，连外衣也一并拿去；别人要你陪他走一里路，你就陪他走两里。这是指在灵性空间，这是可以宽恕的，也是可以理解的，因为都是兄弟姐妹，本来就一体不分，没有灵性之仇，也就没有血海深仇。

但是在现实生活中就不要这样，能躲开就躲开，人需要一定的生存距离。有些善良的人一生的写照和多次发生的缺陷，就是一再凑上去，打了左脸，又打右脸，又打前后脸，又打一切的脸，直到无脸见人。此事件的一再发生，名之为善，实际上是恶。有一种善良是极其恶劣的。恶的发生，就是忽略自己。一点都不少。不曾珍爱自己，就不曾保护自己。谁容许你这样呢？人常常以行善之名，容许恶的一再发生。伤害，是你自己容许的，就是说伤害是在你自己容许的情况下发生。遇到违反法律的人要伤害自己，就报警，交给警察。遇到那种要伤害你的人，如果他没有违背法律，就走远避开，不要对视。记着清洁自己，记得在生命里面前进，再次重生，忘掉不快的人与事。人性的鸿沟，神都无奈，你能怎样？其实现实生活中，除了你确定是值得尊重的人，不要对视，眼睛不要多看，因为眼睛与心灵是相通的，如果看得太清楚，心灵就会受伤害太大，因为这个世界有很多不堪入目的事情发生，关于人心的、关于物质世界的，都是一样。所以，中国有句古话：闭目塞听，多知为败。如果眼睛一定要看，就多看圣贤书、蓝天、白云、孩子、老人,看美丽的服饰、美丽的人、美丽的花草树木、美丽的大自然。

特别是报仇的意念,是极不明智的行为。人若要吃了亏,就只能认了,不要挣扎。生活中谁报仇了?揪住仇人,与仇人共处于地狱般的生命境界中,就是拿了仇人的错误惩罚自己。只有放开仇人,自己才会解脱,才会走到自我成长的道路上来。不放开仇人,就是不饶恕自己。所谓宇宙的因果法则是肯定存在的,你是在执着什么呢?你是在种福报的种子吗?清清静静,安然前行,就忘掉了低级的生命存在,生命就得到了成长。

不要提到"无辜"一词,它是一个欺骗性的名词。谁愿意无辜,就去招引无辜。顺从了无辜,就是恶待了自己。生命必须坦然,毫无畏惧,坚定勇敢。沉默,就是爱的表达,也是人世间必须相应存在的空间距离和生存距离,乃至于思想距离。我们就在类似这种灵性生命的高端交流中,生命的苦痛和哀痛渐渐治愈。每一次,生命的重生,带着喜悦和祝福,就临到了。生命的欢歌,就是爱的凯旋。

七 内心的警察

著名的第四道创始人乔治·伊万诺维奇·葛吉夫,就倡导观察维护人的良心,从这个人类良心的入口进入灵性修行的高境界,这是很有道理的。当然,良心和人的神性意识是有差别的。要内心清净幸福,首先就要让所有的内心警察转业。从某种角度讲,内心警察,代表了自己的良心层面。当然,这里讲到的所谓内心警察、护法天使,只是一种拟人化的写作手法,它实质上是一种来自伟大的力量的某种不可见的能量。内心警察为什么要转业呢?怎样转业呢?因为生命的主人找回了自己的身份,不可能再犯罪,没有犯罪的"因",就没有犯罪的"果"。内心纯洁无罪,内心的警察就永远没有用了。

这时候,内心的警察就改业变成护法天使了。因为你的纯洁无罪,生命光明的境界,让内心警察受益匪浅。一光明就全光明,就消散了黑暗。所以,修行故事里,常常有护法天使护卫着修行人的生命,这是真的。否则,在人世间,没有护法天使,修行人无论有多么大的能耐,早就夭折了。更不用说持久地修行到位。就是来个普通人,以求法之善名,生拉硬拽，错误地认为取了功德好保佑自己。所以，护法天使疏忽一点都不可以，危险就很大。所以，修行不是个人的事情，生死交托，彻底臣服，甘心奉献人类，护法保护，才能成功。所谓护法，就是人际环境，那些一直辅助保护你的师友亲人，那些有缘人。自己个人没有成功可言，所有生命获得大成就的个人，无疑都代表着人类的整体利益，所以个人没有可以居功自傲的东西存在。

所以，美国开悟的灵修人士杰德·麦肯纳特别写了一本书即俗心死，圣心生。《灵性开悟，不是你想的那样》，要走向灵性世界的纵深，获得本来的地位和身份，路上多崎岖。他又写了《灵性的自我开战》，没有大死，就没有大生，大生就是重生。一粒麦子，落进土里，躯壳彻底死亡了，才能生出芽苗来。那个芽苗里，就有不死的灵性生命。当然，这不意味着真的在现实世界死亡，而是在灵性世界，自己的生死轮回，自己的重生永生。有的修行人，不但不在世间短寿，倒是有可能比原来的自然寿命更长寿很多，这仅仅在于自己个人的选择问题。

所以，如果你心里没有真的准备好，麦肯纳甚至不倡导你来开悟修行。那些世俗里的东西，在生命进化前进中，可能会一样样改变。因为修行是人世间非常困难的一件事情，绝对不次于参军上战场。现实战场上，是血肉的搏斗；灵性战场上，是看不见的精神力量在较量。没有众多贵人相助，没有护法神的隐在保护，几乎没有人生命能够单个成功。因为拖泥带水，因为一体相连，因为同种同宗，因为都是生命，万物有灵。所以，要修行走向高境界，就必须成为世间人全体的亲人、家人，从此只有爱，没有恨，只有认同体谅，不能计较，只能前进，不能后退，因为这是天地的盟约，是生命的承诺，是放弃一切的放弃。

修行是要面对人类所有的可见的、不可见的善意与恶意的力量交锋。因为祖宗遗传和人类集体无意识，人类极难逃脱人类的生命内在程序和链条。绝对不怕死的人，才敢真修行。当然，利益是最终的奖赏，如果你不稀罕，何妨先流浪生死。反正有的是时间，宇宙长存；反正沧海一粟，也许更加精彩。这种说法是用反面激烈的说法，来讲述寻求真理的艰难路程，要人们一定早有心理准备，作坚决的生命意志选择。如果怕辛苦怕疼痛，怕死怕危险，就先玩去，人间很多游戏场所，足足可以尽兴。但是，玩了之后，就更痛、更辛苦。这是个悖论。所以修行生命，是人生最根本智慧的选择。

所以，一般修行人都自动要经过苦修的历程，像那种苦行僧，避居尘外的修道人，因为饶恕不了自己。好人饶恕不了自己，坏人饶恕不了别人。所以中国有句古语，好人没长寿，祸害万万年。因为坏人心里的警察放长假了，暂时没有追索他。做坏事情别人看不见，但是自己的心眼看见了，这就不得了。所以就产生了自首和主动认罪的事情。人难以抵挡心灵的恐惧。杀人容易，一时兴起。放下内心的屠刀就难了，明明是杀了人，怎样说服自己的心感到洁净无罪？心是一个无法躲藏的东西，认罪伏法只是早晚的事。所以有机会也不敢做坏人，不值得。生命中的一切全部要靠自己来正确选择。

当然，又有一句话：好人一生平安。好人常常有良性的宇宙能量护卫着他。有时候，人们以为平安是善行换来的，但是有辛苦在心头。要不就没有人说他是老好人了。因为老好人的付出和牺牲是他人眼见的现实。所以，老好人又有个别号，叫"傻子"。生命的自我意志决定并选择了人的个体生命存在状态。所以，老好人就选择了委屈自己，所有老好人活着都不容易，所以常常寿命不久，也多磨难。因为每个人都有那个来自真理之国的美好的心。越是老好人，内心越多苦痛，因为他常常很快看到内心的恶，因为在道德上对于自己太严厉，就常常饶恕不了自己。

美国国际知名心灵成长导师帕特里西亚·斯帕达罗在他的著作《宠爱你自己》（*Honor Yourself：The Inner Art of Giving And Receiving*）中写道："这些错误的想法，让我们麻木了自己的真实感受，以至无法用内心准确地衡量自己所处的境况，所以我们停滞了。我们作出的选择一点点攫取我们的精力，而这些经历本该用于去完成我们真正应该做的事情。这不仅仅是一个精神困境，从根本上说是一种精神疾病。病因是我们不尊重那份真实的自我。真实的自我，就是我们内心有着那份生命气度，即使所有其他东西都剥落掉，那份自我的珍贵和高贵的生气依然存留。这样，我们内心燃烧的激情会让我们拥有更加坚定的信念，激励我们去完成生之为人的使命。"① 因此，全面解

---

① ［美］帕特里西亚·斯帕达罗：《宠爱你自己》，李亚娴译，印刷工业出版社 2012 年版，第 110 页。

放自己，是一门高级的生命科学。坦然中正，顺乎自然，当下清静，生命更新，自然一切生机勃然，再无委屈幽怨，生命自然而舒展。那种富有贬义的老好人帽子就甩掉了。什么好人不好人，该做什么就做什么。佛教说，该吃饭时就吃饭，该穿衣时就像穿衣。在第一时间里生命意识运作，不作第二时间的生命意识挣扎，这样生命自在而快乐。

八　喜悦地生存才是最大的善

我们应该知道，中庸之道，是生命之道，喜悦地生存才是最大的善，喜悦是上帝的形象，也是人的表情。上善若水，随方就圆。牺牲不是善，它是一种虚幻的戏剧角色。当然，英雄人物，因为他选择了当英雄，英雄就是天使，生死置之度外，非常高尚，这是例外。我们这里探讨的是人们生存的基本状态。中国历代人们提倡：自尊、自爱、自重，从来就没有说到要牺牲自己。牺牲自己与牺牲他人有什么区别？生命是由你暂且保管，但是你不可以随手丢弃它、漠视它，人需"爱人如己"，不是"爱人忽略自己"。

爱自己不是自私，而是最高的善。"爱，永远超越二元对立，它从来不为某一边撑腰，它永远肯定两边都有它的意义。"[1] 这和自私自利不是一个概念。自私自利，既不可能利于自己，又不可能利于他人，是生命愚蠢误会的体现，是生命的可怜骗局，何必计较认真呢？我们都做不了自私自利的人，这种人要特殊的无知，基本生活在社会物质底层，或者根本没读过多少书，也没有进入过真正的社会生活，所以与我们没有多少关系。我们从此约定：无论如何，要善待自己，要过内心美好的生活。

平安是生命本有的礼物，是一种夺不走的权利，只要你接受它，认可它，平安就可以得到。人无法想象自己是多么高贵。因此，善待自己、宽恕自己、爱护自己也是非常不容易的，是不容易做到位的。真的到位了，就可能开悟成就了。

有时候，善待别人容易做到，善待自己比较不太容易。

---

① ［美］保罗·费里尼：《宽恕就是爱》，周玲莹译，若水审订，印刷工业出版社 2012 年版，第 173 页。

这里再次引用前面的例证。佛陀的放下屠刀立地成佛，也就是说，没有什么是不可原谅的。放下屠刀立地成佛，是一个高度的灵性考验。灵性世界，时间空间突然转换。手上的刀放下了，心上的刀要能放下了。必须要能真的宽恕别人。尤其重要的是，要能够在心里真正宽恕和原谅自己。主耶稣说，父啊，原谅他们，因为他们不知道。人往往就是被自己内心的警察追索而病而死，越逃跑越被追逐。每个人遇到事情，就在心里自觉不自觉地审判自己，或者审判他人，这是人的分辨心问题。自我审判是人生命之路上的最大警察，也是最大的生命障碍。分辨善恶的心，是《圣经》故事里人类始祖亚当夏娃的心，祖先的遗传是这样来的。只要活在这个世界上，因果关系就是内心的法律，由内心的警察执行。

这一切都是在演戏，是假的，是一个生命的大骗局，是人类失落家园的噩梦。其实，从来就没有屠刀。深度的宽恕，就是宽恕自己。宽恕自己，就是真正放生。这样生命才会真正地拥有健康和平安。

当下，一切都全然变成喜悦与寂静，这就是生命的大成就。

第五节　深度地宽恕和祝福

我们对这个世界彻底宽恕，彻底没有意见，彻底祝福他人，这是我们生命成长的重要阶梯。这并不是说人们都可以随意作恶，反正无所谓，不计因果了。真正爱护自己，就不会肯去作恶伤害自己。因为人早就尝到内心悔恨的苦头。因为伤害他人，就是真实地伤害自己。人生命如此美丽宝贵，真正不值得作恶。更没有理由作恶。做恶事的人大多是出于无奈、恐惧、无知、受伤害、内心分裂等。一个得到爱的满足和祝福的人，绝对没有动机肯去作恶。所以，做个普通人，坦坦荡荡，自自然然，好好生活就好了。

一　我们宽恕这个世界

有一天，有人质问道：宽恕自己、宽恕别人，那么，希特勒那样的人你也能宽恕？你也要宽恕？怎么可能？当然，这种宽恕是心灵层面的，而不是现实层面的。在这个现实世界里，在宇宙世界里，因果法则丝毫不爽，他的命运是他自己的创造。设若希特勒的事件是现实事件，他必然遭到世界的严厉的惩罚，这是没有什么可以怀疑的。但是从心灵层面，在形而上的超意识层面，他的罪是必须饶恕的，所谓"放下屠刀，立地成佛"。杀个人，逞一时之勇，报一世之仇，很快捷简短，但是要放下屠刀，主要是在心里放下屠刀，就难了。那把举起的屠刀，随时在心里的阴暗处，随时杀死自己的精气神和好运气，在精神意识层面，它追逐着你。

因为，在有形世界里，自己做的亏心事谁也没有看见，只有自己看见了，人无法欺瞒自己，这就不得了。更何况在无形世界，人的一切作为什么也隐瞒不了。天使代表无形的生命存在，是存有的，他什么都看得见。美国雷德·霍克教授说："我们每一个人的内在都有着基本的良善，即使那些最糟糕的人。这是生命的本质。我们生而为人的时候，就带着这种良善，它以惰性的形态存在于我们内在，只要得到身体的邀请就可以显露出来。这种身体的邀请就是身体从里到外的放松。内在的放松就是不去认同，主动进入一种不去介入观察对象的被动状态。一旦我们通过放弃'修复'的努力，进入这样的状态，基本的良善就会浮现出来，主动成为人类生物机器的主人。"①

所以，人是绝对没有办法、更不值得作恶的一种生命，那种来自心灵意识的罪与惩罚只能使生命更为分裂。所以深度的宽恕和爱，是懂得拒绝恶的诱惑，知道不是不可以做，而是不值得去做。这就是人的自由意志和人的终极选择。所谓宽恕，更是懂得宽恕自己所有过犯，在心灵境地里重生，再做新人。"这样的结果就是基本的良善浮现出来，展现为人类生物机器的高等功能：仁慈、慷慨、宽恕、慈悲等。我们需要做的唯一事情，就是看到并感觉到我们内在的真实状态，而不带评判地或改变观察对象的企图。"②

从某种角度说，这种"宽恕自己的过犯"，不是要在现实生活里抹杀罪过。只要内心坚强，就会敢做敢当，没有什么可怕的。人在心灵意识层

---

① ［美］雷德·霍克：《自我观察——第四道入门手册》，深圳报业集团出版社2013年版，第138页。

② 同上。

面必须超越所有的恐惧。这种对心灵恐惧的超越，是生命高层次的本有的气度，因为恐惧是生命最大的敌人。因此，中国俗语"心安理得"，就是要求人们选择自己心里觉得平安，道理也能够讲得过去的生活之路，这应该是最简洁明智的处世之道。

进一步讲，这把屠刀也许不是你拿起来的，但是在人类的集体无意识里面，这件事情就与你不可分离，你是有责任的。所以，深度的觉醒，是没有一个人、没有一件事，是你不可以宽恕的，也必须宽恕。美国《奇迹课程》的资深讲师保罗·费里尼在《宽恕就是爱》（Forgiveness is Love）一书中谈道："请不要忘了我们的目标并非改变世界，甚至不是改变自己，而是改变对世界和对自己的认知。我们的目标只是用爱的眼光代替恐惧的眼光去看而已。这是一种不同的观看方式，一种更客观的观看方式，一种不执着于肉眼所见的观看方式。那正是我们的修持，它与许多传统修持法是相通的。"[1] 爱的眼光，是温柔地宽恕一切的眼光，也是放生自己生命的眼光。因为那些他人，就是自己，两者无二无别。

二　绝学无为闲道人

在自己内心的层面，只有当一切的罪都被宽恕，一切的人都被谅解和慈爱，佛教讲："至可怜悯众生"，这时，才可以"就路归家"。换句话说，当人可以"悬崖撒手"的时候，生命就做了完全的主人，生命中的那双"隐形的翅膀"就会带着你一起飞翔。这里所谓的"悬崖撒手"，是指完全放下，完全信任生命智慧的带领，再也不做分毫的意识挣扎。这是一种成道者本然寂净的生命状态。当然，现实的人跳了悬崖，是要摔得粉碎的，这没有疑问。这不是现实的描述，是一个象征，哲学就活在生命的象征里。所谓中国古语，"绝学无为闲道人"，是指生命修为彻底了断的人，他的世间、出世间一切自然成就。人生的智慧成就最后三个阶段，一是"随缘消旧业，更不造新殃"；二是"随缘自在，自在随缘"；三是"一切圆满，无余涅槃"。这是佛教对这个问题的表达。

---

① ［美］保罗·费里尼：《宽恕就是爱》，周玲莹译，若水审订，印刷工业出版社 2012 年版，第 43 页。

从另外的角度讲，具体到希特勒这个人，他的精神是分裂的，也已经成为过去，虚幻不见了。我们说：在心灵意识中宽恕，不是现实运作里的事实。现实中，杀伐决断，应对迅速，该做什么就做什么，希特勒再也不可能是希特勒，人类共同不容许这样做。

从和平的终极意义上说，佛教所谓三心不可得，是指"过去心不可得，现在心不可得，未来心不可得"。当下活得好好的就好了，跑到多年前的德国去揪住希特勒不放，有什么用？活在当下，祝福自己，就是生命最高真实的胜利。很多年来，希特勒所做的恶行，再也不会伤害到你，恫吓到你，不与罪恶纠缠，你看穿它罪恶虚幻的丑陋把戏，心里放掉魔鬼虚幻的阴影，自己活得美好坦然自在，这就是深度的宽恕，这就是生命对自己的真护卫。所以《零极限》的作者乔·维泰利（Joe Vitale）和修·蓝博士（Ihaleakala Hew Len PhD.）说："实在说，人们出现在你生命中就是来困扰你的！如果明白这一点，你就能够从任何困境中跳脱出来。怎么做呢？答案很简单，就是说，对于所发生的一切，我觉得很抱歉，请原谅我。"① 这样的原谅的话语，是对自己曾经受伤的记忆说的。

三 全然负责的生命

修·蓝博士说，任何一个愿意百分之百对自己每一个当下所创造的自我负起责任的个体，都能够从问题和疾病中解脱出来。运用古老的夏威夷疗法，清除过去不断重播的记忆，使生命得到释放和更新。就说："对不起，无论我内在发生了什么而显化了这个问题，都请原谅我。"

这肯定不是苦难的再次发生，而是一个清理删除记忆进而归到"零极限"生命状态的机会。当然，我们与希特勒没有任何纠葛，不认识他，但是在人类共有的记忆里，一切都是存在的。这也与美国著名哲学家、心理学家荣格博士的集体无意识理论一致。②

希特勒事件的可怕之处不在于希特勒的滔天大罪，而在于人类居然容许他那样做；整个世界那么多人和大批军队都坐视不管；杀一个人姑且可

---

① ［美］乔·维泰利、修·蓝博士：《零极限》，宋馨蓉译，华夏出版社 2009 年版，第 53 页。
② 同上书，第 54 页。

怕，希特勒公然在太阳之下杀了数百万犹太人。难道希特勒没有内心的良知吗？难道希特勒没有因果报应吗？难道数百万犹太人没有一个灵魂能够来追索希特勒甚至纳粹军官偿命吗？难道上帝、耶稣、佛陀、老子也都坐视不管吗？

其实，不同维度空间的意识和心理是完全不同的。神与圣者看到的是人间幻剧，虚幻不实的，所以内心如如不动，面不改色。人类自己本身在妄作妄受。因果规律不是人类恶毒的盼望和对罪恶的暂时容忍，而是世俗世界的法律，无人能免。能够出世间，超出生命轮回的，是神与圣者。神与圣者的境界不是人类能够想象的。

所以，尼采说上帝死了，上帝于是就死了，因为尼采所研究到的、看到的上帝，不是真实的上帝，而是这个世界充满纷争的、虚假的人造上帝。这个假的人造上帝是偶像，他本来就没有永恒的生命。对于真实的上帝来说，死与活有什么区别？他永生不灭、自有永有。

以尼采的才华和著作，生命应当过得圆满而幸福，但是他活到四十岁左右就已经疯狂了。因为他一开始就认错了上帝。他认出了生命之流的喧哗之声，所以他成了无与伦比的哲学家，只是他过于沉溺其中，没有找到生命的真正出路。他陷入幻相之中无法出离。如果他是平常人，从来没有觉醒，也就昏睡着，不必深度痛苦，也不必疯狂。但是他偏偏是哲学家，因为醒着，而不能找到出路，没有生命的路可以走，他就分裂了，因为他认为上帝就是分裂的，是死亡了。于是，事就这样成了。

四　忆起与生俱来的圆满和喜悦

生命的深度宽恕、与生俱来的圆满和喜悦，是尼采必须找到的。尼采此一世生命没有找到的出世间智慧，没有到达生命的平静与合一的境地，一种深度的宁静寂然，没有喧哗之声，那种人天合一之境，那个光明之境。如果到达这样的境界，生命所有的悲伤都会隐退，生命所有的恐惧都会隐匿消失，生命的伤痛会彻底治愈。因为所有的疾病都是来自于心灵意识虚假错位的显现，没有例外。实在讲，出世间的智慧，是完全能够影响造成世间的福报。生命的身心痊愈，会带来现实生活的圆满，这是肯定的。正如威廉·詹姆斯所说："从本质来说，宇宙就是思想构成的，是我自己个人的潜在本质的彰显。"①

相比而言，法国 19 世纪伟大的小说家雨果在世长寿，到了八十多岁，仍然是青春朝气。看看他的长篇小说《悲惨世界》里面那个米里哀主教，就是一个人格生命高贵宁静的象征，是爱与仁慈的化身。小说主人公冉阿让出身一贫如洗，为了给姐姐孩子疗饥偷了一块面包而被判刑，刑期延续到十九年，但是米里哀主教看到冉阿让灵魂的圆满和丰足，谅解他的偷盗，送给他银烛台谋生。后来，冉阿让在米里哀主教巨大的精神感召下复活，在生活物质上非常富有。

冉阿让现实物质生活层次的陡然提升，财富充裕的转换，都毫无疑问是一个生命奇迹。冉阿让从一个绝对一无所有的流浪者，因为偷了一块面包而被捕之后，又被诬陷偷了一块银币，被警察沙威追逐，后来突然变成一个充满慈善理念的工厂老板。小说隐晦地表达了冉阿让的生命突变，是因为米里哀主教所传递的那种上帝之爱的感召。

那个无人在意的夜晚，刚刚被释放的囚徒冉阿让长跪在米里哀主教所在教堂的门口。人们以前以为这些细节描写是浪漫主义写作手法的典型运用。现在看来，这是彰显生命真实性的小说创作，是作者之所以蒙福，他的作品之所以在欧洲文学史上不朽的深层原因。毫不夸张地说，仅仅这一个人物的塑造，就足以抚慰了许多的人们生命内在忧伤的心灵。人类的希望和光明，就这样在文学作品获得了永恒的存在。在雨果心灵意识层面，肯定具有米里哀主教的爱与慈悲的理念，那种深度的宽恕，所以雨果能够在小说里塑造出米里哀主教这样的不朽人物，写出这样伟大的作品。

所以，《零极限》的作者乔·维泰利（Joe Vitale）和修·蓝博士（Ihaleakala Hew Len PhD.）写到正是倡导分裂、征战、人类不平等、种族差别、民族主义的集体无意识使整个世界的人们忽略别人的极大困境，却又要求别人为自己的困境负责，所以特定条件和国家民族间报复、战争、杀戮就理直气壮。只要人类这些宏大的意识记忆不改变，仍然暗藏在潜意识里，无论是希特勒还是佛陀，是成吉思汗还是耶稣，都还是活着。所以犹太人建造

---

① John J. McDermott, *The Writings of William James*, 1967, by Random House, Inc. , p. 333.

了许多大屠杀的纪念碑。①

这种纪念碑总是在提醒着人们，那些发生在过去的惨痛事件，记忆就会再一次恫吓并深深伤害着人们的心。将它们从生命意识的深层祛除，人们的心灵就获得解救，惨痛的记忆就不再具有恐吓的力量。从这个角度讲，深度的宽恕，就是怜惜了自己，爱护了自己，救走了自己。只有与生俱来的圆满和喜悦，那种深度的宁静，来自生命的本源，可以让我们的生命重生。

生命每一次的重生，就是将记忆的垃圾，那些难忍的伤痛，做成了垃圾袋子，彻底地扔掉。生命再一次重新开始，就像那清洁稚嫩的婴儿，再一次来到人间。人类的生活就是在不断重生中走向圆满和成功。因为人间的苦难是如此深切，人类的嫉妒是如此猖狂，没有人会不被重伤。忘掉曾经发生的事件，原谅所有的人和事，人类才获得了真实的圆满和祝福。不是哪里飞来的祝福，而是个体生命本身就内隐着祝福。重生是人类生命的回归之路。

当然，从现实政治的角度来说，人们永远不应该忘记历史。第二次世界大战期间，德国希特勒的法西斯战争，日本侵华战争，惨无人道的南京大屠杀，就是把战争对方千百万老百姓当成某种物件，并没有当成同自己一样的人类，从而完成了军国主义法西斯的罪恶行径。这是人性的罪恶耻辱，也是永远不能忘记的历史。警钟长鸣，才能警醒那些迷醉的人们。在这个世界上，战争的枪炮武器随时准备着伤害驱逐着人们。所以人类整体要众志成城，珍惜生命，互相援助，生命意识更加觉醒，阻止和超越人类恶意的袭击，让战争远离人们的生活，让那些罪恶的战争狂人消化掉。从这个角度来说，生命意识的转化和进步，与现实政治的存在，既是有区别的，也是共同一致的。为了全体人类的平安福祉，人类在做着全方位尽可能的努力。

第六节　梦想是生命的蓝图

美国 21 世纪文化思想界的风云人物大多数只关注个体的心灵健康和成

---

① 参见 ［美］尼尔·唐纳德·沃尔什《与神对话Ⅱ》，李继宏译，上海书店出版社 2010 年版，第 74—75 页。

长，闭口不谈国家、政治等，这是十分有益的。每个生命个体都健康幸福平静快乐了，地球就快乐，这就是个体生命的无私奉献和深切祝福。这是大乌托邦，也是人类美丽之梦。梦想是生命的种子，梦想就是用来实现的生命的蓝图。

只有《与神对话》的内容涉及对政治问题的探讨。政治领域是人类意识进化的一个特殊意识空间，政治的进步有利于推进人类美好进化境界的实现。政治机构从来就是这个大千世界的主导机器，忽略这一点是不可能的。政治组织始终是人类意识最有力的进化空间。既然人类是一个整合体，它也包含了政治人物，回避是一种毫无意义的抗拒。

修·蓝博士说过，每个人都必须对自己生命中的一切负百分之百的责任，包括所有进入你生命的人，以及他们的问题。因为他们的问题就是自己的问题，他们就在自己的生命视野当中。因此，如果人对自己的生命负有百分之百的责任，那么，也要全然负责人们所经历的一切。这就是有意识地面对集体无意识的搅扰，直到彻底将之清理宽恕掉。唯一需要疗愈的是你自己。这是唯一的出路，必须如此，因为你是所有经验的源头。① 这就太严重了。所以，佛教要你时时放下。

修·蓝博士要人们用"对不起、请原谅我、谢谢你、我爱你"来时时清除自己被无辜污染的记忆，洁净自己的心，回到"零极限"。这种方法看似简单，却是十分有效和重要的思维运作方式。人们一定要掌握这个方法，这对生命意识具有不可思议的作用，也是我们能够安乐有效地生存的一个重要法宝。这种生命的清理，不是针对外界的任何事件，而是针对自己生命意识里面的受伤的记忆，是在内在生命里面常常纯洁自我。这就是深度的自爱。

佛教讲：自净其意。人的大脑思维意识习惯了胡思乱想，其实，很多思想来自人类的集体无意识。但是生命中每一点每一滴都是要你来负责任的。所以，闲来无事，多看圣贤书，即使不能开悟见性，也尽可能不要胡思乱想、胡说八道。人如果能够真正放下和清空记忆，是因为有一天你会

---

① 参见 ［美］乔·维泰利、修·蓝博士《零极限》，宋馨蓉译，华夏出版社 2009 年版，第55 页。

真正了悟一切本来是空，一切都是演给人看的，是虚无幻化的，就真的放下了。这就祛魅了恶的魅力，消除了所有的恐惧和憎恨，回复到纯洁无罪的生命状态。

零极限是老子《道德经》讲的，"道"的前状态。在视频上偶然看到有位先生在从佛法的角度讲授修·蓝博士《零极限》的内涵，认为"荷欧波诺波诺"前两句是"对不起；请原谅"，这样的话语是要生起你的惭愧心，知道自己对众生无意的伤害。这个解说是个很大的误会。惭愧心仍然是人性情绪范畴，人真正要请求原谅的是自己，自己内心的伤痛，因为生命中所发生的事件和问题对自己的深度伤害，抹掉这样的记忆，内心才干净无比，纯洁无罪，生命才得到疗愈。所谓负起百分之百的责任，也不是了解自己的不堪和羞耻而升起惭愧的心，而是当下清理和删除，用"荷欧波诺波诺"的办法，宽恕自己的灵性伤痛，重新获得生命真诚的爱和宁静。

因为没有记忆的重播，就没有烦恼与伤害。要清理和清除所有的记忆信息，回到生命"零极限"的状态，生命才开始真正被尊荣。因为生命本来就是干净无比、纯洁光明的。无辜的伤害，就是来自于那些"莫须有"的过去的记忆。"荷欧波诺波诺"的疗愈发生的关键在于：当下你看见谁在伤害你了？未来也没有人有机会伤害你，伤害你的都是过去记忆的重播，或者人类的集体无意识。所有的事件都发生在过去，而过去是虚幻的，是假的，你找不到过去，所以你似乎是在和你自己的影子或者其他的各种影子勇敢地作战一样。因此表示无条件的真诚理解和宽恕，是明智的，是对于自己百分之百负责任的生命态度，更是生命的勇气和信心，是人性真正的凯旋。

这位先生继续讲解"荷欧波诺波诺"后两句是"谢谢你"，就是对众生的感恩；"我爱你"，就是对众生的慈悲，而不是男女情爱。这位先生的讲解都是对于外在事件来说的，与《零极限》初衷完全不同。一切都在于个体自己的内心，不在于外在的任何东西，包括众生。你不肯宽恕自己，岂能有力量宽恕众生？我就是众生。所有一切都是一，不是二，才可以谈到"荷欧波诺波诺"。众生与我是一体，这样《零极限》的原理才能成立。清理记忆，清理生命，才让生命重新光洁如新。这种记忆清理不是一次性完成的，而是要常常进行，反复进行。因为我们还没有回到真正永恒的家。回家的路上，记得时刻要祝福自己，爱自己，善待自己，洁净自己，清理掉一切的记忆，包括人类的集体无意识和祖宗遗传的思想观念。人若常常回到"零极限"，就太了不起了，就是生命更新和真正焕发生机的前奏。这就是"荷欧波诺波诺"清理记忆原理得以发生的枢纽所在。

真正彻底的疗愈只能来自人的内心，来自内心深度的宽恕和祝福。只有活在当下的时刻，人的观念才能够发生类似奇迹般的超越，将过去、现在和未来的一切重负都全然交托，疾病的疗愈、生命的完整才能实现。这是一个生命高端的考验，真正能够穿越考验的人，是非常少见的。当人活得宁静快乐，像神一样，人会一直被正能量光照和治疗，如果有足够的信心，就会发生奇迹。

《圣经》中主耶稣基督治愈了瘫子、盲人、麻风病人等病患者，甚至让小拉撒路死而复生，这都不是假的神话，而是完全可以发生的真实人类事件，也是宗教中常常发生的现象。对于这个宇宙来说，能量是无限的，一切都有可能发生，只要具备了一定的生命力量。奇迹之所以发生，主要是因为生命意识那种清静坚定的信念。信念本身，就是最伟大的人类生命的健康元素，是人能够身体健康自在的基础能量。

《与神对话》中写道："疾病和病患对立于健康和安好，它们在你的现实中出现，也是遵从你的命令。如果没有从某种程度上导致自己生病的因素，你便不会有疾病；你只要想象着恢复健康，你立刻便能再次好起来。人们的深深失望是对个体选择的消极反应，而世界性的灾难，是世界性意识的后果。"[①]

这样看来，所谓疾病是与人的心念非常有关系的。没有心灵里的因，就没有现实的果。所以，真正的疗愈是从个体生命内心里发生的。其实，理论这样论证，现实操作很有难度。疾病的疗愈是因为真正对自己有信心，不拿过去惩罚自己，不怨恨世界，是一个高端的生命程序。这也是一个人类不得不具备的生命程序，否则，老、病、死一个个登场。

从内心里放下一切，开始演绎关于爱、和平、觉醒的信息，无中生有

---

① 〔美〕尼尔·唐纳德·沃尔什：《与神对话Ⅰ》，李继宏译，上海书店出版社 2013 年版，第 40 页。

地创造健康完美，截断人类旧有的疾病发作程序。

第七节　放掉怨恨恐惧　爱上自己

其实没有人会恶意地指责别人的病痛，因为同是人类，惺惺相惜。因为人的生活常常充满老病死的艰难和苦痛。基于身心疗愈的原则，21世纪美国主流文化思想所提供的良方是：

第一，深层爱护自己。

只要一个人拥有的痛苦存在，就意味着有相同的恶意存在于生命里面。不是恶意对待别人，而是恶意对待了自己。放下了痛苦，就解放了自己，就解除了恶意的力量。进一步讲，世俗里的好人与坏人的区别是：好人总是爱别人胜于爱自己，而坏人总是爱自己胜于爱别人。所以，中国古语云："好人是好自己，坏人是坏自己。""虽然我们知道周围存在着多个思维，但是如果不依靠量子物理学的知识，就无法科学地解释其中任何一个。而当我们引入量子观念以后，隔绝之说便不攻自破了，不但在一个肉体之内无所谓隔绝，就连任何两个互相作用的肉体之间也没有任何隔阂。"① 这样看来，无所谓好人坏人，人类生命都是一体不分的，友爱地对待他人，就等于是最明智地对待自己。

在神看来，这些人全部是自己的儿女。天堂和地狱，就在一念之间。所以，真正的生命的成就和疗愈需要时间和反复练习，需要将生命的浩然正气，即将生命的正能量存在慢慢变成生命存有的习惯。因为人习惯了做善恶夹杂的人，现在立志做高层次的人，高尚的人，似乎就有不小的难度和反反复复。这不要紧，如果人生美好的旅程已经开启，就自然有一种吸引力导引着你坚定地在人生种种境遇的超越里前行。

中国《周易》说："夫大人者，与天地合其德，与日月合其明，与四时合其序，与鬼神合其吉凶。"如此一来，生命顺畅演达，喜悦自得。当

---

① ［美］弗雷德·艾伦·沃尔夫：《精神的宇宙》，吕捷译，商务印书馆2005年版，第240页。

然，这不是说，只要充满全然的爱，肉体生命就永远不死。物质是生灭的存在，几乎没有一个肉体的人永恒不死；而是说在生命意识里面有一个永生。对这个生命真相的理解，解除了人们生命里面那种深层次的恐惧。

其实原本我们就不应该受苦，哪里有苦，哪里就辜负了生命爱的本质，不是不爱别人，而是不爱自己，将天生王子的身份换成了苦痛的奴隶。美国 21 世纪新时代的精神理念，就是要你鼓起生命的勇气，知道生命的珍贵，不再计较世俗的种种暂时状态，生命自然安然喜乐。

如果放掉怨恨恐惧，就是蒙恩，心结就打开了。爱就是恩典，爱就是疗愈的关键。问题是：他若伤害过你，甚至正在伤害你，你如何肯祝福和原谅他？这就要借助伟大的力量，坚持生命坚定的伟大信念，坚定地相信天地之间的浩然正气。耶稣出现的时候，总是向天父祷告，以获得天父能量的充满。不同的人，不管有没有信仰，运用诸如祷告、念诵、静坐等不同的方法，生命都会收到一定的舒缓轻松的显在效果。

第二，生命要求坚定地站立，尊重人类生命的所有自主选择。

对于生病的人，最好的方法是慈悲、悲悯、痛爱，至于选择什么，结果怎样，并不重要。"每个人自己创造自己的实相"，这是一句实话，它永远不会是一个诅咒，而是一种真实客观的言说。这件事情并不是说生病、贫穷、失败是自作自受，而是说我们可以选择坚定地站立，绝不屈服，乐观地面对每一种人生境遇。老病死迟早都是会有的，但是我们可以超越它们所带来的痛苦，并尽最大努力去疗愈。因为人世间没有一个绝对的包治百病的现实方法，除非生命修行演进到至高的层次，在基督耶稣的生命里，在中国的道家修行里，这种事情无疑是真实存在的，那是少有人走的路，不是大众能够想象到的。新时代演说者，那些替代疗法的医生，只是从哲学和形而上的角度做一个生命的探讨和努力。

第三，无条件的爱，就是放生自己。

苦的能量、乐的能量，一切的能量都是发散传递的。所以耶稣对那些正在杀戮凌辱自己的刽子手祷告说："父啊，原谅他们，因为他们不知道。"这就是无条件的爱，就是回到了永生家园。人世的所有爱都是有条件的，但是珍爱自己是无条件的。你就是最好的、最圆满的。你就是爱世界又被世界爱着的人。

《塞莱斯廷预言》中写道："长久以来，爱在人生中的位置一直被误解。爱并不是抽象的道德责任。我们爱别人，并不是这样就能让世界变得更好，也不是因为我们应该放弃自私的享乐。把自己和周围的'能'连接在一切，最初的感觉是兴奋，接着是幸福，最后是爱。寻找足够的'能'维持那种爱的境界，当然对世界有好处，但直接受益的是我们自己。那是我们身为人最大的好处。"①

换个角度说，爱和自由都是人生中最珍贵的财富。然而，在现实生活中，人们的心常常纠缠于判断。我们认为，在现实生活中，不能没有判断，判断是行动正确运作的前提，糊里糊涂，工作和生活无法进行。但是，在生命意识领域，判断是一切前行的根本阻碍。一旦个人生命意识里判断生成，那么，人的高级生命意识就完成了向这个现实世界表象意识的转换，生命探索的能量就暂时停止缺失，生命存在就停留在生活与生存的浅表层次上。意念纯洁清静，信心充沛圆满，生命的旅程就会顺畅多了。

第四，心底无私天地宽。

请抬高一下眼光，当下就不计较他人的过失，让生命愉悦欢快。

人们会纠缠于自己的内心判断分辨之恶习。这是祖宗遗传，来自人类始祖亚当夏娃。《圣经》故事里亚当夏娃偷吃了善恶之果，就需要付出很多生命的代价。人类那双眼睛，总是分辨出是是非非、善善恶恶，就因此远离上帝，内心在受伤。内心之境的平和富足，意味着没有善恶交战，没有是非的狼烟。关键是：设若没有自己的允许同意，就肯定没有什么善恶、没有什么是非能进入自己个体生命的内心。

在这个世界上，恶意总是装扮成良善的模样，以温和的面孔，做着地狱的向导者。老洛克菲勒对儿子说："约翰，通往地狱的道路，是由善意铺成的。除非你已经将准备工作做到万无一失，否则这句话很有可能成为现实。"② 经年种种历险过后，断然明白：这些世间的造作，只是梦幻一场，跟自己生命的一切都没有关系。人们在演戏，你就好好看，或者拒绝

① ［美］詹姆斯·莱德菲尔德：《塞莱斯廷预言》，李永平译，中国城市出版社 2010 年版，第 155 页。

② ［美］洛克菲勒：《洛克菲勒——留给儿子的 38 封信》，宿奕铭译，中国华侨出版社 2013 年版，第 82 页。

观看。漫漫无尽的苦痛中，一定要学会爱自己。可以说，真实地爱自己是个体生命修行中的第一步成就。

如果人们放下了计较和判断，内心平静安然，无风无浪，一切都清明自在，就会知道自己内心再无恐惧，生命再次得到重生。所有的事件，似乎都是一个生命再次前进的预备。一种全然的自信，就是这样显现出来。可以说，只要有一个问题存在，只要有一个人没有被宽恕，有一个功课没有被完成，就还是受苦，就永远不能彻底解决生命修行问题，回避是不可能的。修行的原则是，你越是回避，问题就越是变本加厉地，甚至更严重地出现在你眼前，纠缠在你心里。而你明明就知道和看到，世间所有的冲撞而来的心念。越是修行，越是发现一切事件的隐秘。这就是美国超个人心理学所意指的"灵魂的暗夜"。

在美国心灵意识发展体系中，"灵魂的暗夜"是指在生命修行过程中，"自我探索和转化过程中必经的体验。随着对自我的了解日渐深入，以往对自我的定位，对身边的人事的认识，对世界的观点均会发生变化。内心的负面因素也会一一曝光，当事人不得不面对长期被压抑的负面情绪。经过'灵魂的暗夜'后，人们往往对生命获得全新的洞见"[1]。所以，当你在修行中困难重重，记得痛惜自己，记得肯定自己，一定会有光明的未来，一定会有相应的进步。谷有多深，山就有多高，这是天地现象，也是生命现象。生命在悄然前进，光明会突然照临，所谓：苦心人，天不负。做一个伟大的人，是要有伟大的决心和勇气，宇宙之间，因果报应，什么生命成绩都不是白白得来的。如果拿珍贵的生命换来的东西，一定和生命本身同样尊贵，因为天地终有奖赏，天地终有感动。

第五，牺牲自己和牺牲他人性质一样。

有的人天生具有一种肯为他人而隐忍付出的习气，自己以为高尚善良，实际上是因为生命力脆弱自卑。有了这个牺牲自己生命意识品性之后，宇宙就有回应，就会处处招引到一些恰好需要自己无私奉献的人和事情，也就处处在自己的生命思想意识里哀怨吃苦。因为正是此人自己从一

---

① ［美］肯·威尔伯：《生活就像练习——肯·威尔伯的整合之道》，同心出版社 2013 年版，第 12 页。

开始就舍弃了自己生命的尊严。这是对待自己生命的懦弱畏葸。朗达·拜恩的《秘密》里谈道:"许多人为了别人而牺牲自己,认为牺牲自己就是好人。错!牺牲自己只可能来自绝对匮乏的思想。"[①] 这样看来,就是要做一个中国道家文化里面的"绝学无为闲道人"才对,总是忙忙乱乱为他人牺牲自己,是可笑也不明智的。当然,那种英雄般的牺牲自然另当别论,那是生命的高歌,是生命有力量有价值的选择,也是生命的独特的使命。

在东方传统思想里,为他人牺牲就是一种高尚的行为,但是,在西方文化观念里,这是不明智的。牺牲自己和牺牲他人性质是一样的,因为我与他人是一体不分的。看见违法的事情,要报告警察,不要自己擅自行动。遇到起火,要打消防报警电话,不要自己冲进大火里面去。看见危险的障碍物,要立即报警,请相关专业部门解决,不要自己逞能冲上去。这里朗达·拜恩谈到的"绝对匮乏的思想",是指人们以为这个世界的物资是匮乏的,不知道人本来圆满自足的本性,所以愿意牺牲自己来帮助他人。实际上,他人的生命匮乏只是表面的想象,从深层意义上讲,每个人都是自足圆满的,不需要自己的牺牲来填充他人生命的匮乏。生命是共赢的,也是共同被尊荣的,有一方被怜悯,都是不平等的,这是东西方人们对生命理解的差异之处。

第六,超越集体无意识和祖先遗传的消极观念。

有时候,一些纠缠于生命意识里的东西,就像随时飘来的云,常常遮住了生命本真的光芒,那就是自己生命意识中常常出现的祖宗遗传和集体无意识。每个人必须看到一切和超越一切,必须清醒地彻底清理掉这些意识的障碍。用前面谈到的修·蓝博士倡导的"荷欧波诺波诺大我意识法"清理记忆(见《零极限》),常常扎扎实实去做,就很有效。从形而上的意义来讲,生命的内在只能留下爱与宽恕,对自己是这样,对他人更是如此。当然,这并不妨碍在现实层次里的富有生命力的行动。

从本真意义上讲,一切的障碍,都必须化解为深深的祝福;一切的隐秘,都要化为生命的微笑。爱是一切。19世纪法国作家雨果的《悲惨世界》里的那个米里哀主教,他的人格的高贵和深度的宁静,就像一幅完美

---

① 〔澳〕朗达·拜恩:《秘密》,谢明宪译,中国城市出版社2013年版,第132页。

的画像，他是我们生命生活的榜样力量。无论如何，人们不能再淹没在重重叠叠的现实物质的生命幻境里了。

人直到决定开始深爱自己，内心里面反复多年的纠缠，最后才可能自行彻底了断。当然，有时候还是反反复复。所以，修行成绩从来都不是一蹴而就的，有时候恶意可能卷土重来，持续前进，无私无畏，生命又在一点点晋升。生命每一次的上升提高，都伴随着老旧信息的挣扎抵抗，就有加倍的困难。祛除此世界一直存在的问题，内心的深重隐痛才会被治愈，问题也终于消匿不见。"当有人对你不友善，你不会愤怒，因为你并不需要他们对你友善。当有人对你爱意渐消，你不会愤怒，因为你并不需要他们来爱你。当有人冷酷无情，或者出口伤人，或者想要伤害你，你不会愤怒，因为你并不需要他们采取别的行为，而且你清楚地知道你不可能受伤。"① 因为总会有一种清明的境界存在着，事情总是自然顺利地进行，几乎没有耽误什么事情。

这就是说，当人们找到了内心的平安和生命的智慧，任何的人物、事件都不可能再无缘无故进入自己的生命情境之中，每个人都要对自己的一切负有爱护的责任。所有这些生命的恐吓，都不再进入视野。"你的职责就是自己。如果先让自己感觉美好，这美好的频率就会散发出来，并且感化每个接近你的人。"②

我们实实在在地生活，也包括坦然有理有力地应对所有的事件，所谓内圣外王，杀伐决断。每个人都是自己的真理捍卫者，是自己最坚定的朋友。只有自己对自己爱护着，才会有他人爱护发生。懦弱和畏葸不是善良的代名词，坚定有力地行动才是人生成功必不可少的步骤。可以说，一切世间事件的肇因都在于自己，任何向外的追寻，都是不成熟的表现，任何事情，都要从自己的内心出发来领悟。

另外，爱财的奴役，爱名声的奴役，甚至爱色相美丽等世间之物，都可能会变现为一种潜在的奴役，它们因此也就成为虚假的偶像。只要执着于世间任何东西，都是活在受奴役的生命状态里。当然，肉身的生命，不

---

① [美]尼尔·唐纳德·沃尔什:《与神对话Ⅱ》，李继宏译，上海书店出版社2013年版，第204页。
② [澳]朗达·拜恩:《秘密》，中国城市出版社2013年版，第132页。

得不有着各种深刻的在世体验，因为是我们自己打造了自己的世界，生命中一切的存在都是一种美好的祝福，财色名利都是美好的祝福，只需要看透它们的本质，随时清净自己的心，而完全不被奴役。

人类生命中的一切都仅仅只是路程而已，生命从来就是奇妙的，它以未可知的方式，用奇迹般的经历塑造着人们的生命。每一件事情都是偶然的，也肯定是生命中的必然事件。要知道每个人都不需要活在历史里，而是要活在每一个新鲜的当下时刻，呈现着自然清新的生命。像那棵站在那里的树，也像一朵万树丛中自在开放的花。

第七，拿什么来帮助你，我至爱的亲人。

这个世界有一种最为美好的人，就像肯·威尔伯（Ken Wilber）的妻子崔雅。肯·威尔伯在《恩宠与勇气》（*Grace and Grit*）里面详细地叙述了他和妻子崔雅五年的生活经历。他们的生命充满爱和光明，但是他的美丽妻子遭遇了癌症，后来又患上糖尿病。

所以威尔伯认为，美国新时代的理念，"你创造你的实相"，是令人怀疑的。肯·威尔伯认为，如果按照这样的美国新时代理念，崔雅的病就是自己的有缺陷的心态所致。就像有人指责的那样，疾病是因为怨恨恐惧等人性的恶的因素导致的。进一步说，尽管肯·威尔伯是个禅师，创办了整合学院，是美国21世纪主流文化思想的代表性人物之一，研究长青哲学，但是他认为美国21世纪主要文化思想的理念之一，"你创造你自己的实相"并不正确。

这是一个理论与现实的悖论与误解。21世纪美国主流文化思想理念中的"心"，不是心智的心，而是指那种来自于生命之源的力量之心。心是美丽而完整的，这是绝对没有条件的。但是身体在世界上可能出现多种情况，因为我们都是不圆满的人，是有缺陷的人，不是上帝，不是神。只有上帝，或者叫老天爷，或者神，没有病痛，生命永恒。这是一种伟大的力量的拟人化，不是有肉体的人的存在。所以祷告是用虔敬坦然的心向伟大的力量求援，无论什么宗教，真诚的祷告就是请求接受一种无形伟大的力量。因此，从这个角度讲，任何人妄称自己是神，是宗教至高无上的所在，都是可怕的、错误的、迷信的、决不能妥协的。在这一点上要坚持唯物主义立场，有坚定的原则，绝对不能动摇。

如果没有肉体，就没有疾病。中国道家丹道记载修炼到达最高境界是纯阳无比，将肉体全部气化，与天地同在，生命得到永恒。这不仅是神话传说，也可能是事实。吕纯阳、陈抟老祖、姜太公、诸葛亮、范蠡（陶朱公）、葛洪、汉钟离、彭祖等人物中，肯定有某些是达到了高深的境界。这些人都是中国历史人物，不是假的，是真的。尽管这种事件不是人类可以随意想象的，是"人梦也不会梦到的"。中国道家丹道学说是中国的国宝，是世界范畴的绝学和显学，是中国对于世界最伟大的贡献。当代英国历史学家、思想家汤因比认为，21 世纪世界真正的希望在中国，中国文明将照亮 21 世纪。

崔雅的病是一个生命的幻象，她的生命本来就是优雅而圆满的。从某种终极角度讲，她在这个世界的挣扎和苦痛，是暂时的。真正永恒的，是她自在圆满的生命。不管她在这个世界怎样生存，有着怎样的辛苦和病痛，都是一个短暂的过程，生命的永恒没有毁损丝毫。她的生命是爱的绝响，不是恨的演奏。她是因为完成人间使命，从而走向肉体生命终结的人。通过对《恩宠与勇气》（*Grace and Grit*）的阅读我们可以看到，崔雅对自己的病是很恐惧的，她对最伟大的力量没有坚定的信心和不垮的信念，所以，身体彻底疗愈的效果没有呈现。崔雅思想信念的动摇和怀疑，是她的身体没有产生奇迹的肇因。其实，崔雅已经够幸运、够勇敢的了，她的生命被延伸了很久，超出了普通人。所以，普通人生病一定要上医院，按照常规疗法治疗，加上自己快乐积极的正能量心态，病会好得快些。人能够产生生命治疗奇迹，是要建立在一定的修行成绩之上，同时，坚定伟大的信念，虚怀大爱的心胸、临危不惧的勇气、感天动地的德行，都是生命得以奇迹转机的重要前提。

天地无心，以人的心为心，每个人都要为自己的生命负责，坦然无惧，永不屈服。所以，佛教讲"一切唯心造"。这不是唯心主义的话语，而是最彻底的唯物主义真实言辞。中国古话"为天地立心，为生民立命，为往圣继绝学，为万世开太平"，这是人类高度智慧的表达。美国 21 世纪主流时代文化思想理念不可能是一个僵化狭隘的理念，而是一种开放的、进步的、容纳一切生命进化意识的爱的理念，是长青的。

"我和威廉·艾温·汤姆逊（Willian Irwin Thompson）都认为，百分之二十的新时代运动是后人本的（超越性的和神秘的），然而有百分之八十却是前人本的（魔幻的与自恋的）。你可以发现有些后人本分子并不喜欢称自己为'新时代人'，因为他们并无新意，他们是长青的。"① 可以说，不管是前人本的，还是后人本的，很多地方被某些理论家曲解为自恋和魔幻，这不是21世纪美国文化思想的主流，而那些进步的、生命意识转化成长的新理念才是21世纪主流的文化思想。人类从个体出发，星星之火可以燎原，传播爱、和平、觉醒的生命情操，这是长青文化的延展。美国有的理论家认为，近些年来，美国文化思想界从未如此自我膨胀、自恋等，这是偏激浅表的言辞。个体生命的成长是进步的、伟大的21世纪"新理念"新思维，而自我膨胀、自恋是消极落后的对生命的疯狂扭曲。所谓言为心声，心里有什么，外表就会显现出什么。人类从来就是众语喧哗，人类进化发展到21世纪，依然如此，不足为奇。

再进一步讲，21世纪美国文化思想的主流方向是强调人的个体生命进化力量，注意个体人的生命意识的转变，这种现象被很多思想家误认为人类自我膨胀的欲望所致。其实，这是一个极大的误会。人类的群体力量是借助每个觉醒的人类而完成的。佛学认为"一灯能照千年暗"，"星星之火可以燎原"。人类整体的意识转化，必须借助每个人类生命个体的成长来展开。

人类的进化是如此艰难，因为人们很难脱离追求物欲的生命层次，人类的饥寒困苦的心是如此急迫，那么，安然平静的生命境界是地球少数人能够到达的。这少数人，也就是生命开悟觉醒的人，就成为人类的精神领袖，肩负着引领大众生命前行的历史重任。

其实，未来美国文化思想发展的大趋势，在于重新发起鼓舞人类生命意识进化的勇气，因为人类别无出路，只能刚强壮胆，走向人类全体进步演化的新未来。因为所有信心的呈现都是来自于事实的鼓励。例如手机、电脑的普遍使用，也就是近十来年的事情。说不定人类生命伟大的信念，在十多年之后，开始越来越完美，越来越多的人开始遇上未知的完美自我。

---

① ［美］肯·威尔伯：《恩宠与勇气》，胡因梦、刘清彦译，徐金声审校，生活·读书·新知三联书店2013年版，第264页。

这种生命美好、宇宙世界善意美好的信念，这种人类的集体无意识，是 21 世纪最伟大的生命意识的创造。集体无意识，最初是由瑞士心理学家荣格提出的，就是一种代代相传的无数同类经验理念，在某一普遍人种全体成员心理产生定式，共同发生运作，进而代代相传，因为有着相应的社会结构作为这种集体无意识的支柱。集体无意识，作为一种典型的群体心理现象无处不在，并一直在默默而深刻地影响着我们的社会、我们的思想和我们的行为。这样，到了 21 世纪，集体无意识开始发生积极正面的因果效应，倡导爱、和平、觉醒的高端理念，这是过去年代不能想象的。

人类生命意识丝毫的退缩都是可怕的。真理自古以来只有一个，永远不会有新与旧的真理。只是在新的时代里，人们必须更加相信生命本源的力量，那种伟大的宇宙本真的力量。

所以肯·威尔伯的某些观点是对美国新时代理念的一种盲视误会。[①]肯·威尔伯的文化思想应该达到更好的高度，他对于崔雅的病是有一些莫名怨哀。肯·威尔伯的爱是这样深刻，他对世界的原谅宽恕没有如期到达，他的生命信念没有似钢铁般坚强，崔雅的病没有产生期待的奇迹效果。因为只有钢铁般坚强的信念，绝不屈服的信心，才能产生奇迹疗愈效果。当事者们丝毫的忧虑都可能是病态卷土重来的细微信息。一旦怀疑和否定之后，神奇的疗愈效果可能会全线崩溃。所以在人类的老、病、死面前，必须彻底勇敢，真正无所畏惧，或许才有一点机缘生命得到胜利超越。

崔雅的痛苦挣扎，是令人感动的。"关于疾病是否因我而起的这个话题再度降临到我的身上。那些将其理论化的人，或是将自己理论化的人，通常都以谴责的态度来看待这个有关责任的话题。"[②] 崔雅误会了，理论的探讨不会带有恶意，它仅仅是一种善意的对于人生出路的思想探索。在崔雅病痛的生活里，有人总是有意无意地说起癌症是由于憎恨引起的，糖尿病是由于缺乏爱引起的。这种不公平的指责很令人挫折和痛苦。崔雅的这两种病，在某些程度上成为社会人士对其诘难或者幸灾乐祸的口实。

① ［美］肯·威尔伯：《恩宠与勇气》，胡因梦、刘清彦译，徐金声审校，生活·读书·新知三联书店 2013 年版，第 262 页。

② 同上书，第 214—218 页。

实质上，不是理论的错，而是人的智慧欠缺的错。这些好心人机械地运用理论，以此不小心造成伤害别人的效果。无论在怎样的理论里面，无论是多么高明的理论家，他毕竟是人，不会是真理的化身。所以，要时时警惕，做自己坚定的保护神。无论是病了，还是不病，甚或将会死，自己都是最好的朋友，自己就是自己最好的果实。不要因眼前的病痛和苦难折损了生命的志气。生命本身就是尊贵的，人都是要快乐的，要送给自己生命微笑的大礼物，无所畏惧地面对一切。最关键的是：心底不要有恐惧，不要有怀疑，做自己威武不屈的将军，不要管别人说什么。要爱，爱自己，爱世界。

对于现实中的病人来讲，一切都是正当的，选择自己喜欢的思考方式，怎样都很好。因为生命本身的内在智慧，知道怎样去爱护自己。我们都会爱上崔雅，像肯·威尔伯一样疼爱她。我们能够理解崔雅的痛苦，是因为人人都有对病痛的体会。疾病并非全然来自自己的行为不当，或者仅仅像佛教所说的那种难以理解的业力、三世因果等。现实中，纯洁可爱的婴儿也有夭折的。

人类的疾病有着多种来源，这是人类共同的伤痛。疾病大多来自人类集体无意识和祖宗遗传，也有自己个人的生活习惯、健康习惯、生活环境等因素共同发作，有一些也是因为因果报应的显现。人类集体无意识里面的恶劣人性因素，常常发作在我们珍贵的生命里，因为我们是人，不是神仙，人与人是相联系的。他人的错误，有时也会在自己身上有反应。所以，彻底地原谅他人十分重要。原谅他人就是放生自己。祖宗遗传因素一直存在，只要做了这个家族的儿孙，想要超越出来，极其艰难。这就是儒释道等各种宗教，种种生命修炼之道的内含不可言说之痛，那就是因果法则的深层意义和肇因。

所以，做人不仅要知道因果法则的规律，也要知道"无中生有"的生命状态，那是人类生命奇迹发生的原则，做一个生命有高端成就的人，就总会有"无中生有"的生命奇迹。所以，生命用来修行可能会死，但是生命不用来修行，而用来享受、细心爱护同样也是死，世间高贵有钱的人衣食富足，医药俱全，最后不都是一样要离开人世的吗？

有人说：有权不使用，过期作废。总有人为自己的亲戚不辞辛劳。直率地说：不要上当，你要把权力给谁使用？为谁谋私？自己是吃穿足够，你要用权力为谁谋什么利益？不要被什么人利用，生命本身是最珍贵的，德行是生命平安隐在的盔甲。很多事情，没有相应的生命福报，人们似乎没有办法做到心安理得。不仅仅没有办法不得意忘形，甚至没有办法能够真实享用到。留给儿女再多的钱，不能解决生命幸福平安的根本问题。人的德行福报，是比金钱更为重要的存在。为了家人，就要多行善多积德，好好清静修行。

所以，繁华的世界里，我们的钱不多也不少。钱多很好，钱不多也好，总之够用就好了。高贵一些，心不动不摇，高贵的生命里本来我们就一切都足够，一切都不多也不少，一切都很好。因为一家妻儿老小平平安安就是最大的福报了。

除了你自己的生命品行，其他的都不值得。太阳底下，天灾人祸还是到处流行，不如做了美好的德行，不后悔、不畏惧，这也许就是亲人平安沾光的美好信息。中国有句古话："一人得道，鸡犬升天。"假装相信这些话，这些温暖俗气的大利益，将生命做成自己真切奉献的花环，开放在亲人生命之路上，这也许就叫作真正的沾光。所以，设若爱你的亲人，为你的孩子，就做成德行的盔甲，穿在你孩子亲人的身上，在你不能随行陪同的时间里，保佑他们生命幸福平安。或者，将每一个他人的孩子，都当作自己无比珍爱的爱子，将这样一个谦卑诚恳的心，做成孩子福报的银行，供他一生取用。

这样一番逻辑严密论证下来，不如干脆就豁出去了，人生就是几十年的机遇，做一个永不后悔的选择。管他什么刀枪剑雨，生命应该干什么就干什么，不向这个危机重重的现实世界低头。早死也就是几十年，晚死也就是几十年。不如干脆不恐惧、不疑惑、不做坏事，怎样都行，只要能够生命前进超越，老老实实追求着生命的真理，生死无惧，坦然前行，或许生命会有新的转机，也许生命会到达至高的层次，或者有至高光明的生命境界。生命的奖赏，或大或小，从来都存在，所以，你享有的福报，是你自己用善行付出赚来的。大声感谢你自己吧，因为这样就是感谢天地。

其实，一切无所谓。一切都好，都很不错。什么都贪求不来，能够贪求来的都是生灭的东西，都是短暂的、低廉的东西。真正的生命前进，是一切自然，就像天地无言，而万物欣欣向荣。或者说，花自开放水自流。

所有生命时刻的爱和宽恕，是绝对无条件的。不受一切受，爱一切爱，是人类生命的突破口，尽管无比艰难，但是必须如此。所谓"不受一切受"，是佛学中深度爱护自己、清洁自己的高端生命境界。一切人间烦恼、善恶芜杂不再伤害到自己的生命。在这种生命境界中，生命自主，即找到了生命的主人公。所以，修行人是大丈夫行为，就像将军，枪林弹雨无所畏惧，管他什么狼虫虎豹。生就生，死就死，生死一如，没有什么可以犹豫啰唆的存在。人的生命，就是要像茁壮成长的大树一样，在滴水成冰的冬天，可能被剥尽了最后一片叶子。春天到了，依然无怨无悔地怀揣着对世界的深切"热爱"，一树葱茏。

第八，我们按照宇宙生命的逻辑，在意识里相信每一个个体生命都是必然被祝福的。

人类的生命里本来就预置了它觉醒回归的路程，我们都是神的孩子，自有冥冥之中的伟大力量爱着我们，导引着我们，直到回到终极的存在之家，直到找到自己真正的身份。当然，这不是说我们的肉体是永生不死的，没有苦难病痛的，而是从生命意识上，我们超越现实，并得到解脱和自在的精神效果。

"觉醒的历险在人类故事里无处不在。它因有各种可能的存在，从而具有创造性，无法预测，也无法计划。蜿蜒曲折和白浪滔天的江水中，有些河段恰似'灵魂的暗夜'，或者只有跪着才能够通行的大门。但这份经历也可能是转化的历练、生命绽放的过程，或者与上帝的一场恋爱。"[1] 这里面不是努力，而是生命存在的真诚和感恩。圆满、富足、宁静、美丽是所有生命的本色。大雾消散而去，只有感恩和赞美的情感在心头，只有活在此时当下，生命才会又一次欢颜微笑。

宇宙以奇妙的生命智慧创造了我们。"念天地之悠悠，独怆然而涕下"，眼泪是因为喜悦和感激而流下来的，所有生命行程中的跋涉之苦，最终会在爱的怀抱里消弭。让生命中的所有一切、所有时刻都在内心转化

---

[1] ［美］肯·威尔伯：《生活就像练习——肯·威尔伯的整合之道》，同心出版社 2013 年版，第 12 页。

成祝福；人类同胞们在生命的每一个珍贵时刻，都活在当下，重新开启新的人生之路。

爱的情感最直接的受益者是自己。爱的感觉使自己的内在生命得到更新，得到深切的祝福。爱使人充满了感恩快乐的正能量，爱的能量有益于身心的健康平安，也自然招引了宇宙的良性能量。

"路上尽量找机会停下来，和周遭的'能'重新连接。让你体内一直充满着'能'。事实上，从你体内流出的'能'会产生一股气流，以相同的比率把外面'能'吸进你的体内。你身上的'能'就永远不会减少。但你必须一直意识到这个程序的运作，尤其是跟别人交往的时候。"①

这里，"一直意识到"是一种觉照，是一种生命智慧意识的隐在运行。随时觉照意识的存在状态，使之与生命的本真实相契合，这是生命最充沛的高层次高维度的存在，是人的高级生命状态。

也就是说，随时观照生命意识的纯洁宁静，让生命在当下清净自然的临在状态中运行，这是高级的生命存在形式。所以人们讲"境随心转"是一个很高的境界，如果离开这个觉照，大脑可能又去想三想四，念头犹如浪涛，佛教叫流浪生死。所以，时时觉照，与生命本体相联合，这种天人合一的状态越长久，我们的生命状态越喜乐和宁静。生命的疗愈和圆满就将会在这样的生命寂然的过程中悄然呈现。

在 21 世纪，宇宙能量的传递，文字书本起了重要作用。因为书籍可以多次阅读、经年反复使用。尼尔·唐纳德·沃尔夫在《明日之神》中写到，因为所有的生命创造出来都是为了使你回归你的内在真理。② 生活在21 世纪，很多好的书本是必须要读的，是人类精神不可缺少的食粮，是生命成长最好的忠诚的朋友，也是宇宙进化发展的最重要媒介。

---

① ［美］詹姆斯·莱德菲尔德：《塞莱斯廷预言》，李永平译，中国城市出版社 2010 年版，第 212 页。

② 同上。

结　语

21 世纪美国主流文化思想的发生，意味着某种人类意识进化觉醒的生命运动的兴盛，是人类 20 世纪中后期到 21 世纪极有价值的思想与生命的探索。这也是未来美国文化思想发展的大趋势和大方向。

一　21 世纪美国主流文化思想的现实意义

人类生命发展进化到了 21 世纪，人们的意识觉醒程度比任何的时代都更高，人类迎来新的发展机遇。从新思维的角度，人们开始了 21 世纪文化思想的超意识的哲学表达。除了世界的物质存在，人们生命意识内在心念的交流非常重要。人类是一体相连的整体存在。天人合一，人我一体。基于这样的原则，我们的生命力量主要体现为"爱和宽恕"这种生命内在的伟大理念。

二　人类守望相助，共同鼓舞着内心升起的伟大信念

21 世纪美国主流文化思想发展基本走向是和平的呼唤，探索生命意识觉醒的伟大成就。无论他是谁，无论他相信什么宗教，无论他现实表现怎样，他都是我们至亲的兄弟。我们有着共同的人类的面孔。人类守望相助，共同鼓舞着内心升起的伟大信念。在形而上境界里，我们在内心将他人看作人类自己的本源大家庭的一员，深深理解其他族群作为民族生存的苦痛，并以内心真诚的爱来回应。

人世间生命外在的和平，是人类生命内心和平的投射，和平的世界只有在真诚交流、平等理解的平台上才会发生。真诚的爱的信念是这个世界生命奇迹发生的动力，也终将成为人类正能量的集体无意识。只有在宽恕

和理解的基础上，才会有进一步有益的人类活动。

三　每个人生命原本都圆满自足

人类因为在现实生活中种种迷惑，所以开始了生死流浪。爱自己、爱世界，人类才会开始走向圆满富足成功。爱自己是一切的关键，只有爱自己了，自己圆满了，才会爱世界，世界才会圆满而美好。所谓爱自己，不是自私，而是基于因果的法则，不做损人不利己的事情。因为损害他人，就是损害自己。没有一个人能够损人利己。人生来就一无所缺，灵魂纯洁清净，必有恩惠和财富伴随着自己，何必要盗取自家的财宝，做成了生命的奴隶？人们一定会过上富足美好的生活，这是宇宙间爱的呼唤，是最伟大的坚定信念。人类所有关系，因为爱的展现，世界和平的结果终于会到来。

四　人类生命是宇宙间最珍贵的生物进化体，根本不需要附体存在

这里特别提到的是：除了进行必要的科学研究之外，美国 21 世纪文化思想界涉及一些通灵附体行为，是不可取的，甚至有人反复吁求通灵附体现象都是非常不好的，这种现象与人类的意识进化没有任何关系，是一种生命退化现象。人类生命是最高贵的宇宙生命存在方式，人们不用祈求任何其他意识空间灵性附体。附体的行为，就是放弃自己尊贵的身份，做成了乞讨者。

五　每一个个体的人都需要志向高远，不能得少为足，记得在生命中前进

人世间从来就不缺修行人[①]，人类真正的生命历史，就是生命修行进化的历史。人类解决了吃、喝、穿、用的物质需求，满足了自己消费自由的物质成果，就会寻找人世间更为宝贵的生命存在方式。这样的人越来越

---

① 本书谈到的修行人是一个特指，意指人世间那种诚实中肯地不断修正自己意识、行为等生命错误的人；也是指通过一定的生命科学或者宗教指导的特殊锻炼方法实践探索生命的本真之境的一些人。

多，已经成为一个小小的人类生存群体。

到了 21 世纪，人类可以炫耀的不再是美容逛街、超市购物，而是灵魂的高贵，福报的积累。有很多生命修行有成绩的人，那些达到生命至高境界的人不在少数，这是很珍贵的人类资源。某些人修行证悟的本事很大，生命境界处于很高层面，一定要忍住，不为世间任何事情所心动，走到极处，自然自在地回归生命本真之家，真正为人类做出杰出的贡献。人一定要忍住。志向高远，不能得少为足，记得永远前进。

我们创造生命的高尚美好的境界，在任何一个人类困境面前，都毫不屈服。创造性地将爱、和平、觉醒的伟大理念撒播开来，坚持下去，总会有越来越多的人走上生命本来寂静美丽的生命大道，更新健康快乐的积极人生程序，让幸福像繁花似锦，开放在人类所有空间，让生命高贵的太空之旅在每一个生命空间里运行。人类再也不会污染天空、大地，而人类环境将自然郁郁葱葱，充满爱的生命能量。

六　从理想之境出发，人类开始新的生命之旅

归根结底，21 世纪美国主流文化思想发展，是基于理想基础上的人类整体行动，是由点到面的生命科学工程。这完全不同于人类以往基于现实的人类思想活动。这是从果地出发，不是从因地开始。我们创造新的因果形式，抛弃老的因果序列。以往的年代里，我们从现实出发，因因果果循环轮回，世世代代不得解脱。这是老旧的绝望的生命程序，因为总有些恶劣的人性种子不断发作熏染，成为宝贵生命的心灵病毒。

新的时代，人类将无所畏惧地、坚强地站立住，不被世界的虚幻假象所动，在生命意识里，无条件地爱一切人，超越一切事情，众志成城，创造美好和平的新未来。这是人类新的时代生命意识程序运行，老旧的程序渐渐被彻底删除，也从垃圾箱里被逐步清空掉。

人类到了 21 世纪，在生命思想意识上，不再是从现实出发，而是坚定地从理想之境出发，创造性地将爱、和平、觉醒、希望、光明的伟大理念，种在自己的心田里，形成和建立美好和谐共在的人类愿景，运用集体无意识的原理，积极在人类生命意识里不断重播、重播，那么，终有一天，事就这样成了。

参考文献

一 中文部分

（清）黄元吉：《道德经精义》，中央编译出版社 2014 年版。

刘小枫：《走向十字架的真》，华东师范大学出版社 2011 年版。

陈炎：《多维视野中的儒家文化》，山东教育出版社 2006 年版。

［英］伦纳德·蒙洛迪诺、［美］迪帕克·乔普拉：《世界之战——科学与灵性如何决定未来》，梁海英译，中信出版社 2012 年版。

［美］格雷格·布雷登：《无量之网》，胡尧译，华夏出版社 2013 年版。

［美］尼尔·唐纳德·沃尔什：《与神对话》Ⅰ、Ⅱ、Ⅲ，李继宏译，上海书店出版社 2013 年版。

乐后圣：《光明的秘密》，团结出版社 2015 年版。

［澳］朗达·拜恩：《秘密》，谢明宪译，中国城市出版社 2013 年版。

［美］查尔斯·哈奈尔：《世界上最神奇的 24 堂课》，福源译，中国出版集团现代出版社 2013 年版。

［美］狄帕克·乔普拉：《完美健康》，耿丹译，天津教育出版社 2010 年版。

［美］海伦·舒曼编著：《奇迹课程》（教师指南），若水译，云南人民出版社 2011 年版。

［美］乔·维泰利、修·蓝博士：《零极限》，宋馨蓉译，华夏出版社 2009 年版。

［德］埃克哈特·托利：《当下的力量》，曹植译，中信出版社 2013 年版。

［美］塞缪尔·亨廷顿：《文明的冲突与世界秩序的重建》，新华出版社 2005 年版。

［美］华莱士·华斯特:《失落的致富经典》,高博译,天津教育出版社 2008 年版。

［美］尼尔·唐纳德·沃尔什:《明日之神》,赵恒译,中信出版社 2011 年版。

［美］欧文·拉兹洛:《全球脑的量子跃进》,刘刚等译,金城出版社 2010 年版。

［美］戴尔·卡耐基:《卡耐基成功之道全书》,政旋主编,沈阳出版社 1995 年版。

［美］拿破仑·希尔:《成功学全书》,田野主编,经济日报出版社 1997 年版。

［美］拿破仑·希尔:《积极心态的力量》,张然译,新世界出版社 2011 年版。

［美］盖瑞·祖卡夫、［美］琳达·弗朗西斯:《灵魂之心——情绪的觉察》,阿光译,华文出版社 2010 年版。

［美］安东尼·罗宾:《激发无限的潜能》,杨茂蒙译,中国城市出版社 2012 年版。

［美］帕特里西亚·斯帕达罗:《宠爱你自己》,李亚娴译,印刷工业出版社 2012 年版。

［美］珍·罗伯兹:《个人实相的本质》,王季庆译,湖南人民出版社 2013 年版。

［美］南希·阿什利:《心灵探险——赛斯修炼法》,代莉译,华夏出版社 2013 年版。

［瑞士］珍妮·迪·萨尔斯曼:《生命的真相——葛吉夫第四道》,孙霖译,华夏出版社 2012 年版。

［美］理查德·巴赫:《海鸥乔纳森》,夏杪译,南海出版社 2009 年版。

［美］理查德·巴赫:《心念的奇迹》,李玉瑶译,南海出版社 2011 年版。

［美］理查德·巴赫:《朋友》,李玉瑶译,南海出版社 2011 年版。

［美］拿破仑·希尔:《思考致富》,徐宪江、杨宇译,中国工人出版社 2011 年版。

［美］安东尼·罗宾:《唤醒心中的巨人》,王平译,中国城市出版社 2012

年版。

[美] 詹姆斯·莱德菲尔德：《塞莱斯廷预言》，李永平译，中国城市出版
　　社 2010 年版。

[美] 威廉·格拉斯顿：《12》，石一枫、洪琰译，新世界出版社 2010 年版。

[美] 史蒂芬·鲍地安：《当下觉醒》，易之新译，译林出版社 2012 年版。

[古希腊] 柏拉图：《柏拉图对话集》，王太庆等译，商务印书馆 2007 年版。

[美] 保罗·费里尼：《宽恕就是爱》，周玲莹译，若水审订，印刷工业出
　　版社 2012 年版。

[美] 洛克菲勒：《洛克菲勒——留给儿子的 38 封信》，宿奕铭译，中国华
　　侨出版社 2013 年版。

[美] 肯·威尔伯：《生活就像练习——肯·威尔伯的整合之道》，同心出
　　版社 2013 年版。

[美] 欧文·拉兹洛：《全球脑的量子跃进》，刘钢等译，金城出版社 2010
　　年版。

[美] 弗雷德·艾伦·沃尔夫：《量子心世界》，艾琦译，华夏出版社 2013
　　年版。

[美] 雷德·霍克：《自我观察——第四道入门手册》，孙霖译，深圳报业
　　集团出版社 2013 年版。

[美] 肯·威尔伯：《生活就像练习——肯·威尔伯的整合之道》，同心出
　　版社 2013 年版。

[美] 迪帕克·乔普拉：《奇迹——你的人生没有极限》，万源一译，印刷
　　工业出版社 2012 年版。

[美] 弗雷德·艾伦·沃尔夫：《精神的宇宙》，吕捷译，商务印书馆 2005
　　年版。

[美] 肯·威尔伯：《意识光谱》，杜伟华、苏键译，万卷出版社 2011 年版。

[美] 戴维·霍尔：《大转折时代》，熊祥译，中信出版社 2013 年版。

[美] 阿玛斯：《钻世途径系列之一〈内在的探索〉、之二〈解脱之道〉、之三
　　〈自我的真相〉、之四〈无可摧毁的纯真〉》，胡因梦译，深圳报业集团出
　　版社 2009 年版。

[美] 葛瑞·雷纳：《告别娑婆》，若水译，云南人民出版社 2011 年版。

[美] 拉尔夫·瓦尔多·爱默生：《生活的准则》，史士本、牛雅芳译，安徽教育出版社 2008 年版。

[美] 珍·罗伯兹：《实习神明手册》，王季庆译，湖南人民出版社 2013 年版。

[英] 阿诺德·汤因比：《历史研究》，[英] 萨默维尔编，郭小凌等译，上海人民出版社 2010 年版。

[英] 阿诺德·汤因比：《人类与大地母亲》，徐波、马小军等译，上海人民出版社 2013 年版。

[德] 康德：《实践理性批判》，邓晓芒译，人民出版社 2003 年版。

二 英文部分

Gary R. Renard, *Disappearance of the University*, by Gary R. Renard all Right Reserved, USA, 2004.

Schucman H., A Course *in Miracle*, *the Foundation for Inner Peace*, USA, 1976, 6.

Wouter J. Hanegraaff, *New age Religion And Western Culture—Esotericism in The Mirror of Secular Thought*. E. J. Brill Leiden · New York · Koln, Netherlands, 1996/5.

Deepak Chopra, M. D., *Reinventing the Body*, *Resurrecting the Soul*: *How to Create a New Life* by Deepak Chopra, Harmony Books, An imprint of The Grown Publishing Group, a Division of Random House, Inc., USA, 2009.

Eckhart Tolle, *The Power of Now by Eckhart Tolle*, Namaste Publishing, Inc. Vancouver, B. C. Canada, Germany, 1997.

Eckhart Tolle, *Stillness Speaks* by Eckhart Tolle, New World Library in California, USA, Germany, 2003.

Gregg Braden, *The Divine Matrix*, Hay House, Inc., USA, 2007.

Ken Wiber, Terry Patten, Adam Leonard, and Marco Morelli, *Integral Life Practice*, Shambhala Publications, Inc., USA, 2008.

Depak Chorpra and Leonard Mlodinow, *War of the Worldviews*: *Science vs. Spir-*

ituality, Harmony Book, an Imprint Crown Publishing Group, Division of Random House, Inc. , USA, 2011.

Neale Donald Walsh, *Conversations with God: An Uncommon Dialogue*, Book one/two/three, Published by arrangement with G. P. Putnams's Sons through Andrew Numberg Associates International Ltd. , USA, 1995, 1997, 1998.

Deepak Chopra, M. D. , *Perfect Health: The Complete Mind Body Guide* by Deepak Chopra, M. D. , LynnC. Franklin Associates, Led. , USA, 1991.

Red Hwak, *Self Observation: the Awakening of Conscience: An Owner's Manual*, Robert Moore Red Hwak. , USA, 2009.

John J. McDermott, *The Writings of William James*, by Random House, Inc. , by the University of Chicago Press, USA, 1967, 1977.

Neale Donald Walsh, *Tomorrow God*, Atria Books a Division of Simon & Schuster, Inc. , USA, 2004.

Ervin Laszlo, *Quantum Shift in the Global Brain*, Waterside Production, Inc. , USA, 2008.

Poul Heelas, *The New Age Movement: The Celebration of the Self and the Serialization of Modernity*, Blackwell Publishers Inc. , U. S. A. , 1996.

Antoine Faivre, *Theosophy, Imagination, Tradition: Studies in Western Esotericism*, State University of New York, USA, 2002.

Mencken, H. L. , *The New Age*, Kissinger Publishing, USAEric, III Schmidt, Jared A. Cohen, *The New Digital Age: Reshaping the Future of People, Nations and Business*, Jared A. John Murray Publishers Ltd. , USA, 2010, 2013.

Volney, Constantine Francois, *The New Age*, Kissinger Publishing, USA, 2010.

Martin Gardner, Ancient Mariner, *The New Age*, Prometheus Books, USA, 1991.

Frederic P, Miller, Agnes F, Vandome John McBrewster, edited, *The New Age*, Alpha Script Publishing, USA, 2011.

Constantin Francois Volney, *The New Age*, Kessinger Publishing, USA, 2010.

David Houle, *The End of the Information Age and the New Era of Transformation*, Sourcebooks Inc. ; USA, 2012.

Tommas Moore, *Care of the Soul*, Harper Collins Publishers, USA, 1992.

后　记

　　我称这本书为"和平的橄榄枝"。请原谅，这是《圣经》故事的复制，无论如何，人类已经等到和平的信息，人类已经蒙福。

　　《圣经》故事是这样写的：诺亚是个义人，在当时的年代是个道德完美纯洁的蒙神喜悦的人。诺亚与神同行。神说，凡是地上有血肉、有气息的活物，无一不死。我却要与你立约。于是，诺亚听从神的话，让自己的妻子、儿子、儿媳、小孩、身边活物，各从其类并各样食物进入遵照上帝神谕特制的方舟。

　　七天之后，洪水泛滥在地上，冲刷了一切人间之罪恶，洪水一共泛滥了一百五十天。洪水泛滥四十多天之后，诺亚把鸽子放出去，鸽子嘴里叼着一枝新拧下来的橄榄枝飞回来，这个橄榄枝传递了地上干爽和平的信息。于是，诺亚知道地上的水开始退去。到了150天以后，地上的水渐渐全部退去，地上的罪恶被彻底洗刷干净，人类永远被神祝福，没有了诅咒和犯罪。诺亚和他的亲人以及方舟内的飞禽走兽们回到地上，滋生繁衍，大大兴旺。

　　人类从诺亚开始纯洁干净，地上所有的罪恶被爱的洪水冲刷掉了，或者恶意被浸泡腐败，消失不见了。从此，人类擎着第一枝和平的橄榄枝，走向和平、繁荣、平安的新未来。

　　和平，意味着自己与自己之间、人与人之间、民族与民族之间、国家与国家之间，用永不屈服的钢铁信心，坚强站立，从此，停止了人世间因因果果的轮回循环，认取了第一枝"和平的橄榄枝"。

　　如此一来，和平成为一种人类生命的思维，爱挽救了一切。老旧的带着病毒诅咒的生命信息被删除，从此运行了新的生命软件，展示和平、觉醒、前进、祝福、平安等新程序，让平安夜成为地上的庆典，让幸福、快乐成为人类生存的常态。这部宇宙生命电脑，运行了良善蒙福的新程序，终于在 21 世纪，开始走向人类文明的新未来、新希望、新生活。

这不是神话，这是我们的生活。因为设若心中爱我们的亲人，我们愿意无怨无悔地付出爱心，奉献诚意。愿意世人善待我们的子子孙孙，因为爱。我们不得不善待每一个我们生命中的路人，主动伸出和平的橄榄枝，以便嘱托请求他们善待我们的家人、朋友、邻人，这样，也便把爱的信息传遍天下，传遍人间，也让我们能够真正光宗耀祖，做了有志气的孝顺儿孙，救那些世世代代亲人于火海欲窟，从此亲人们宁静、安息生活在温暖舒服的人类天堂。让人告诉人，让物告诉物，就这样，我们运行了爱的生命电脑程序。

所谓因果报应的宇宙法则，从此在人间改变了它的老旧信息程序。因果报应的故事，就是用热爱生长出热爱，用生命生长出生命，用感恩生长出感恩，是用祝福生长出祝福。爱的花朵，结了硕大丰美的生命果实。爱的信息，将传遍天下，传递和平、高尚、宽恕、圆满、富足的生命信息。

设若爱您的家人、师友，就请把每一个人预想为家人、师友，用和平的橄榄枝，传播和平的信息，传播爱的理念，这样，我们就完成了福荫子孙的伟大使命，完成了自我大成就的人类之梦。21 世纪，是人类文明的新世纪，是和平安宁的新世纪，和平的橄榄枝成为一个人间象征，因为那种宇宙之爱的洪水，已经冲刷了人类的善善恶恶、芜杂混乱。

过去一切病毒垃圾清空以后，我们开始运行有福报的生命新程序。我们不是从凹凸不平的现实出发，我们没有看见您的过往任何品行，请从此刻开始，接受内蕴了爱的"和平橄榄枝"。请让您的生命在任何一个困难和考验的时刻，运行您坚定良善的新程序，让生命重生，让生命更新，让生命变得坚定不屈服。因为原本我们来到人间，就是要过平安幸福的生活。因为和平的橄榄枝来到了，于是，我们运行了幸福平安的新程序，接收到了光明美好的新信息。

我们的亲人如果有错误，每一次我们都不会上当，一定会仅仅认出我们的亲人，不会认取那些错误，坚决地在意念中将亲人与错误分离开来，用爱的怀抱宽慰鼓励他们，滋养他们的心灵。于是，事情就这样成了。和平的橄榄枝就从此种在心的福田里，向天空高扬着和平的信念，张扬着爱的表情。

到了 21 世纪，生命就是这样，只会认取正确的程序，不会再上当，生命老旧芜杂的病毒会被删除，所有的怨恨、嫉妒、报复、伤害、作恶等病毒信息都被清除，我们就像洗了个热水澡，干净、新鲜，带着安然的微笑。

"祈祷太空和平"① 一词，来自导师的书。过去我一直不甚理解，这样的词语那么遥远高阔。此刻，我突然领悟：太空，并不是遥远的宇宙物质空间，而是生命本源的辽阔"无极""太极"，是广阔无垠的生命本相。那么，让我们开始真正的太空之旅。在生命内在浩瀚无垠的蔚蓝色宇宙太空里，我们开始了新的生命之旅。我们发现，那个太空之旅，就在我们每一个人的生命里面。从此我们终于超越现实的恶意袭击，提升生命的宝贵高度，爱与和平信息终于会在太空般浩渺的生命里运行张扬。

终于有一天，我们不在意现实如何，我们不在意曾经多么艰难委屈，我们不再运行老旧的生命程序，我们坚定地站住。从此我们开始了新的人生方向，人类的伟大太空之旅在每一个人心中启程。

---

① 参见乐后圣《祈祷太空和平》，华夏出版社 2011 年版。

致　　谢

　　本文能够顺利完成，真诚感谢美国伊利诺伊大学芝加哥分校哲学系主席彼特·赫林顿（Peter Hylton）教授，他帮助提供为期一年的访学机会和学术关怀，使我能够在美国更新我的知识体系，成熟自己的研究领域，找到新的学术出路。如果没有美国芝加哥一年的广泛学习阅读，这本书是不能想象的。本书中列举的所有作家作品，他们也是这本书最重要的隐形作者，在此表示衷心感谢。感谢美国芝加哥和纽约朋友们的学术信任和鼓励支持。感谢国内第一个明确给我学术鼓励的导师，您的名字我记在心里。特别感谢的是中国社会科学出版社文学室的朋友，是你们的赏识和认可，成就了这本书的面世。真诚感谢提供时间和精神帮助的诸位亲朋师友，你们的殷切期盼扶助，给了我不惮于前行的内在动力。为了那些真诚的爱，我愿意永不放弃，永远前进。